L'HOMME A LA TETE DE CHAT

TERRE EN CiEL
EDITIONS

À ma mère, déesse du cœur,

à tous ceux qui ont peur dans la nuit,

à tous ceux qui ont le courage de poursuivre leurs rêves.

Introduction

« Tu avais mille visages et as pris tant de formes pour te faire reconnaître. Je t'ai fuie sans m'en rendre compte et si parfois tu passais devant moi, je faisais semblant de ne pas te voir. Ce refus de t'accepter et de te porter en moi était une erreur. Je m'en rends compte maintenant que tu m'habites et que tu es devenue mon alliée.

Il aura fallu que la tragédie s'en mêle, que tu me poignardes en plein cœur en m'arrachant l'être que j'avais de plus précieux pour que j'ouvre enfin les yeux sur la véritable nature de mon existence.

Depuis, tu m'as guéri de toutes mes peurs, et si parfois je me mets à craindre, à redouter quoi que ce soit, il suffit que je te regarde dans les yeux pour que tu m'apaises. Plus les jours passent et plus tu me rends fort. Un jour, toi et moi ne ferons qu'un et je n'aurai plus besoin de tourner mon regard vers toi pour me rappeler que tu existes et qu'à toi seule, tu peux balayer toutes mes peurs instantanément. »

Ce message énigmatique est gravé dans le cœur d'un homme dont le destin fut la forge d'un guerrier invincible. Car rien n'arrête celui-ci dans sa quête, tandis que se dressent devant lui les montagnes dissuasives de la raison : « Tiens-toi tranquille là où tu es, en sécurité, dans une vie laborieuse certes, mais confortable, sans risques ni mauvaises surprises. Si tu quittes ce chemin sûr et bien balisé ou que tu t'en écartes, tu cours un grand danger. Rendors-toi et oublie tous ces rêves irréalistes qui ne feront que te mener à ta perte. Veux-tu finir sous un pont ? Dehors il fait froid, reste bien au chaud et en sécurité. »

Ainsi, lorsque la porte de l'espoir est bien fermée à double tour, on n'entend plus le vent portant le chant de ces dangereuses sirènes qui voudraient nous faire croire qu'il existe une vie meilleure où tout est possible. Le pouvoir reste entre les mains de ceux qui diffusent ce message tandis que les autres rampent dans on ne sait quel tunnel obscur en attendant la mort : une vie faite de labeur et de souffrances en attendant une promise rédemption aux cieux.

Au loin, on entend des voix gémissant leurs peurs tandis que le guerrier poursuit sa route, bravant orages et tempêtes, guidé par l'étoile de son destin. Car aucune de ces montagnes de raison ne peut vaincre la détermination d'un tel homme. Aucun raisonnement, même venant d'un puissant esprit ne peut le dérouter et le détourner de son objectif. Sa conviction de réussir ne s'appuie sur aucun calcul ni probabilité, et rien ne l'arrête dans sa course lorsqu'il est certain d'avoir fait le bon choix.

Pour en avoir déjà rencontré, il existe parmi nous quelques guerriers comme celui-ci. Ils se reconnaissent entre eux naturellement et si vous en croisez un sur votre route, vous aurez peut-être la chance qu'il vous accompagne sur un bout de chemin. Mais la chance n'existe pas, et ce genre de rencontre n'arrive pas par hasard. À l'origine, une petite étincelle de la conscience allume une flamme, lançant un appel à travers les ondes de l'imperceptible. C'est alors qu'un de ces êtres dont l'aura puissante irradie autour de lui apparaît miraculeusement.

Il sera votre guide, votre maître, une relation de passage ou un ami pour la vie.

Cette histoire est celle d'un destin : celui d'un garçon qui ne savait pas que la rencontre de ces êtres extraordinaires a le pouvoir de tout changer, celui de l'homme qui perça le mystère de l'ultime vérité, celle qui rend invincible.

PREMIÈRE PARTIE

La formation

CHAPITRE I

Le premier éveil

Le soleil s'est baigné dans la mer
J'ai nagé dans la lumière
Dans les eaux chaudes et claires
D'un lagon sans barrière

La beauté du monde
Est celle d'une femme
Son amour m'inonde
Douceur de son âme

Sa longue chevelure
Recouvre mon visage
Ses yeux me rassurent
Elle est belle et sage

Effluves d'un lointain passé
Couleurs et images brouillées
Pull angora et douceur
Refuge loin de mes peurs

Serre-moi fort dans tes bras
Dans tes seins étouffe-moi
Ton cœur bat là tout bas
Dis-moi que tu restes là

Tout a commencé dans le début des années soixante-dix, à Paris, à l'époque où les autobus étaient verts et les sièges de métro encore en bois. Elle et moi nous nous sommes aimés. J'étais le soleil de sa vie et elle mon univers tout entier. Lorsque l'on est le fils unique d'une femme autoritaire qui vous a désiré en dépit d'un départ prévisible du père, vous n'êtes pas seulement un fils mais un roi. Je fus celui d'une reine qui m'éleva pour faire de moi un prince, bien élevé et aimable.

Anna, ma mère, avait un visage rond aux traits et courbes généreux coiffé d'une longue chevelure noire. Son sourire franc et son regard de jade profond renvoyaient la lumière d'une vérité pure et incontournable. Elle était aussi douce qu'elle pouvait inspirer l'autorité et la crainte, belle comme une lionne qui peut soudainement froncer ses babines et pousser un feulement qui vous glace le sang et tue dans l'œuf toute idée de rébellion. Car si elle était reconnue pour la générosité d'un cœur prêt à tout donner, elle était avant tout un fauve scarifié et rompu au combat. Définitivement insoumise, elle portait en elle les stigmates d'une guerrière qu'une vie passée avait dû violenter. Une main tendue aux crève-la-faim, elle tenait un bâton dans l'autre et imposait la justice et le respect.

Livrée à elle-même par la fatalité du couple, mais aussi par choix, elle avait, dans son élan d'indépendance, créé une entreprise qu'elle menait comme on dirige une petite barque à travers les vagues d'une mer houleuse. Elle travaillait la nuit comme le jour, n'avait pas de limites quand il s'agissait de produire sa prose de traductrice et aller chercher l'argent nécessaire pour nourrir son nid. Grâce à sa petite activité, dès mes trois ans, elle avait pu louer un grand appartement de cent cinquante mètres carrés sur deux étages dans lequel elle avait installé ses bureaux et notre appartement, un lieu de vie agréable et pratique qui disposait également d'une gigantesque terrasse. Elle y avait en priorité installé un bac à sable et un toboggan ainsi qu'une multitude de plantes, construisant ainsi notre petit paradis et ne comptant pas son argent quand il s'agissait de procurer du plaisir à son petit ange.

J'évoluais dans cet espace immense et verdoyant qu'elle s'appliquait à embellir de ses talentueux travaux d'horticultrice le weekend ou dès qu'elle le pouvait. Rosiers, bambous ou hortensias se disputaient ses soins affectueux. Elle avait également aménagé une immense tonnelle en croisillons envahis de lierre qui abritait de longues soirées d'été durant lesquelles de grandes personnes discutaient et riaient de bon cœur.

Très rapidement vint un chat noir angora, Doudou. Il fut mon frère pendant quinze bonnes années. La formule peut faire sourire : un lien de fraternité entre un humain et un chat ? Ces petits félins qui pour la plupart d'entre vous ne sont que des animaux comme les autres ont auprès de moi un tout autre statut. Dans l'Égypte ancienne, ils étaient des divinités vénérées. Pour en comprendre la raison, il faut avoir eu une relation de proximité avec au moins l'un d'eux : Doudou et moi avions une relation fusionnelle. Il me suivait partout et s'il n'était pas avec moi, je le cherchais. Trônant sur un meuble, dans une posture raide et noble, il suffisait que mes pensées et mon regard se tournent vers lui pour qu'il en accuse réception en abaissant ses paupières en signe d'approbation et de complicité fraternelle. Nous pouvions communiquer par la pensée, par le regard, ou par le moindre son. En plus de nos heures de jeu, nous nous donnions de l'affection, nous nous aimions.

Ces félins à la fois élégants et mystiques ont un esprit fascinant qui les place dans une catégorie à part du règne animal. Que voyait-il la nuit lorsque subitement ses oreilles s'agitaient et ses yeux jaunes s'écarquillaient ? Que voyait-il et après quoi courait-il ? Lui et ses suivants n'avaient pas fini de me surprendre.

De son vivant, il y eut d'autres chats, des chiens aussi, et toute cette faune s'épanouissait le cœur heureux dans notre petit parc céleste qui regorgeait d'autant de merveilles que de passages secrets ou de découvertes passionnantes pour un petit être qui évolue dans un monde de géants. Mon esprit voyage souvent dans cette époque reculée et bénie, une vie dans un paradis ensoleillé, entouré de créatures bienveillantes.

La maîtresse des lieux, grande impératrice souriante et généreuse, gouvernait son royaume et distribuait à sa cour des salves d'amour incommensurables. L'abondance et l'épanouissement régnaient en maîtres coulant de ses mains vertes et caressantes, mais la déesse concentrait son rayon d'énergie sur le seul être vivant sorti d'elle-même : moi. Ainsi placé sous sa protection, rien ne pouvait m'arriver.

La vie coulait comme un trait de grenadine et s'étendait comme un été indien, le plaisir émanant de chaque chose, même la plus simple. Le dimanche, nous allions faire le marché, arpentant une rue interminable sur laquelle s'établissaient des marchands ambulants : poissonniers, maraîchers, bouchers, fleuristes ou vendeurs de vêtements et de babioles. Elle rendait merveilleux ce qui peut sembler banal aujourd'hui, portant un gros panier dans chaque main et les remplissant au fur et à mesure de produits dont les parfums faisaient saliver et fantasmer. Car si elle avait tous les attributs d'une déesse de l'amour, elle cuisinait avec la même générosité et le même talent.

La maison accueillait très régulièrement du monde et les sourires des hôtes témoignaient de ce havre de bonheur et de ce qu'était notre vie. Il me revient parfois quelques images de ma mère en tunique brodée, de ces couleurs vives et joyeuses en parfaite harmonie avec cette époque qui ressemble à un rêve. Elle incarnait divinement la générosité, celle qui vous fait chaque jour remercier la vie. On n'a rien à perdre à donner, et je ne donnerai peut-être jamais assez pour rembourser une telle dette.

Je me suis toujours demandé comment elle pouvait deviner ce qui me faisait le plus plaisir, à chaque Noël, à chaque anniversaire, comment elle pouvait provoquer cet émerveillement et dépasser à chaque fois toutes mes espérances. J'imagine que ma joie spontanée d'enfant devait être son cadeau à elle. Lorsque c'était son anniversaire, je me torturais pour lui rendre la pareille mais une telle faculté de don m'était inaccessible et je me culpabilisais de ne pas être à la hauteur. Je crois que le simple fait d'exister la comblait au quotidien, chose incompréhensible pour un petit garçon, si gentil soit-il. Car on peut dire que le mot gentil m'allait bien, mais comment être autrement lorsque l'on est ainsi entouré d'amour au quotidien ?

S'il existe un paradis, je pense y avoir séjourné, en tant que pensionnaire temporaire, car au fur et à mesure que je grandissais et faisais mes premiers pas, mon champ de vision s'étendait inexorablement, me forçant à embrasser une réalité toute différente.

Lorsque vint le temps d'aller à l'école, je découvris dans la souffrance que le monde extérieur était d'une autre nature que celui que ma mère avait construit autour de moi. Ainsi j'observai la cruauté et la méchanceté des autres enfants, un avant-goût de ce qui m'attendrait plus tard. En attendant, la bulle de réconfort n'était jamais loin et il me suffisait d'y rentrer pour panser mes petites plaies. Ma mère me préparait toujours avec amour mon goûter : gourde de sirop de grenadine, petits gâteaux soigneusement emballés dans du papier aluminium. La haine m'étrangle lorsque je visualise ces enfants moches et menaçants qui me rackettaient dans la cour de l'école et souillaient de leurs mains sales les précieux dons de ma déesse. L'intrusion soudaine de ces êtres monstrueux qui ne faisaient pas partie de mon monde m'était très pénible et leurs comportements primaires échappaient totalement à ma compréhension.

Je pense qu'il m'aura bien fallu vingt-cinq ans pour comprendre leurs codes et leur mode de fonctionnement basique fondé sur les rapports de force. Car dans mon entourage hippie et bienveillant, le ton était celui du dialogue et des explications, l'analyse et la compréhension prédominant sur toute forme de réaction primaire. Même si ma mère n'avait pas opté pour un mode éducatif où l'enfant n'est jamais réprimandé, loin de là, elle m'a montré que l'amour passe par la compréhension. Si jamais quelque chose n'allait pas, si une contrariété n'était pas résolue, elle devait l'être : on ne se couchait pas sur un chagrin ou un quelconque tracas. Il fallait expliquer, formaliser, ce qui m'a toujours semblé évident et naturel, n'ayant connu que ces méthodes de communication.

La psychothérapie et l'analyse avaient de toute évidence balisé ce terrain d'échange et tissé une toile délicate dont les fils vous entourent sans vous blesser. La nature de ces comportements et la compréhension d'un système à ce point sophistiqué ne sont pas à la portée d'un enfant ni même d'un adolescent. En effet, il faut des dizaines d'années de recul sur ces situations pour en comprendre l'origine, pour comprendre les mécanismes de cette petite usine aux machines parfaitement huilées qui recèlent autant de merveilles que d'imperfections.

Il faut tout d'abord un peu de culture sociétale pour comprendre que cette époque succède à Mai 68 et au début des années soixante-dix qui ont vu débarquer son cortège de hippies, John Lennon et Jimi Hendrix. Loin de nous les années de la reconstruction, et bienvenue dans un monde de paix, coloré et heureux. Bienvenue également au vent de l'Orient portant les « swamis » (maîtres spirituels hindous) et leur spiritualité.

Lorsque je fus en âge d'appréhender la spiritualité, c'est-à-dire très tôt pour un enfant élevé dans l'amour et les odeurs d'encens, Anna me parla d'un certain « Baba » et du chemin initiatique qu'elle avait entrepris, guidée par cet homme qui se faisait appeler « Swami Muktananda » (Maître Muktananda). Elle possédait un portrait encadré de lui et me présenta l'objet dès qu'elle le put avec toute la fierté qu'on devinait sans sa façon de le tenir. Cette figure mystique me fixait de son regard perçant à travers sa photographie, me laissant une empreinte, comme un fossile posé dans les strates profondes de ma mémoire… Son histoire de « chemin spirituel » qu'elle évoquait régulièrement me laissait perplexe ou indifférent, le caractère abstrait de la spiritualité n'étant pas à ma portée alors. Pourtant, il devait le devenir et plus je grandissais, plus la résurgence d'une énergie mystique enfouie quelque part devenait évidente.

Les années passaient, et tous ces concepts devinrent de plus en plus familiers, tant ils étaient présents sans l'être. Une chose puissante mais indescriptible avait dû marquer le passé d'Anna pour en faire ce qu'elle était et tout ce qui émanait d'elle lorsqu'elle l'évoquait. Sans qu'il n'y ait eu aucun enseignement volontaire de sa part ni même une quelconque velléité d'endoctrinement, l'histoire mystérieuse de son chemin spirituel revenait périodiquement, encore et encore. Elle disait l'avoir autrefois entrepris puis laissé tomber en cours de route, happée par les soucis du quotidien, laissant parfois échapper un soupir de regret résolu. Quand elle parlait du maître Baba, elle le décrivait comme un être de lumière portant une paix intérieure, elle parlait de l'amour, de félicité, d'une forme d'accomplissement. Cet homme enseignait le yoga, et permettait selon son enseignement d'atteindre cet état aussi appelé « Ananda » chez les bouddhistes (état de félicité).

Si vous êtes témoin pour la première fois d'une discussion traitant de ce sujet, vous serez sûrement étonné, choqué, fasciné, ou indifférent, selon votre vécu ou vos convictions. En revanche, si vous êtes élevé dans cette culture avec comme porte-parole votre référent, en ce qui me concerne, une déesse toute-puissante provoquant l'adoration, vous portez en vous un embryon de cette énergie spirituelle qui ne peut que se développer au fil du temps, jusqu'à accoucher de quelque chose.

Cependant, les années qui passèrent jusqu'à mon adolescence semblèrent marquer une pause avec la spiritualité. Je faisais mon chemin sur un parcours scolaire sans tache, ma mère veillant à ce que mes résultats soient irréprochables. Rentrer à la maison après l'école ne se faisait pas sans un passage obligé dans son bureau et un léger briefing sur le travail scolaire à faire. Lorsqu'elle posait la question attendue sur le contenu des devoirs à faire, il était inimaginable de mentir sur le sujet ou de minimiser la charge de travail d'une quelconque façon tant la crainte qu'elle m'inspirait me rendait parfaitement honnête. N'ayant aucun souvenir d'avoir été battu ou d'avoir entendu un cri sortir de sa bouche, son autorité souveraine demeure un mystère pour moi. Au besoin, son visage rond et doux se durcissait comme une pierre et son regard, tel celui d'un basilic avait le pouvoir de me pétrifier.

En plus de son suivi rapproché sur les devoirs scolaires, elle mettait tout en œuvre pour favoriser ma future réussite. Au début des années 1980, elle investit dans la technologie informatique pour son entreprise et m'offrit ainsi un des premiers ordinateurs personnels, faisant de moi une fois de plus un enfant privilégié. Les jeux vidéo n'existaient quasiment pas à cette époque, il fallait les créer. C'est ainsi que j'appris la programmation à l'âge de dix ans. De formation littéraire, Anna était universellement brillante et donc capable de m'aider dans ces activités, passant des heures avec moi à chercher des bugs sur des mètres de feuilles à trous sorties d'une petite imprimante matricielle.

Dans le même temps, elle continuait à se battre au quotidien, portant sur son dos les soucis d'un chef d'entreprise et le lot de préoccupations qui l'accompagne.

Là où une mère de famille aurait privilégié la sécurité, cette valeureuse guerrière ne reculait devant aucun risque ni combat et assumait ses responsabilités quelle que soit l'issue des batailles qu'elle menait. Le mot « courage » ne faisait sans doute plus partie de son vocabulaire tant elle était perpétuellement dans l'action.

En plus des difficultés incessantes de son entreprise, elle prenait tout en charge, mon éducation ainsi que la gestion globale de notre vie et ses occupants de tous poils. Si l'on ajoute à cela les turpitudes d'un équilibre affectif improbable avec des hommes de passage jamais à la hauteur, le cumul faisait qu'avec le temps, la déesse des années soixante-dix ressemblait plutôt à une petite femme au visage marqué par le stress et une fatigue mal récupérée. Happée par un tourbillon du quotidien qui ne laisse guère de place aux considérations évoquées plus haut, le fameux chemin spirituel rapetissait dans le miroir de notre rétroviseur.

Notre vie à deux suivait son cours, elle et moi formions un vieux couple solide, avec son petit lot de conflits parfaitement sains et légitimes mais surtout de complicité. Étant le seul homme de la maison, mes fonctions se multiplièrent avec le temps : aide pratique et logistique, bricoleur, fils aimé et pôle affectif privilégié mais aussi oreille attentive et confident sur tous les sujets. Les remous du business ou de ses aventures amoureuses amenaient chaque jour aléatoirement à table de nombreux sujets de discussion. Je n'ai pas honte de dire que je me forçais parfois à écouter tous ses récits qui présentaient un intérêt très relatif et dont la récurrence pouvait provoquer une certaine lassitude. Ainsi, tels deux vieux époux, nous avions nos petites habitudes et rituels inébranlables tels le marché du dimanche ou les soirées plateau-télévision main dans la main. Étais-je une sorte d'amant ? Bien qu'il n'y ait jamais eu de relation incestueuse entre elle et moi, on pourrait légitimement se poser la question.

À l'âge de 17 ans se produisit un clash inévitable avec le temps, tant il pouvait y avoir de confusions au sein d'une relation fusionnelle où les rôles se mélangent. Je n'acceptais plus ses changements d'humeur ou ses scènes de ménage qui prenaient des proportions démesurées pour des causes d'ordre pratique que je jugeais futiles.

Un jour, je reçus oralement un énième avertissement. Du haut de ses 1 m 54, et avec son ton autoritaire, elle lança un nouveau : « Si tu ne changes pas de comportement pour de bon, tu t'en vas d'ici ! » Si la peur de ce genre de menaces m'avait jusque-là ramené à la soumission, ce jour-là, ma réplique fut celle d'un jeune homme résolu, dont le regard ne trompe pas quant à ses intentions et ne laisse aucune place à l'hypothèse du bluff : « C'est d'accord, je pars. » Où aller ? Que faire ? Je ne le savais pas, mais je préférais tenter l'aventure plutôt que de rester dans cette situation, assujetti à un tyran. Je vis son visage se décomposer et elle s'effondra. Elle avait senti ma détermination pour la première fois et la découverte de cette nouvelle vibration en moi la laissa dans le désarroi. Si cet épisode revêt un caractère anecdotique, il est en réalité d'une importance majeure.

Loin d'être un effet temporaire dû à l'énervement, l'instant précis auquel j'ai su tenir tête au danger de me retrouver dehors et la sensation de pouvoir sauter sans peur d'une falaise fut un moment clé de ma formation de guerrier en devenir.

Anna ne pouvait à la fois assumer une telle rupture et prendre le risque que je gâche mon parcours scolaire et mon destin pressenti d'ingénieur en informatique. Elle me proposa donc un compromis : aménager ma chambre à l'étage en appartement indépendant. Le marché fut conclu immédiatement. Ainsi, elle fit réaliser les travaux nécessaires et mon premier appartement devint la presque-île de sa demeure. Le principe du « chacun chez soi » était devenu indispensable, et cette nouvelle époque vit la disparition des conflits, les nouvelles règles de vie étant encadrées d'un pacte sans violation qui offrait respiration et confort relationnel.

Dans cette nouvelle vie d'indépendance, et l'âge s'y prêtant, je me mis à sortir de plus en plus. Je fréquentais notamment une petite bande d'amis avec laquelle je me livrais à des expériences d'adolescents bien innocentes. Nous écoutions notamment beaucoup de musique rock et nous rendions régulièrement à des concerts.

La guitare électrique avait toujours fait partie de mes rêves, ceux que l'on garde secrètement mais qu'on ne réalise pas alors que rien ne s'y oppose.

Ma première attirance pour cet instrument remontait à quelques années en arrière. En effet, lorsque j'avais douze ans, un de mes amis m'avait fait écouter le groupe AC/DC sur un lecteur de cassettes.

J'avais alors reçu l'impulsion nécessaire pour acheter mon premier disque vinyle trente-trois tours ; ici on parle d'une époque où les disquaires existaient encore et où l'on parcourait les rayons en faisant défiler les larges couvertures cartonnées avant de trouver le bon album. En l'occurrence, je ne savais pas lequel je cherchais, mais je tombai sur celui intitulé « Back in Black ». Aussitôt rentré chez moi, je plaçai sur le tourne-disque la galette noire et après quelques craquements, j'entendis les cloches de l'enfer sonner… Puis s'ensuivirent les riffs de guitare assassins d'Angus Young portés par une rythmique impeccablement frappée et hachée.

Ce que je ressentis alors s'apparentait à une violente décharge d'adrénaline, mon corps tout entier s'agitant soudainement par saccades, emporté par une énergie démentielle. Plus tard, je ressentis le même genre de sensation en écoutant « Beat It » de Mickael Jackson. Les riffs de guitare hypertranchants de Steve Lukather sonnaient comme des tronçonneuses et la virtuosité d'Eddy Van Halen me mettait dans un état de transe jubilatoire.

Pour autant, je n'avais jamais su passer à l'action jusqu'au jour où mes amis et moi décidâmes de monter un groupe de rock ! C'est ainsi qu'à dix-sept ans naquit une véritable passion qui ne m'a jamais quitté depuis.

Le jour où je me rendis pour la première fois à un concert de Joe Satriani, je subis un rayonnement qui modifia mes gènes d'informaticien en devenir. Voir le maître apparaître en vrai sur la scène du Zénith à Paris et voir ce virtuose exécuter ses morceaux irréels allait influencer le cours de mon existence sans que je ne le sache.

Si les autres membres du groupe abordaient leur instrument comme une simple distraction ludique, mon rapport à la guitare fut totalement différent. Très vite, je me rendis capable d'enchaîner des accords de puissance en quinte et de faire sortir le son distordu qui me faisait vibrer de mes propres doigts.

Et plus je progressais, plus la passion pour le manche en érable de ma première Stratocaster se fit obsessionnelle. Le jour, elle me faisait de la corne au bout des doigts, la nuit, elle dormait à mes côtés. Doudou contemplait le spectacle et semblait apprécier tous les morceaux que je massacrais gentiment. Il acquiesçait des paupières ou dormait allongé sur une tête d'ampli, profitant de la chaleur des lampes.

Ma nouvelle autonomie couplée à ma passion pour la musique faisaient une fois de plus de moi un être épanoui. Anna, naturellement, favorisait mon bonheur en m'encourageant dans mes aspirations artistiques, et pour couronner le tout, les rapports entre elle et moi étaient au beau fixe, chacun ayant trouvé son compte dans le traité de l'indépendance.

En effet, les réglages de notre nouvelle vie se rodèrent rapidement, et une nouvelle maturité s'installa dans nos échanges, laissant libre cours à de longues discussions apaisées le soir dans ses appartements. Ainsi, progressivement, de vieilles histoires du passé ressurgirent, réveillant tranquillement une bête laissée depuis longtemps dans un long sommeil… On parlait alors avec appétit d'ésotérisme, d'esprits.

Approchant de la cinquantaine, Anna se tournait à nouveau vers des sujets laissés en suspens durant des années. Elle était passionnée depuis toujours par les expériences de vie après la mort, les NDE (*Near-Death Experience*[1]). Sa bibliothèque était peuplée depuis toujours de livres traitant de sujets divers et variés et en vrac tels l'astrologie, la réincarnation, le bouddhisme ou encore ces fameux

1. EMI : Expérience de mort imminente.

livres qui racontent l'expérience singulière vécue par ces gens qui ont failli mourir.

Si la spiritualité avait été temporairement enterrée sous les strates d'une vie matérielle et nécessaire, elle refaisait tout à coup surface, Anna se plongeant dans ses livres traitant de la vie après la mort. Tôt ou tard, la rencontre avec ces sujets était inévitable : des livres serrés sur des étagères dormaient depuis bien longtemps, attendant que ma main vienne un jour les caresser…

Certaines portes que l'on ouvre ne se referment jamais. Elles donnent sur un chemin étroit et sinueux qui mène vers un changement extraordinaire du cours de l'existence. J'imagine qu'on a tous l'opportunité à un moment ou à un autre d'embarquer pour ce voyage sans retour. Je dis bien « voyage sans retour » car il est ensuite trop tard pour revenir en arrière ou faire comme si rien ne s'était passé. Si vous franchissez cette porte et vous aventurez sur ce chemin, attendez-vous à ce que votre vie soit dramatiquement transformée. Le paysage extérieur vacille d'abord tout doucement, puis un raz de marée vient balayer le paysage de votre petite existence bien établie. Le tsunami dévastateur vient avec une lame de fond née des abysses de la conscience. À l'origine du séisme, un tout petit déclencheur suffit.

J'avais donc dix-sept ans lorsque tout a vraiment commencé…

Un soir d'été, parcourant la bibliothèque d'Anna à la recherche d'un ouvrage d'histoire, mon œil s'arrêta sur la tranche d'un petit livre sur laquelle je lus : *La Projection de corps astral.* Comme beaucoup d'adolescents passionnés par tout ce qui a trait à la science-fiction, le titre m'a immédiatement interpellé, me déviant de mon objectif initial. J'ai d'abord lu le dos de la couverture : *Journeys Out of the Body* (« Le Voyage hors du corps »). Robert Monroe a vécu l'incroyable : il est sorti de son corps. Grâce à un entraînement et à une méthode qu'il décrit dans cet ouvrage, il a pu reproduire le phénomène à volonté et nous fait partager sa fabuleuse expérience.

J'ai alors immédiatement parlé de ce livre à ma mère qui m'a non seulement confirmé qu'il lui appartenait, mais aussi qu'elle était convaincue par la crédibilité de son contenu. Elle semblait même parfaitement connaître le sujet et prête à raconter des histoires ou témoignages de gens qui seraient ainsi sortis de leur enveloppe physique. Je lus le livre dans la soirée. Intrinsèquement terrorisé à l'idée de ne pas pouvoir regagner mon corps si j'arrivais à en sortir, la perspective de ce voyage extracorporel était étrangement attirante. En faisant quelques recherches supplémentaires sur le sujet, je lus d'autres témoignages de gens racontant qu'ils avaient ainsi visité des planètes inconnues et rencontré d'autres êtres « vivants ».

A priori, ils étaient tous revenus indemnes de leurs explorations et si tout cela était vrai, il ne fallait plus perdre de temps.

Je consacrai donc mes vacances à appliquer la méthode du « Docteur Robert Monroe » afin de reproduire l'expérience par moi-même. La nuit, le jour, dès que le contexte me le permettait, je cherchais. Les résultats ne furent pas convaincants pour un esprit cartésien comme le mien qui attendait une preuve tangible me permettant de conclure au succès de mon petit protocole expérimental. Toutefois, mon esprit demeurait à la fois perturbé et monopolisé par ce que j'avais découvert et plus mes recherches avançaient, plus j'étais convaincu par le sérieux et l'intérêt de la démarche. Je me sentais néanmoins un peu seul : ma mère s'était contentée d'acheter un livre il y a vingt ans et les médecins rationalistes parlaient de phénomènes physiologiques parfaitement connus des neurologues.

Je tenais alors à jour un carnet de bord de « voyageur astral » dans lequel on pouvait lire ce genre de notes :

« Juillet 1990 (environ 4 h du matin).

Je regardais la télévision tard dans la nuit en attendant une émission. Je finis par me faire à l'idée que je m'étais trompé de jour et que de toute façon je ne la verrais pas. Frustré, je prends la décision de m'endormir, ce qui se fit de façon très rapide.

Tout à coup, je me vis en train de dormir et la vue que j'avais de moi était celle qu'aurait eue une caméra en train de me filmer de profil. Cependant, les images que j'avais de moi apparaissaient par flashs comme si quelqu'un allumait et éteignait la lumière toutes les secondes. Il y eut peu de flashs, peut-être trois, je ne m'en souviens plus. Ensuite, je commençai à m'éloigner d'où j'étais dans un mouvement lent et régulier que l'on pourrait qualifier de glissement.

Je me souviens d'être passé sous une table à tréteaux parallèle à mon lit. Prenant conscience soudainement de ce qui se passe et réalisant que cela n'a rien d'un rêve, je prends peur et me vois ramené à mon corps physique rapidement comme si j'étais attiré par un aimant. Immédiatement, je me réveille, me redresse et fais le point. Il était alors 4 h 15. »

Méticuleusement, je m'efforçais de consigner toutes mes expériences décrites dans le moindre détail avec la rigueur d'un chercheur passionné. Sans que je ne puisse prouver quoi que ce soit, j'étais persuadé d'avoir fait une découverte qui allait changer ma vie.

À la veille d'entrer en classe de première en vue de passer un baccalauréat scientifique, la trajectoire qui avait été tracée lors mon éducation allait être radicalement modifiée sans que je ne le sache alors. Passionné par l'informatique, tout me prédestinait à être ingénieur : bon élève sans plus en mathématiques, Anna avait été une éducatrice parfaite, suivant assidûment mon parcours scolaire afin de me donner les meilleures chances dans la vie.

Je me confortais dans cette idée et roulais confortablement sur les rails d'un destin dont on sait où il mène sans risques ni accidents.

Il aura donc fallu que quelque chose attire mon attention pour me dérouter. Avec le recul, cela aurait pu prendre n'importe quelle autre forme que cette découverte ésotérique. L'important était le petit mécanisme qu'elle avait mis en marche en moi. Cette petite fenêtre que je venais d'entrouvrir laissait filtrer une lumière attirante, et comme un papillon de nuit sans but ni lucidité, je me dirigeais aveuglément vers elle à grands battements d'ailes sans savoir où j'allais ni ce qui m'attendait.

La première chose que j'ai apprise est que lorsque l'on mène une quête, ce que l'on trouve n'est souvent pas ce que l'on attendait, et que ce que l'on découvre finalement est bien plus important que ce que l'on cherchait au départ. Dans ma propre quête, il me semble avec le recul que je cherchais de manière plus ou moins consciente quelque chose ou quelqu'un qui pourrait m'apporter des réponses ou partager ces expériences que personne ne semblait connaître ou comprendre autour de moi. La seconde chose que j'ai apprise est que lorsque l'on entreprend une telle quête, il se présente forcément un guide. Ma première rencontre avec l'un d'entre eux eut lieu sans que je ne le sache ni ne m'en rende compte.

CHAPITRE 2

Mon ami Chinh

Quand mon cœur appela
Un guerrier apparut
Venu d'un au-delà
D'une terre inconnue

De l'Asie et de l'Inde
Voyage d'un cœur ardent
Où il n'y a rien à craindre
Où te porte le vent

Je ne t'ai jamais vu
Et tu viens de nulle part
Ton visage m'est connu
D'une lointaine mémoire

On croit s'être choisis
Mais nous sommes déjà liés
Là où le destin nous fit
Pour la vie des alliés

Mon éternel ami
Le frère que je n'ai eu
Rêve et peint notre vie
Tu m'as donné la vue

La fin de l'été réveillait chaque année en moi un fond de tristesse mélangé à une certaine appréhension. La vision des tons mordorés et des arbres abandonnant leurs feuilles encore vertes au vent nauséeux de la rentrée des classes me serrait la gorge. Cheminant sur les trottoirs des rues parisiennes, je shootais machinalement dans les marrons qui n'étaient pas coincés dans ces grilles métalliques au pied des troncs et mon moral diminuait avec la durée du jour.

L'inexorable retour d'un froid humide et de ces levers aux petits matins nocturnes inoculait dans mes veines une petite liqueur d'anxiété.

Lorsque certains étaient excités à l'idée de connaître leurs nouveaux professeurs et de découvrir la composition de leur classe, le dégoût et l'indifférence m'habitaient. Je n'avais jamais aimé l'école et encore moins le lycée et ses occupants. Les cours de récréation mal fréquentées et les odeurs moisies des escaliers montant vers les salles de classe avaient progressivement laissé place au stress et à l'appréhension des interrogations écrites concoctées par des professeurs qui nous enseignaient l'art de la pression psychologique.

Si les hautes parois épaisses et bétonnées inspiraient sans imagination l'univers carcéral, l'appel par nos noms de famille à chaque début de cours venait parfaire le tableau.

Durant toutes ces années, je m'étais plié aux règles d'une hiérarchie non identifiée, j'avais rampé sans broncher sur les sentiers boueux piétinés avant moi par des générations d'écoliers en pensant qu'un jour je serais comme eux : libéré. À mon entrée à l'école primaire, mes yeux d'enfant tout juste sorti de l'école maternelle voyaient les élèves de CM2 comme des géants érudits parvenus à la ligne d'arrivée d'une élite intellectuelle. À la fin du lycée, je commençais à comprendre que la lumière que l'on croyait apercevoir au bout du tunnel de cette longue scolarité n'était rien d'autre qu'une froide réalité sans rédemption ni gloire.

Les perspectives que nous offraient les conseillers d'orientation ne faisaient malheureusement que confirmer mes conclusions désabusées. J'avais pourtant fait de mon mieux pour être un bon élève et faire plaisir à ma mère qui s'employait à faire de ma vie une réussite.

Si mes facilités intellectuelles favorisées par mon environnement m'avaient permis de me hisser jusqu'au lycée sans trop d'efforts, le temps des bonnes notes gratuites était révolu et en plus de devoir se rendre tous les jours en prison, il fallait travailler dur en liberté. J'ai un souvenir cristallin des quatre mots inscrits de la main de ma première institutrice : « Est dans la lune ». Du cours préparatoire jusqu'en terminale, on aurait pu se contenter de ce premier bilan qui résumait à lui seul l'ensemble de ma scolarité.

Il était en effet très difficile pour moi de soutenir mon attention durant les cours, mon esprit volatile ne pouvant s'empêcher de prendre le train de toutes les digressions possibles aux propos qui étaient tenus. Les cours que je devais reconstituer lors de mes devoirs ou interrogations écrites étaient comme un puzzle dont il manquait la moitié des pièces. J'étais devenu un grand artiste de la reconstitution de l'information, sautant de déduction en extrapolation, jonglant avec mes facilités et mes lacunes. Toutes mes acrobaties avaient bien sûr leurs limites et ne me permettraient pas d'atteindre les sommets de la jeunesse intellectuelle à la fin du collège. Je fus ainsi refoulé des trois plus grands lycées de Paris après une tentative présomptueuse et naïve de ma mère qui me trouvait évidemment brillant.

D'un bon niveau sans plus au collège, je devins moyen au lycée et sentais progressivement se relâcher les serres d'un système dont j'avais été la proie durant tant d'années. Mes récentes découvertes ésotériques et l'univers spirituel qui m'attendait depuis si longtemps avaient ouvert le toit d'un monde nouveau. Mon esprit était attiré par les étoiles et mes pieds quittaient le sol, les bras tractés par une montgolfière métaphysique. En apesanteur ou pas, il fallait bien une fois de plus se rendre au pénitencier de l'Éducation nationale pour la rentrée.

La vue du mélange aggloméré des sacs à dos, blue-jeans et baskets colorées, le volume sonore exagérément élevé des conversations creuses de ces troupeaux agglutinés m'incitait à rester en retrait. Je retardais tant que je pouvais le moment où il faudrait que je me mélange à ces autres. J'étais loin de m'imaginer ce qui m'attendait cette année-là, loin de savoir que dans ce monde réel et angoissant m'attendait quelque chose ou plutôt quelqu'un qui allait tout changer.

Après avoir repéré la classe à laquelle j'étais affecté, je me rendis directement à l'étage et devant la salle qui était indiquée. Des élèves étaient déjà en train de bavarder, sans doute des camarades de l'année passée. J'avais salué rapidement de la main ceux que je ne pouvais ignorer. Mais dans l'attente de l'arrivée du professeur principal et de l'ouverture de la salle de cours, mon attention fut attirée par un individu qui contrastait de manière singulière avec le reste du groupe dont il se tenait à l'écart, tout comme moi. Il était comme endimanché, ayant visiblement fait un effort vestimentaire particulier pour ce jour de rentrée des classes : ses chaussures en cuir noir étaient bien cirées, il portait un pantalon en toile parfaitement repassé et une chemise noire avec un col Mao.

Il ne connaissait apparemment personne et personne ne le connaissait non plus. Pourtant, sans que je ne sache me l'expliquer, sa silhouette et son visage me procuraient une sensation de déjà-vu. De petite taille, 1 m 60 environ, sa posture était droite et son visage à la fois sérieux et humble attirait irrésistiblement mon regard. Il m'avait senti l'observer et dès que ses yeux pivotaient dans ma direction, je feignais de regarder tout autre chose. Je sus qu'il s'appelait Christian lorsque l'appel fut terminé.

À la sortie de cette séance d'accueil, lorsqu'il s'entretint en privé avec le professeur principal, je ne manquai pas de tendre une oreille curieuse : ses paroles étaient portées par un timbre de voix clair qui installait un climat de confiance à la fois agréable et rassurant. S'exprimant avec un accent parfaitement français et des tournures structurées, il imposait aux phrases une rythmique rigoureuse et chantait certains mots avec une tonalité qui forçait la conviction. La teneur de ses propos ne laissait pas de doute quant à sa maturité qui le décalait de son environnement. Il fallait pour que j'en sache plus, que je me rapproche de lui et bien que n'étant pas de nature sociable et à initier le contact, je me sentais attiré par cette aura toute particulière qui émanait de sa personne. Je dus choisir avec précaution le moment pour l'aborder.

« Bonjour, moi c'est Daniel, lui lançai-je donc timidement.
– Christian, enchanté ! » répondit-il d'un ton sérieux.

Je découvris alors un être que je connaissais sans ne jamais l'avoir vu : sa peau était légèrement colorée et les reflets de son visage formaient un mélange d'épices doux et subtil que je n'aurais su reconnaître ou décomposer. Ses yeux légèrement bridés et son nez épaté le rendaient résolument asiatique tandis que le hâle de sa peau et les traits finement dessinés sur son visage arrondi lui procuraient une douceur étrangement apaisante.

La profondeur de son regard me transportait dans un souvenir lointain sans que je ne puisse l'identifier ni en avoir conscience. En effet, un point commun liait plusieurs personnages de mon histoire. La clé était dans leurs regards et la lumière qu'ils renvoyaient, leurs fronts larges projetant le rayon d'une vérité percutante. Je ne voyais alors que deux personnes qui pouvaient me procurer ce ressenti : Anna et cet étranger qui m'était pourtant si familier sans que je ne sache pourquoi.

Comme si l'on se connaissait depuis toujours, je me sentais extrêmement à l'aise et en sécurité à son contact. Tout comme je l'appréciais sans modération, la réciproque semblait évidente, tant nous sympathisions avec simplicité et engouement. Il semblait heureux de m'avoir trouvé tant il était pour moi une lueur dans l'obscurité d'un monde que je n'avais pas désiré et qui avait fait naître en moi une malheureuse misanthropie.

Loin des agressions des cours de récréation de l'école primaire de mon quartier, j'avais finalement échoué dans un lycée très bien classé eu égard à ses résultats au baccalauréat. Passée à travers différents tamis du collège et finalement filtrée aux portes de cet établissement, la petite élite intellectuelle ayant survécu jusqu'ici proposait des relations humaines nouvelles et brillantes par leur absence : en ces lieux régnaient les liens superficiels et la compétition.

Rien n'était fait pour adoucir le paysage grisaillant ni les petites scènes qui se jouaient au quotidien sur les estrades devant les tableaux d'ardoise. Les professeurs se prenaient très au sérieux et rejouaient les mêmes pièces d'année en année sans qu'il ne s'en dégage aucune passion.

Il aurait fallu un peu de hauteur et une dose d'humour pour dédramatiser toutes ces situations et décrisper ces individus enfermés dans un incubateur de clones tristes. Visages coincés, regards fuyants, culte du « chacun pour soi », la solidarité et l'amitié semblaient inexistantes. Dans ce désert émotionnel sec et aride, une main s'était tendue vers moi et m'invitait dans une oasis secrète que personne ne pouvait voir au milieu de tous ces mirages.

C'est ainsi que je fis vraiment la connaissance de Chinh car Christian était en fait son prénom français. Comme je l'avais deviné, ce garçon venait d'ailleurs… Sa mère était Vietnamienne et son père Indien. Ses parents avaient fui le Vietnam en 1975 sous les bombardements pour se réfugier en Inde à Madras, dans le pays du père, lui-même originaire de Pondichéry. De là, sa mère était partie en éclaireur à Paris, hébergée par l'un de ses frères qui y résidait déjà et trouver du travail pour faire venir son mari et ses enfants, dont Chinh était le plus jeune. La préparation de cet avant-poste avait duré deux longues années durant lesquelles le petit Chinh fut cruellement coupé de sa mère.

L'histoire chaotique de son enfance nomade et orpheline et les cicatrices profondes qu'elle avait pu creuser en faisaient forcément quelqu'un de différent de moi qui avais grandi protégé dans un paradis céleste.

Pourtant, nos différences d'origine ne nous rendaient en rien incompatibles. Au contraire, les dissemblances de nos vécus respectifs constituaient incontestablement un nutriment essentiel à notre amitié. Confronté dès son plus jeune âge au drame et à la souffrance, Chinh était le rescapé de ces différents naufrages qui avaient forgé un guerrier au mental d'acier fait d'alliages complexes. La discipline et la force se mélangeaient harmonieusement à la spiritualité d'un homme sage avant l'âge.

J'avais beaucoup à apprendre de lui, et lui découvrait chez moi la désinvolture ainsi que la douceur de vivre qui régnait dans mon petit univers privé où s'étalaient de tout leur long des petits fauves ronronnant les yeux fermés. Naturellement, le cœur aimant d'Anna avait ouvert grand sa porte à Chinh. Quand deux guerriers se rencontrent et que l'amour maternel s'en mêle, la cohésion est inévitable. Chinh était ainsi devenu mon frère spirituel sans autre formalité. Lui et moi déjeunions à mon domicile à midi et la maîtresse des lieux faisait désormais les courses pour une famille qui comprenait deux enfants.

Devenus jumeaux inséparables, nous étions systématiquement assis à la même table en classe et attendions patiemment que la cloche de midi sonne pour nous précipiter chez moi et cuisiner un de ces plats au curry exagérément pimentés à nous faire transpirer du front et rire de nos visages respectifs rouges et trempés. C'est tout ce qui avait manqué à ma vie scolaire, un compagnon, mais aussi et surtout le rire et la détente.

Il est très surprenant de voir comme un paysage morne et triste peut s'égayer de couleurs vives et se peupler d'une multitude de trésors cachés pour devenir un lieu où la joie peut s'exprimer. Quand tout ce qui n'est que désolation devient humour et dérision, les fous rires surgissent comme la végétation colorée d'une dalle de béton : le monde extérieur se transforme. Chinh et moi formions à présent un duo de comiques au rire communicatif : nous taquinions les individus les plus crispés sans les blesser et leur arrachions sourires et rires qui faisaient notre satisfaction. Nous étions ainsi appréciés de nos camarades qui nous regardaient à la fois intrigués et amusés.

Même les professeurs les plus craints et respectés étaient devenus des acteurs dont les sarcasmes et les tirades cassantes alimentaient notre réservoir de blagues et d'imitations. Ainsi, les salles de classe délavées par le temps et usées par des siècles d'ennui étaient devenues des petits théâtres de comédie. Aux côtés de Chinh, une nouvelle ère était née où tous les habitants de l'école, autrefois inquiétants et tyranniques étaient devenus les personnages d'une bande dessinée que nous regardions avec une certaine distance.

Cette nouvelle posture n'eut que des effets bénéfiques : dédramatisant les situations, la détente et le plaisir de ce partage de tous les jours nous rendaient heureux et nous arrivions même à maintenir un niveau très correct pour arriver tranquillement en terminale. Aussi lunaires l'un que l'autre, nous connaissions les mêmes handicaps, mais cette fois, nous étions un binôme et l'entraide et la solidarité nous rendaient plus forts face aux difficultés techniques.

Si l'amitié qui nous liait nous permettait de survoler le système scolaire, prétexte pour nous retrouver chaque jour, notre vie à l'extérieur n'en était pas moins riche. Bien au-delà d'être le meilleur camarade de classe que je puisse espérer, celui qui avait su transformer mon calvaire en joie quotidienne n'était pas qu'un simple ami mais un être très étonnant qui n'a jamais fini de me surprendre.

Le mélange de ses origines était sans doute le berceau de toutes ses richesses dont je fis la découverte au fur et à mesure de notre relation. Tout d'abord, son corps comme son esprit étaient ceux d'un guerrier. Les arts martiaux étaient ancrés en lui depuis son plus jeune âge et traçaient une ligne de vie gravée dans le marbre de son être profond. Il évoquait parfois le mystérieux Paul, un maître en arts martiaux qui fut autrefois le sien. Il lui avait transmis l'héritage ancestral de ces seigneurs orientaux, issus d'une culture hors de notre portée en France. Car si Bruce Lee avait traversé les frontières pour venir nous impressionner dans nos salles de cinéma, il n'en restait pas moins qu'un mythe et les tentatives de mimétismes dans les clubs de kung-fu du quartier n'étaient que pittoresques contrefaçons. Pour m'y être moi-même intéressé de près, je n'en fus que plus sensible en découvrant les talents de Chinh. Son dos était taillé en « v » et ses muscles secs et nerveux affleuraient avec finesse et esthétisme. Il pratiquait le karaté depuis son plus jeune âge et lorsqu'il exécutait un kata, ses gestes et postures n'étaient que beauté et précision, véritable spectacle pour mes yeux admiratifs.

S'il est une science du combat, le karaté devenait un art en regardant Chinh s'entraîner et pratiquer cette discipline qui était pour lui une façon de vivre. On ne peut exécuter des gestes d'une telle pureté, simplement attiré par les arts martiaux ou désireux de pratiquer cette discipline. Il fallait que Chinh ait l'âme d'un artiste pour que son corps s'exprime de la sorte. Car il était en réalité habité par un être créatif et sensible qui pouvait exploiter tous les supports qu'il trouvait. Il s'adonnait à une variété infinie de pratiques, passant de l'une à l'autre au gré de ses passions.

Très attiré par l'image, il me fit découvrir tout d'abord ses travaux sur la photographie argentique en noir et blanc en me montrant quelques tirages d'une qualité qu'on pouvait qualifier sans aucun doute de professionnelle. De là, il était passé à la peinture à l'huile et depuis, il avait produit de nombreuses toiles. Il en ressortait

quelques pièces dont il était particulièrement fier et je dois reconnaître qu'il y avait de quoi. Il peignait des nus, des visages de femmes, l'empreinte féminine ressortant de manière flagrante dans tous ses travaux. Chinh était un être entier et passionné, tombant parfois amoureux d'une muse qui lui inspirait un portrait sur lequel il projetait ses sentiments brûlants et l'image idéale de la femme. Lorsqu'il s'immergeait dans une de ses créations, il n'était plus disponible pour autre chose et suspendait le temps jusqu'à ce qu'il juge que son œuvre fût achevée.

J'eus l'immense bonheur de vivre dans sa bulle de passion durant des années, une parfaite extension de mon univers paradisiaque. Vouant pour ma part un véritable amour addictif à la guitare, l'art fut le ciment de notre amitié et nous cultivions ce jardin fantastique fait d'échanges et de sensations exacerbées. Le partage était total car en plus des affinités premières avec l'image, Chinh était également sensible à la musique. Il aimait chanter et s'accompagner d'une guitare acoustique qu'il possédait avant même que je fisse sa connaissance. Entraîné par le courant de la musique, il s'impliqua même dans mes propres activités, se faisant une place de choix dans mon groupe en tant que chanteur. On le vit même sur la grande scène du concert de fin d'année organisé au lycée.

Même s'il n'avait pas l'expérience ni l'étoffe d'un grand musicien, il s'investissait sincèrement et avec cœur, comme dans tout ce qu'il faisait et le résultat était toujours bluffant.

Souvent basés dans mon petit palais, nous nous rendions parfois chez ses parents qui m'accueillaient chaleureusement dans leur petit pavillon de banlieue. Ils formaient un couple de gens simples et gentils. Autrefois commerçants bijoutiers au Vietnam, ils avaient payé le droit de fuir leur pays en avion en échange de tout leur or, abandonnant leur position sociale et leurs acquis pour recommencer une vie à zéro. Leur force de travail et le courage leur avaient permis de reconstruire une existence confortable et d'élever cinq enfants bien éduqués et parfaitement intégrés. Grâce à la somme de tous leurs efforts, ils étaient également propriétaires d'une jolie maison au bord de la mer.

La mère de Chinh était une petite femme dynamique capable de préparer en un temps record de délicieux repas asiatiques dont les secrets éparpillés dans une multitude de petits détails les rendaient inintelligibles. Fasciné et gourmand de tous ces plats aux saveurs extraordinaires, je tentais toujours vainement d'en comprendre les secrets de fabrication. Non pas qu'ils ne puissent être dévoilés, mais il aurait fallu vivre avec eux durant des années pour saisir toutes les subtilités de ces précieux non-dits.

Ici où là macérait un citron dans un bocal, des plantes inconnues dépassaient de bocaux et les tiroirs recélaient poudres et pâtes aux parfums improbables. Si bien qu'au moment de cuisiner, il s'agissait de mélanger et faire cuire en même temps une quantité d'ingrédients sortis d'on ne sait où, dosés de façon automatique. De l'extérieur, on aurait pu croire qu'il s'agissait d'un tour de magie aux gestes aléatoires et auquel on ne comprenait finalement rien.

Même la créativité de la cuisine venait se nicher dans ce tout-venant artistique qui faisait notre quotidien. À force de suivre les leçons de Chinh et après des années de pratique, je finis par extraire une infime partie de tout ce savoir pour concocter un curry de poulet, ultime résultat de mes nombreuses tentatives pour approcher le modèle original demeuré inégalé.

Lorsque l'on se construit aux côtés d'un être exceptionnel, on en garde des traces à vie. Nos fous rires ont immortalisé des anecdotes que l'on peut restituer intactes et ainsi remplir de longues soirées. Les arts martiaux ont laissé leur empreinte à travers de nombreuses séances d'entraînement durant lesquelles je tentais de ressembler au maître et d'assimiler ses techniques. Les peintures, les photos, la musique et toutes ces scènes d'une vie heureuse et intense sont comme des peintures rupestres qui traverseront des éternités sans s'effacer des parois les plus anciennes de mon couloir de vie.

Cependant, les années passées aux côtés de Chinh ne furent pas qu'une vaste et joyeuse récréation animée par l'art et la passion. Notre amitié me réservait quelque chose de beaucoup plus précieux encore, un joyau que Chinh portait en lui et qu'il avait rapporté de son passé.

Un homme doué d'une telle créativité artistique et qui brûle d'une force vitale que l'on ressent les yeux fermés n'était pas n'importe qui. Une aura qui avait capté mes sens au premier contact ne pouvait appartenir qu'à un être porteur d'un morceau de conscience universelle. Se référer au passé chaotique de Chinh aurait été un raccourci un peu simpliste pour trouver des explications à sa personnalité hors norme. On ne peut pas tout rationaliser et quelque chose de très mystérieux faisait qu'il pouvait se transcender pour délivrer un message universel.

À un moment précis de notre histoire, il me perça à nu et planta en mon âme une petite aiguille indolore qui vous injecte une quantité infinitésimale de sérum divin. Il fallait que ce soit lui et personne d'autre pour que les mots qu'il prononça ce jour-là allument en moi une lumière dans l'obscurité de ma conscience. Il y a des vérités qui ne peuvent être enseignées que par une personne, à un moment très précis de l'existence pour que l'expérience que je décris ici se produise.

Je me souviendrai toute ma vie de cet après-midi d'été, de la terrasse de ce café parisien où nous étions installés pour discuter. Non loin du lycée, nous évoquions l'avenir et nos orientations. Plus que las d'une scolarité qui n'en finissait pas, j'avais trouvé une idée pour échapper à toute sorte d'université ou d'école qui pourrait prolonger ce parcours déjà beaucoup trop long.

Je m'étais mis en tête de devenir policier. À l'époque, il suffisait de passer un concours pour devenir inspecteur de police. Les enquêtes musclées et les héros de séries policières peuplaient nos téléviseurs.

Un certain goût de justice et de revanche dans la bouche ainsi qu'une entrée efficace et rapide dans la vie active rendaient mon plan très séduisant. Même si l'informatique me plaisait et que j'avais continué logiquement à pratiquer la programmation lors des cours du lycée proposés en option, l'idée de faire une école d'ingénieur semblait au-delà de mes forces et surtout, hors de ma volonté. J'étais donc régulièrement amené à convaincre mon entourage et moi-même du bien-fondé de mon nouveau projet.

J'expliquais tout cela et argumentais mon exposé à Chinh qui sirotait un soda à la paille et me regardait d'un air attentif et détendu sans expression particulière. Tandis qu'il m'écoutait sans bouger, mes mots semblaient traverser son esprit sans que celui-ci ne les retienne. Il ne répondait pas et ne renvoyait aucun acquiescement ou quelconque écho.

Puis un silence se fit, comme pour s'assurer que j'avais bien fini de parler.

Il prit alors la parole et m'asséna une petite suite de mots parfaitement chantés, avec une intonation de voix qui me paralysa.

« Mais dis-moi Daniel, entre toi et moi, et ici personne ne nous entend : qu'as-tu vraiment envie de faire de ta vie ? »

Sa question me fit l'effet d'un sabre qui venait de couper en mille morceaux mon beau discours.

En bon rationaliste calculateur que j'étais, j'avais soigneusement mis au point mon plan reposant sur une stratégie visant à écourter mon parcours scolaire et en finir une bonne fois pour toutes.

Le tout était bien ficelé et prenait en compte un calcul de risques en cas d'échec à ce concours d'entrée dans la fonction publique. Tous les paramètres étaient pris en compte, sauf un : l'envie.

Car ce mot, à l'épicentre du propos de mon interlocuteur, perturbait à lui seul tout mon système de pensée et la gravitation d'une raison bien installée.

Je tentai tout de même fébrilement de défendre mon raisonnement qui avait déjà volé en éclats tant il était simple pour Chinh de le réfuter puisqu'il en connaissait l'ultime faiblesse. Il acheva donc son travail de démolition :

« Daniel, je ne te parle pas de ce qui ferait plaisir à ta mère, où à ce qu'il conviendrait de faire aux yeux des autres, je te parle de ce dont tu as vraiment envie, toi. »

Il était inutile de lutter et quand bien même, qu'avais-je à perdre à être franc avec lui le temps d'une discussion ? Je rendis simplement les armes :

« Eh bien être guitariste.
– Eh bien voilà, ça c'est ce qui te fait rêver n'est-ce pas ?
– Oui, mais bon…
– Mais bon quoi ? Moi je veux être peintre. Crois-tu que je vais renoncer à mon rêve ? Qu'est-ce que la vie sinon être heureux et tout faire pour l'être ? Ta vie il faut la vivre et pas seulement la rêver. »

Il est des moments comme celui-ci que l'on a la chance ou pas de vivre dans une vie, des instants où en une fraction de seconde, une petite explosion se produit et fait sauter un barrage de la conscience. Toute l'énergie retenue depuis toujours vous inonde et provoque une euphorie soudaine. Tout devient simple et évident, comme si cela l'avait toujours été.

« Oui, tu as raison.
– Bon alors, qu'est-ce qui t'arrête ?
– Je ne sais pas, je vais y réfléchir. »

J'aurais très bien pu répondre à la question de Chinh, si seulement j'avais pu mettre des mots sur ce poison qui m'empêchait de vivre mon rêve.

Je réalisais ce qui faisait fondamentalement de mon ami un être d'exception : il déterminait son destin en fonction de ses envies et non de ses peurs. À la croisée des chemins, j'étais face à un choix auquel on a tous été confrontés au moins une fois dans sa vie : suivre une large route qui garantit la sécurité ou emprunter un petit chemin broussailleux et risqué, mais qui seul peut nous mener à un trésor.

J'avais commencé la musique tardivement et n'avais jamais appris le solfège ni toutes ces choses qu'il aurait fallu aborder très jeune pour qu'un tel projet fût crédible aux yeux de ceux qui savent toujours pour vous ce qui est bien de faire ou non. Car ces gens qui n'ont rien fait de leur vie se sentiront toujours mieux si les autres autour d'eux roulent sur la même route en bitume sur laquelle ils s'ennuient depuis si longtemps qu'il leur est maintenant impossible de faire demi-tour.

Si tout à coup ils se trouvaient seuls sur leur chemin raisonnable et que par malheur vous accédiez au bonheur en empruntant la voie devant laquelle ils ont renoncé par manque de courage, ils seraient alors convaincus qu'ils ont gâché leur vie et en mourraient.

Si la majorité à l'extérieur appartenait à un troupeau marchant sur une route nationale, le guerrier qui était en face de moi n'en faisait pas partie. Il était venu me tirer par la manche et m'invitait à vivre la vie belle et héroïque qui n'appartient qu'à ceux qui sont prêts à tout risquer.

Je me sentais soudainement à la fois léger et fort d'une première expérience qu'il faudrait renouveler pour devenir un de ces êtres pour lesquels le mot courage ne signifie plus rien. Si cette première épreuve peut sembler anecdotique, elle ne l'était pas dans l'esprit d'un jeune homme de dix-huit ans qui avait trempé toute sa vie dans un moule préfabriqué. Toute une éducation et une civilisation vous ont inculqué le raisonnable et érigé de hautes murailles cimentées de rationnel. Une forteresse de convictions est soudainement balayée par un raz de marée venu d'un esprit pour lequel toutes ces barrières n'existent pas, celui d'un écorché vif qui n'a plus rien à craindre, tant il a déjà tout perdu il y a bien longtemps.

De mon côté, j'avais fait la moitié du chemin. Il ne me restait plus qu'à assumer à l'extérieur mes nouvelles aspirations. Il fallait notamment que j'en parle à une personne en particulier : Anna.

Comment allait-elle prendre tout cela, elle qui avait mis tant d'énergie pour que je réussisse ? Oui, mais pour que je réussisse quoi ? Autant de questions qui annonçaient un débat animé. Quand on sait avec quelle autorité elle m'avait forcé à faire et refaire mes rédactions, quand on a connu la crainte de mentir sur les devoirs à faire devant un commandant implacable, on peut comprendre pourquoi la peur avait sa place. Qu'allait devenir la fameuse maxime :« Passe ton bac d'abord ! » après cela ? À quoi avaient servi ces centaines d'exercices de mathématiques si c'était pour caresser le manche d'une guitare ?

Avais-je versé sueur et larmes sur ces cahiers d'exercices pour rien ? Tous ces efforts ressemblaient à un immense gâchis. Comment allait réagir celle qui s'était sacrifiée et avait tant donné pour que je parvienne jusqu'au baccalauréat ?

Autant de questions qui se pressaient à la porte de mon appréhension et qui me laissaient présager une angoissante confrontation.

Le soir même, je pénétrai dans l'appartement de la prêtresse de l'amour et de l'autorité avec une lourde pierre dans le cœur.

Elle était assise face à son bureau comme je l'imaginais sur le chemin du retour après cette journée qui m'avait donné le tournis.

Sans se retourner, elle chanta :

« Bonjour mon fiston !

– Bonjour. »

Le timbre inhabituel de ma voix la fit se retourner immédiatement. Elle était capable de me percevoir de l'intérieur sur la simple modulation des sons que j'émettais.

« Que t'arrive-t-il, mon Daniel ? »

Il eût été des jours où la réponse aurait très bien pu commencer par un soupir suivi d'un : « Qu'est-ce qui se passe encore ? »

Mais aujourd'hui, la tonalité de sa réponse respirait la bonne humeur et indiquait une météo favorable pour saupoudrer un peu de houle sur une mer d'huile. C'était là une invitation à livrer mon dangereux colis. Les dieux de l'Inde avaient dû préparer le terrain et me soufflaient chaleureusement dans le dos en me murmurant : « Courage, Daniel ! »

Je me jetai donc à l'eau et après une introduction maladroite, mon cœur parla à ma place et je dis ce qui devait être dit, sans me justifier ni évoquer mon entretien avec Chinh.

J'observais le visage d'Anna au fur et à mesure que mes paroles coulaient et m'attendais à un durcissement de ses traits et à un changement de couleur de ses yeux qui pouvaient passer du vert à des tons très foncés.

Je fus surpris de constater une tout autre réaction. Son visage était si décontracté que je me demandais si elle ne pensait pas à un gros contrat qu'elle aurait déniché, passant à côté de l'énormité de mes propos.

Lâchant un souffle entre le rire et le soupir et arborant un sourire maternel, elle me regarda avec des yeux qui auraient pu exprimer une certaine condescendance si je n'avais pas ressenti à ce moment précis une profonde compassion de sa part.

Puis un flot de paroles aussi magiques qu'inattendues sortit de sa bouche :

« Je t'ai toujours dit de passer ton bac pour que tu puisses faire ce que tu veux ensuite. Parce que pour moi, le bac est le minimum de culture qu'il faut avoir pour survivre dans notre société.

J'ai fait mon possible pour que tu l'obtiennes, mais après cela, c'est à toi de choisir ce que tu veux faire de ta vie.

Il y a des années de cela, je voulais être comédienne, c'était mon rêve. Et puis j'ai renoncé. Ma mère avait fait de moi une femme de tête. De ses trois enfants, j'étais celle qu'elle considérait comme une intellectuelle. Plutôt littéraire, j'ai fait une école supérieure de traduction. Au lieu de continuer le théâtre, j'ai commencé par travailler pour un patron, mais ne supportant plus d'être commandée, j'ai monté ma société. Et puis, je t'ai eu, toi, mon fils chéri. Tout s'est enchaîné comme ça, et la suite, je n'ai pas besoin de te la raconter.

Je ne suis pas devenue comédienne, mais maintenant c'est trop tard, et puis j'ai eu d'autres satisfactions dans ma vie, toi en l'occurrence. J'ai monté cette société aussi et j'ai eu ma réussite. Ces grands bonheurs ont rempli mon existence et c'est très bien comme ça.

Mais si tu veux devenir guitariste, alors fais-le, mais… »

J'étais comme sur un podium attendant solennellement qu'on me remette un trophée.

Et elle conclut :

« … sois le meilleur ! »

Ma déesse de l'amour était définitivement présente. Même si elle avait dû parfois s'absenter, elle était là depuis le commencement et ne me quitterait jamais. Le visage d'un tyran qui inspectait mes bulletins de notes à la loupe et dont je craignais les réactions venait de s'évanouir. Sa mission s'achevait ici, et moi, j'étais définitivement libéré. Je ressentais un mélange de soulagement et de joie qui me faisait décoller du sol.

Finalement, les murs du pénitencier dont je me sentais prisonnier n'étaient que ceux que mon esprit voyait. Ils étaient comme un brouillard épais qui se dissipait avec les rayons d'amour des soleils qui gravitaient autour de moi.

Chinh avait peint de mille couleurs une vie scolaire en noir et blanc et finalement, il m'avait délivré d'une cage dont les barreaux fictifs n'étaient que mes propres peurs. À suivre simplement ses rêves, il nageait dans le courant d'une rivière que connaissait bien Anna qui l'avait emprunté bien avant lui. L'un aurait pu parler à la place de l'autre tant ils partageaient cette même richesse dont elle me faisait cadeau avec cette générosité que l'on pouvait lire sur leur front.

L'année de terminale qui suivit ces résolutions providentielles au goût d'armistice fut encore bien différente de celle qui l'avait précédée. Chinh et moi marchions à travers les foules insensibles et ne prêtions plus grande attention à l'environnement du lycée qui n'était qu'une toile de fond en arrière-plan de nos vraies ambitions. Nous nous rendions au cours les plus importants dans notre filière scientifique en évitant ceux qui nous paraissaient inutiles. Le peintre et le guitariste traversaient les salles de classe avec une légitime indifférence pour ce qui pouvait s'y passer.

Lorsque nous étions assis l'un à côté de l'autre, nous avions inventé un jeu. Tandis que l'un fermait les yeux, l'autre trouvait un motif sur les murs ou les plafonds aux peintures abîmées et le dessinait sur une feuille de papier. Le deuxième joueur regardait alors le motif dessiné et tentait de le retrouver dans la salle de classe. Lorsque Chinh se levait en s'écriant : « J'ai trouvé ! » en pointant sa cible, les élèves et le professeur le regardaient avec des yeux plissés et intrigués, la scène provoquant des fous rires que seuls lui et moi comprenions.

Malgré nos nombreuses absences physiques ou mentales, nous maintenions des résultats nécessaires et suffisants avec une insolente légèreté. Grâce au jeu des coefficients et à notre logique, nous franchîmes la ligne d'arrivée du baccalauréat, avec un rattrapage plus qu'improbable pour ma part. Désabusé ou amusé, le jury avait fini par me faire cadeau du peu de points qui me manquaient, comme on donnerait une poignée de main à quelqu'un qu'on ne veut plus revoir.

Anna avait abandonné son « passe ton bac d'abord » sans trop d'amertume et swinguait sur les rythmiques d'Eric Clapton et de Jimmy Hendrix. De mon côté, j'avais terminé mon parcours scolaire à titre posthume et pour rendre hommage à celle qui y avait cru, en me transmettant ce qui lui semblait bien pour moi.

Ainsi, le jour où on me remit un petit bout de papier qui attestait contre toute attente que j'étais titulaire d'un baccalauréat (D à l'époque), je ressentis une grande joie. En ce début de soirée du mois de juillet, je marchai avec légèreté et rapportai le « trophée surprise » à ma mère qui n'était même pas au courant de cet examen de rattrapage.

Je lui fis donc la surprise en entrant pour la première fois dans son bureau avec une bouteille de champagne. Son visage s'illumina lorsque je lui tendis la preuve de cette bonne nouvelle. Elle rit de satisfaction, puis me prit dans ses bras pour me montrer sa reconnaissance et me dire qu'elle était fière de moi. Trônant sur le bureau, Doudou communiait avec nous les paupières baissées en guise d'approbation. Tous deux fatigués comme deux athlètes après un marathon, le champagne nous enivra joyeusement et la fête se termina tôt dans la soirée, assommés et apaisés.

Chinh et moi nourrissions un fantasme depuis longtemps : nous nous étions juré qu'après le baccalauréat, nous ferions un grand feu avec tous les livres et les cahiers de classe. Chaque année, il fallait conserver les anciens cours et revendre les livres obsolètes. Cette fois, c'était fini pour toujours. Nous nous rendîmes dans le pavillon de ses parents pour faire un petit barbecue et fêter la fin du lycée. Non loin des merguez, nous creusâmes un profond trou dans son jardin, comme pour enterrer un cadavre. Les livres y furent projetés avec force et l'essence les fit flamber en projetant une multitude de couleurs dans l'air. Il s'agissait sûrement là des âmes de toutes ces leçons que nous n'aurions plus jamais à apprendre.

Nous dansâmes autour les flammes, emportés par une transe jubilatoire et une bière rebelle.

CHAPITRE 3

L'appel vers un au-delà

Sous la lune et sans bruit
La chrysalide se brise
Une lueur dans la nuit
Le danger se déguise

Attiré par un mystère
Sans peur ni lucidité
Papillon vole la lumière
En quête d'une vérité

Abandonne tes bagages
Laisse ton âme s'envoler
Un guerrier qui voyage
N'a pas peur de sauter

Vagues et toiles ondulées
Vibrations multicolores
Cyclopes et voies lactées
Des frissons dans le corps

Devant le mur des limites
T'attend un guide lumineux
Il sait les mots et les rites
Du sincèrement dangereux

Le soleil joue la comédie derrière la vitre glacée d'un ciel bleu et froid. Ici, un épais manteau de neige a imposé le silence et fait taire la nature. De cette immensité lactée émerge un petit chalet de bois. C'est ici que nous passons nos vacances ma mère et moi, à la montagne probablement. Je ne sais pas, je ne sais plus, tout est si confus, et je suis si jeune. Oui, je suis un tout petit garçon qui sait à peine marcher, suffisamment pour déambuler sur une neige vierge qui peut porter mes pas sans que je ne m'y enfonce.

Le terrain où campe notre maisonnette est immense, mais on aperçoit au fond une clôture, et au-delà de celle-ci, des bois fournis par un maillage épais de branches déshabillées. Que cachent ces arbres noirs et squelettiques qui ne laissent filtrer aucune lumière ? Quel secret découvrirai-je au cœur de cette forêt, au-delà de cette barrière qui marque la limite de mon terrain de jeu ?

Chaque jour, je fais quelques pas de plus vers ce mystère aussi inquiétant qu'attirant et repousse les limites de mon exploration tant il est simple de revenir en arrière en suivant simplement les traces toutes fraîches de mes petits pas. La clôture approche et la peur me gagne au fur et à mesure que je perçois la profondeur de ces bois qui ne laissent toujours rien entrevoir. Je suis allé trop loin cette fois, il est temps de rebrousser chemin. Je me retourne. Horreur ! Le vent a effacé mes pas, comment trouver le chemin du retour ? La panique s'empare de moi et avant que je ne me mette à hurler, une main ferme me saisit par le bras et me secoue violemment. J'entends gronder ma mère : « Je t'interdis de t'éloigner tout seul de la maison et surtout de t'approcher de ces barrières ! On dit qu'il y a des loups dans ces bois. Si tu franchis ces clôtures, je ne serai pas là pour te protéger. »

Secoué par mes sanglots, je me noie dans des sentiments mélangés de peur, chagrin et réconfort. J'ouvre les yeux et me retrouve dans mon lit. Je ne suis pas un petit garçon, j'ai dix-neuf ans, je suis à Paris et il est midi. Je me suis encore couché très tard.

L'heureux dénouement de ma scolarité et le festif autodafé dans le jardin de Chinh avaient tourné la page finale d'un livre lourd et épais que l'on range tout en haut d'une étagère pour ne jamais avoir à le relire : la cloche ne sonnerait plus. Après avoir consommé sans modération la libération de l'ancien régime et chanté tout l'été, le mois de septembre ouvrait la porte d'une toute nouvelle vie dont la virginité me plongeait dans un vide perplexe.

La rencontre avec Chinh avait changé le cours de mon existence et m'avait obligé à faire un choix. Le guide m'avait accompagné jusqu'à une intersection de mon destin pour que j'emprunte le chemin qui devait mener à mon bonheur. Arrivé à ce point, il m'avait lâché la main pour suivre sa propre voie. Ainsi, nous étions désormais séparés, amis pour la vie mais évoluant dans deux sphères différentes. Sans qu'il n'y ait aucun différend entre lui et moi, notre relation se trouvait tout d'un coup aussi distante qu'elle avait été fusionnelle. Le lycée avait disparu, emportant avec lui le terrain de jeu qui nous réunissait chaque jour. Quant au choix que j'avais fait, il m'avait indéniablement demandé du courage mais je commençais tout juste à découvrir une règle fondamentale : la prise de décision audacieuse, même si elle est nécessaire, n'est que la première étape du parcours du guerrier.

Pour l'instant, j'avais le soutien de ma mère et rien ne semblait pouvoir me faire douter. Elle était toujours là, bien présente et à la fois en retrait. Confiante, elle me laissait suivre mon cursus artistique en assurant comme toujours les besoins matériels. Doudou et ses semblables poursuivaient leur existence nonchalante et indifférente à tous ces changements profonds qui ne les concernaient pas. Malgré mon environnement chaleureux et rassurant, ce sentiment de profonde vacuité me donnait un avant-goût amer du mot « assumer ».

Je me trouvais soudainement dans une situation aussi légère que déstabilisante : il n'y avait plus d'école, plus de réveil, plus de contraintes. Je m'étais inscrit dans une école de musique qui fixait un cadre fictif à ma nouvelle vie : il n'y avait pas d'obligation de se présenter aux cours, qui ressemblaient plus à de petites audiences fréquentées par un public variable et décontracté.

Bien que passionné par la guitare et accroché à mon médiator, plus rien ne rythmait ma vie à part le clic du métronome lorsque je travaillais mes gammes. Mes cheveux continuaient de pousser tandis que ma vie flottait sur un mode lydien.

Lunaire et aérien par nature, la scolarité m'avait forcé à garder les pieds au sol et même si Chinh et moi partagions un joyeux cockpit, nous étions malgré tout tenus d'atterrir parfois sur une piste balisée par des lumières pâlottes certes, mais qui avaient le mérite de dessiner un cadre. Le voyage se poursuivait à présent hors de la stratosphère et laissait libre cours à toutes les libertés et dérives.

Certaines voix qu'on avait fait taire depuis quelque temps n'attendaient pas de meilleure opportunité pour se faire entendre à nouveau. Plus je vieillissais, plus ces voix résonnaient en moi et murmuraient les mêmes questions, me donnant parfois des vertiges lorsque je me recueillais un instant pour mieux les entendre. Quelle était la signification de ma vie et de ce petit théâtre peuplé de personnages touchants ou indifférents ?

Je commençais à comprendre que le décor de ce théâtre dépendait en partie des décisions que je pouvais prendre : que serait ma vie actuelle si je n'avais pas rencontré Chinh, si je m'étais engagé dans une voie continuant logiquement ma scolarité ? La liberté dont je jouissais chaque jour n'était-elle pas le résultat de mes propres choix ? Si tel était le cas, j'étais donc l'artisan de ce qu'était ma vie et du paysage qui l'habillait. Quel est donc le sens des déambulations de nos squelettes habillés de chair dirigés par nos pensées ? Qu'on soit des chats ou des humains, quel est le sens de notre existence qui semble si dérisoire par rapport à l'immensité de l'univers et aux millions d'années qui nous ont précédées ?

Au-delà de ces considérations existentielles par lesquelles chacun se sent concerné ou non, une question fondamentale m'habitait et si pendant un moment je m'efforçais de mettre des mots dessus, j'étais immédiatement pris d'une sensation de vertige. Car il est en effet très difficile de formaliser cette question qui semble être à l'origine de toutes les autres : « Qu'est-ce donc que tout cela ? Est-ce le produit de ma pensée ? En suis-je donc à l'origine ? Et si je suis le créateur de ce monde, y a-t-il un créateur de moi-même ? » L'introspection se fait alors si profonde qu'elle vous entraîne immédiatement dans un gouffre psychique et vous fait perdre le fil de ce questionnement, comme pour le rendre non persistant. Chaque question est comme une poupée russe qui en recouvre une autre. Mais celle que l'on cherche n'est pas cette dernière. Son origine est si lointaine que la plongée dans les abîmes de la pensée atteint ses limites, l'esprit se perd et remonte à la surface brutalement, incapable de se rappeler ce qui faisait l'objet de la dernière question…

Les jours et les mois passaient ainsi, désinvoltes, coulant en pente douce vers un devenir incertain et léger. En marge des cours de musique et de toute contrainte d'ordre matériel, je cherchais des sources d'inspiration et à transcender mon état d'humain cartésien enfermé dans des gammes arithmétiques et des schémas harmoniquement froids.

Je pense que j'avais tout pour être heureux : une vie sans contraintes ni soucis dans laquelle l'esprit se pâme et se répand dans un espace sans repères ni contours, comme un contenu sans conteneur. Si mon esprit ne percevait plus aucune frontière dans un système réel qui en était dépourvu, lui fallait-il en chercher ailleurs ?

De toute évidence, je n'étais pas fait pour une vie tranquille et sans aventure, et quelque chose m'appelait ailleurs sans même que je ne le perçoive. Car si autrefois les murs bien visibles de ma cellule d'enfant qu'on oblige à aller à l'école n'attendaient qu'à être défoncés pour se libérer, les limites de mon nouvel univers étaient plus subtiles.

C'est à ce moment précis que les ouvrages traitant de spiritualité refirent leur apparition au premier rang de la bibliothèque. Il aura suffi d'une simple conversation au cours d'un dîner avec Anna pour relancer la passion pour ces recherches qui lorsqu'elles ont été entreprises restent en chantier mais ne s'arrêtent jamais. On ne peut obtenir toutes les réponses aux questions que l'on se pose dans l'instant, mais celles qui ont été soulevées le restent et persistent le temps qu'il faut. Ainsi, la quête que j'avais entreprise avait commencé à transformer ma vie et m'appelait irrémédiablement. Il n'était pas question de se reposer dans un quelconque hédonisme ou de se suffire d'une vie épicurienne comme celle de mes chers petits fauves qui restaient étendus au soleil le ventre rempli sans effort des nourritures que leur déesse leur distribuait.

C'est alors que les murs et les tissus se remirent à respirer la fumée des bâtons d'encens qui se consumaient à nouveau à longueur de journée tandis que je lisais et relisais les ouvrages pseudo-scientifiques sur la projection du corps astral pour trouver les clés du voyage extracorporel. Des simples témoignages de ces personnes ayant frôlé la mort aux récits extravagants de voyageurs expérimentés qui ont ramené des messages de créatures d'autres planètes, mon esprit voyageait sans avoir besoin d'atteindre l'état « Alpha ». L'état Alpha est l'état de conscience qui se situe juste entre l'éveil et le sommeil. On l'appelle aussi état cataleptique. On passe de l'un à l'autre de ces états naturellement sans s'en rendre compte quand on s'endort mais il existe des techniques de respiration qui permettent de « stationner » à l'état Alpha, état de conscience qui permet de provoquer la projection du corps astral et ainsi de la maîtriser. Ainsi, il serait possible de provoquer volontairement ces situations vécues par ces personnes qui, suite à un accident, se sont vues flotter au-dessus de leur enveloppe corporelle et ont vu des scènes depuis leur corps éthéré (âme qui vit dans le corps physique).

J'avais gardé le « carnet de bord du voyageur astral » dans lequel je décrivais avec le plus de précision possible le contenu de mes expériences et traitais le sujet avec l'honnêteté d'un chercheur scientifique. Les premières expériences qui y étaient relatées dataient du mois de juillet 1990, lorsque j'avais dix-sept ans.

Je repris la suite de ces notes en janvier 1993 dans l'année de mes vingt ans comme si rien ne s'était passé entre-temps.

« *Lundi 17 janvier 1993.*

J'ai pour habitude de faire une sieste en milieu de journée, mais mon sommeil n'est pas toujours très profond à cause de l'activité des locaux voisins et des bruits extérieurs.

Tout à coup, alors que je dors, je suis amené à un état conscient, sans me réveiller complètement à cause de bourdonnements très puissants et je ressens simultanément une sensation de flottement en étant sur mon lit. J'essaie de me réveiller en luttant contre les bourdonnements pendant peu de temps et n'arrive pas à me réveiller. Dans cet état de conscience, je fais en un éclair le lien entre ce qui m'arrive et ce qui s'est passé antérieurement et décide de me laisser aller à ces bourdonnements qui sont très désagréables (ils me donnent l'impression que ma tête va « exploser ») et ils se transforment rapidement en un sifflement extrêmement strident comme si leur fréquence avait augmenté.

Ensuite, je sens mon corps en état de flottement et à la fois ballotté, comme secoué de l'intérieur d'une vague. J'essaie de me stabiliser sans y parvenir. Je ne vois rien autour de moi, je suis dans le noir complet, jusqu'à ce que je me voie de profil, comme si je m'observais de très près. Je reconnais là la façon de me voir comme dans le premier événement relaté en 1990, mais sous la forme d'un seul flash cette fois et je me réveille immédiatement. »

Les expériences de ce type s'enchaînèrent alors et le carnet du voyageur astral se remplissait de ces petits rapports. À ce moment précis de mon récit, on pourrait croire à un de ces déballages ésotériques ou à un énième traité sur la projection du corps astral. Ces expériences qui font l'objet d'ouvrages plus ou moins romancés constituent la nourriture spirituelle d'une foule de personnes illuminées, dont je fis partie à cette époque.

Certains « voyageurs » se seront arrêtés ici, enfermés dans leurs certitudes et jubilant secrètement de posséder des pouvoirs surnaturels, et même s'ils n'en étaient pas eux-mêmes convaincus, ils ne se seront pas privés d'écrire un livre et de convaincre leurs lecteurs de la réalité de leurs superpouvoirs. Si quelqu'un était capable de traverser un mur consciemment et de nous restituer exactement ce qui s'y passe de l'autre côté, ça se saurait. Le sujet est plus complexe qu'il n'y paraît. Dire que ces phénomènes et expériences ne sont que pure invention ne serait pas juste. Dire que le corps astral voyage dans notre réalité ne l'est pas, de toute évidence.

En tout état de cause, restituer ici toutes ces expériences consignées dans mon carnet de bord nous ferait diverger et retarderait inutilement le récit des événements singuliers qui se produisirent dans une continuité logique. Car même si ces expériences spirituelles retenaient tout mon intérêt à l'époque, j'étais loin de me douter de ce qui allait se produire dans une vie bien réelle.

Le grand tournant de mon histoire vint donc à ce moment précis : ce que je voyais lors de ces « sorties astrales » ressemblait plus à un rêve qu'autre chose et même si certaines des scènes que je vis comportèrent des éléments réels comme des murs ou mon lit, j'y vis également des preuves décevantes de la « non-réalité » de ces scènes. Un jour, je vis notamment Doudou dans ma chambre alors que j'avais la preuve irréfutable qu'il n'y était pas à ce moment-là.

Malgré la meilleure volonté du monde et pourvu de l'honnêteté cartésienne, je ne pouvais démontrer la « réalité » du voyage astral.

En dépit des sensations fortes comme celle d'être projeté à une vitesse effroyable à travers l'espace ou celle de parcourir la surface d'une toile multicolore et tumescente, je ne pouvais affirmer avoir « réellement » reproduit les phénomènes qui sont décrits dans tous ces ouvrages lorsque tout pouvait être mis sur le compte d'une activité onirique.

N'étais-je pas doué pour tout cela ou étais-je mal informé ? Depuis ma tendre enfance, j'entendais parler de ces expériences après la mort, de ces maîtres de la méditation et de leur troisième œil.

Il était pour moi inconcevable de me faire à l'idée que tout cela n'était que mensonge. Ou alors peut-être n'avais-je pas compris quelque chose ?

Les témoignages (dont ceux de ma mère) étaient trop nombreux et l'empreinte de la spiritualité beaucoup trop forte en moi pour que je renonce à ma quête. Une idée pourtant toute simple ne m'avait pas effleuré l'esprit durant toutes ces années : si le phénomène était si connu et reconnu, il devait bien exister autour de moi des personnes qui maîtrisaient le sujet, d'autres « voyageurs ».

C'est ainsi que me vint cette idée qui peut sembler aussi folle que naturelle : celle de rechercher des contacts qui puissent m'orienter dans mes recherches. Il me suffit alors tout simplement de prendre un annuaire et de chercher des adresses et des numéros de téléphone. Mais comment trouver des praticiens du voyage astral dans un répertoire de professionnels rangés dans une nomenclature classique ? Quelque part entre le médecin et le marabout, ce genre devait bien exister.

La clé de cette énigme me vint tout naturellement en repensant à Baba et aux récits des pérégrinations de ma mère dans le monde de la spiritualité au contact de ce maître qui enseignait dans son ashram la pratique de la méditation et du « Siddha Yoga ». Pour percer le mystère, il fallait tout simplement revenir à l'origine de ce qui avait tout déclenché en me laissant une trace indélébile il y a bien longtemps. Le maître hindou avait disparu au tout début des années quatre-vingt et l'idée de rechercher ses successeurs ne m'était pas venue à l'esprit. Seul le mot « yoga » était ressorti de ces souvenirs embrouillés faits de ce que j'avais pu entendre et retenir de ce que m'avait raconté Anna. La porte d'entrée était bien réelle et offrait un choix d'enseignes et de numéros de téléphone assez fourni.

Je pointai sur le premier club de yoga qui m'inspira en lisant l'annuaire et composai le numéro de téléphone. Je tombai immédiatement sur un interlocuteur à qui je tentai d'expliquer l'objet de mon appel.

Rapidement emmêlé dans une introduction maladroite et un discours qui partait dans tous les sens, je finis par lui demander directement s'il avait entendu parler du voyage astral et s'il connaissait un professeur ou des personnes instruites sur le sujet. La personne était charmante et bien que perplexe, ne me prit pas pour un fou comme je le craignais en lui confiant de manière directe ma demande ésotérique. Elle me répondit aimablement après un court moment de réflexion :

« Je ne connais pas vraiment le voyage astral, ici c'est juste un club de yoga où l'on pratique la méditation. Mais je connais une personne qui travaille sur les énergies et qui pourrait sans doute vous orienter. Je vous donne ses coordonnées. »

Après avoir raccroché, je ressortis de ce court entretien avec un nom et un numéro de téléphone. Il s'agissait d'une femme : Marie-France Tami. Je n'attendis pas plus longtemps pour composer son numéro.

J'étais assez nerveux car si le début de mon enquête partait de l'immensité d'un annuaire peuplé de centaines de milliers de numéros qui pouvaient aboutir à tout et n'importe quoi, je m'adressais cette fois à une personne bien identifiée sur laquelle mon imagination s'était jetée avec les trois mots que j'en savais : « travail, énergies, orienter ». Quel genre de travail pouvait-on faire avec cette femme ? Je la voyais déjà en train de manipuler des ectoplasmes colorés comme une jongleuse magicienne. Toutes ces images déjà bien vivantes dans mon esprit m'excitaient et attisaient ma curiosité.

Je saisis de nouveau mon téléphone et ce fut cette fois la voix d'une femme d'un certain âge qui me répondit sur un ton laconique. Je sentis immédiatement que l'oreille à l'autre bout du fil pouvait tout entendre et que je pouvais lui raconter ma petite histoire sans trop de retenue. Elle ponctuait de-ci de-là mes phrases par des « Anh-anh » ou des « Mmh-mmh », onomatopées d'acquiescement qui me donnaient la sensation d'être à la fois écouté et compris. Cet écho apaisant ne me laissa aucune hésitation lorsqu'au bout de quelques minutes de monologue, elle me proposa un rendez-vous pour « en discuter *de visu* ». Elle m'informa que ses « consultations » étaient tarifées et cela ne fit que me rassurer quant à son sérieux et son professionnalisme.

Son cabinet, qui aurait très bien pu se trouver à l'autre bout de Paris était situé sur la grande artère qui menait de chez moi à mon ancien lycée. Tout semblait s'enchaîner avec une fluidité qui ne laissait aucun doute sur le bien-fondé de ma démarche. Le rendez-vous était donc pris et j'étais impatient de me retrouver en face de cette personne mystérieuse qui possédait sans aucun doute les précieuses informations tant convoitées.

Après avoir monté les escaliers en bois ciré d'un vieil immeuble et passé une porte entrouverte, me voici assis dans une minuscule salle d'attente meublée de deux chaises et d'une petite table jonchée de magazines dont les titres plantent le décor : *Méditations, L'Œil de la conscience, Vibrations, Visions et trames du destin*. Il y a aussi une petite bibliothèque habitée par des livres franchement cousins de ceux qui vivent dans la bibliothèque de ma mère : *Les Marches de la conscience, La Lumière noire, Astres et devenir*…

L'antichambre de la magicienne donnait le ton de l'entretien et laissait imaginer le contenu des conversations inintelligibles que chuchotait le petit mur qui me séparait d'elle.

Après une attente interminable, j'entendis des pas derrière la porte qui finit par s'ouvrir et laisser s'échapper une femme drapée dans son manteau qui disparut après un : « Merci, au revoir » feutré et courtois.

Un gentil : « C'est à nous ? » entendis-je immédiatement après que la porte d'entrée fut refermée.

Je me levai et pénétrai dans l'antre de la nécromancienne qui n'était autre qu'une petite femme d'une soixantaine d'années sage et en bonne santé dont le sourire laissait paraître un simple bien-être. Ses cheveux grisonnants et bien coiffés tombaient sur sa robe d'une féminité sobre et cohérente.

Chacun assis de part et d'autre de son bureau, l'entretien se poursuivit comme il avait commencé au téléphone, ponctué des mêmes « Anh-anh » accompagnés d'un hochement de tête. Comme il était agréable d'être écouté par cette femme dont l'empathie et la compréhension me berçaient de ses ondes maternelles et sereines.

Même si ma mère était ouverte sur tous ces sujets, elle était bien trop préoccupée par sa vie de chef d'entreprise, ses dettes à rembourser et une pile de soucis qui la submergeaient de jour en jour. Depuis quelque temps, elle m'avait confié prendre des somnifères pour dormir. Elle ressentait tous les matins une « chape de plomb » au niveau de la poitrine. Habituellement stressée ou nerveuse, elle était cependant habituée aux problématiques matérielles. Quelle était la cause d'un tel désordre psychique ? Faisant vraisemblablement l'impasse sur ce genre de question, elle portait avec courage son fardeau d'angoisses sans se plaindre et se tuait à la tâche.

Je sentais bien depuis quelque temps que la porte de son bureau était fermée à mes recherches qui semblaient futiles comparées à ce qu'elle vivait.

J'avais donc dû trouver quelqu'un à qui parler et ce quelqu'un me regardait attentivement avec des yeux perçants qui semblaient voir tout autre chose que mon visage lorsque je lui parlais de ce qui me tenait tant à cœur.

Rien ne semblait l'étonner dans mon récit et lorsque vinrent mes questions posées ouvertement concernant la réalité du voyage astral, elle me répondit avec un langage trop technique qui l'obligea à reformuler sa réponse.

Elle finit par employer une image : « L'esprit est comme un ballon de baudruche qui peut gonfler à l'infini et ainsi étendre son propre champ d'exploration en englobant une partie de la conscience universelle. »

Manifestement parvenu aux limites de ma compréhension, je n'osai lui demander de me fournir d'autres explications.

Dire que notre esprit peut explorer un univers qui est une extension de notre propre conscience est ce qui à mon sens se rapproche de la définition la plus juste du voyage astral. Mais ces concepts n'étaient pas à la portée du jeune homme de vingt ans que j'étais alors et qui faisait sourire cette femme avec au moins quarante ans de vie de plus que moi pour en parler.

Voyant que j'étais résolu à aller jusqu'au bout de ma démarche et que ses explications ne me suffisaient pas, elle finit donc par me dire ceci :

« Si le voyage astral vous intéresse vraiment, je connais une personne qui va pouvoir vous aider. C'était un de mes patients, en recherche comme vous. Il a parcouru un long chemin et a connu de grandes souffrances. Aujourd'hui, je crois savoir qu'il travaille sur le sujet qui vous intéresse. Vous avez certainement besoin de faire cette expérience. »

Le petit sourire qu'elle me laissa avec ces derniers mots était un mélange fait entre autres de malice maternelle.

Elle écrivit alors sur un petit bout de papier puis me le tendit avec le même sourire. Il y avait un numéro de téléphone et un nom : « Jacques Léman ».

Ainsi s'acheva notre entretien. J'étais satisfait : cette dame me semblait digne de confiance et le contact qu'elle avait bien voulu me transmettre l'était sans doute également. Même si je n'avais pas obtenu de réponses directes à mes questions, je sentais que je touchais au but et me félicitais de mon idée de départ et de cette mise en relation.

Ce « monsieur Léman » que je m'empressai d'appeler accueillit immédiatement mon appel comme s'il l'attendait. Il comprit évidemment tout de suite le sujet de mon appel et me répondit avec une grande simplicité portée par un timbre clair qui, même filtré par le son du téléphone rendit les choses naturelles lorsqu'il m'invita à le rencontrer chez lui.

Il fallait qu'il eût été pertinent et rassurant pour que j'accepte sa proposition car cette fois, il me fallait prendre un train pour aller le voir : il habitait à la limite de l'Île-de-France. Suite à son invitation, j'étais prêt à faire tous les efforts nécessaires pour avoir une chance de le rencontrer, quelle que soit la distance.

En effet, le court entretien téléphonique que nous venions d'avoir ne laissait aucun doute sur ses compétences mais surtout, son discours laissait entrevoir un travail véritablement orienté vers mes objectifs.

Assis dans le train, mon esprit, comme à son habitude, voyageait tandis que mes yeux suivaient le défilement du paysage sans en retenir aucune image. Quel genre d'expérience m'attendait au bout de ce voyage ? Cette fois, mes recherches avaient pris une tournure qui m'attirait loin de chez moi pour aller à la rencontre de mon destin. Si jusque-là mes petites aventures spirituelles se déroulaient entre les quatre murs de ma chambre, les moyens que j'avais mis en œuvre me conduisaient cette fois au-delà de mon périmètre habituel.

Ainsi, je fonçais vers un terrain inconnu sans me poser aucune question et en éliminant rationnellement l'hypothèse d'un quelconque danger. Je n'avais pas rendez-vous avec un dealer de drogue ou un bandit mais avec un homme qui s'intéressait de près aux mêmes sujets que moi et dont le présumé savoir le rendait respectable. Il n'allait pas me trucider ou me kidnapper, et puis je pouvais toujours me défendre. Du haut de mes vingt ans, je ne voyais vraiment pas ce que je risquais en me rendant à ce rendez-vous.

Les grands découvreurs de mondes ont pris la mer sans savoir s'ils reviendraient vivants de leur voyage alors que la courbure de la planète leur cachait des terres improbables. Le cœur passionné, la foi en proue de leur navire, ils n'ont pas hésité à franchir les limites du savoir cartographique. Grisé tel un conquistador, le train de mon audace me transportait à toute vitesse en suivant la courbe d'une ligne de vie insoupçonnable.

En sortant de la gare, l'homme était là et m'attendait. Il était barbu, de taille moyenne et habillé très simplement. Le même timbre de voix sincère et rassurant faisait vibrer ses mots lorsqu'il se présenta et m'invita à m'installer dans sa voiture. Sur le trajet qui menait à son domicile, j'étais assis à la place du passager tandis qu'il conduisait en me parlant, tournant parfois la tête à quarante-cinq degrés pour me regarder dans les yeux.

La lumière de son regard me procurait une sensation à la fois de confiance et de sollicitude : ses yeux bleus humides qu'il ouvrait en grand lorsqu'il disait quelque chose d'important étaient peints d'un mélange de tristesse et de sincérité. Appuyé d'une voix soufflée du fond de sa poitrine, il forçait la conviction comme les pierres d'une église vous imposent le silence et l'humilité.

Happé dans un tunnel temporel, j'aurais été bien incapable de restituer l'itinéraire qui nous mena jusqu'à sa résidence puis son appartement. Aucune image ne s'imprima dans ma mémoire alors que mes sens avaient été capturés : mon oreille était monopolisée par les mots et les sonorités inhabituelles qui sortaient de sa bouche tandis que mes yeux étaient rivés sur ses gestes. Mon esprit se baignait dans les vagues d'une aura chaleureuse et rassurante.

Ainsi, de routes en marches d'escalier, je fus transporté jusque dans son salon puis assis dans un canapé dans lequel je me sentis à l'aise après avoir ôté mes chaussures et m'être assis en tailleur. Car il ne s'agissait pas ici d'un appartement où l'on vous aurait invité courtoisement à prendre le thé. Ce temple insoupçonné dans lequel je venais de pénétrer invitait plutôt à la relaxation et au recueillement : un fagot de bâtons d'encens brûlait dans un réceptacle finement ciselé tandis que trônait sur un meuble en bois une immense statue de Bouddha en métal dont la coiffe d'escargots était ornée de petites pierres. Le décor et l'ambiance de cet espace dépassaient tout ce que j'avais pu voir ou imaginer auparavant quand il était question du monde spirituel. Le salon de ma mère et ses quelques livres ou la salle d'attente de madame Tami n'étaient que l'entrée encore éclairée d'une grotte sanctuaire dont je venais de pénétrer la salle principale.

Dans sa lumière tamisée et le silence qui régnait ici, chaque mot que prononçait le maître des lieux me pénétrait et mon esprit habituellement volatil ne laissa passer aucun d'eux.

« Tu peux m'appeler Jacques. Ça va, tu te sens bien ?
– Oui, murmurai-je. »

Puis, il se présenta plus en détail.

« J'ai 28 ans et j'ai parcouru un long chemin dans ce qu'on appelle la spiritualité. J'ai fréquenté des ashrams et des communautés qui étaient rattachés à la religion hindouiste.

Pour avoir passé la plus grande partie de ma vie dans cette recherche, je peux te dire qu'on peut pratiquer la méditation pendant dix ans sans avancer d'un centimètre.

Depuis mon adolescence, j'ai cherché cette vérité, comme beaucoup, et j'ai rencontré beaucoup de chercheurs. De groupe en communauté, je n'ai pas trouvé grand-chose à part des gens qui construisent tout dans le monde de l'esprit, mais rien dans la réalité.

Jusqu'au jour où j'ai été frappé de plein fouet par le destin : ma femme est morte de façon subite d'une embolie pulmonaire et m'a laissé nos deux petites filles qui avaient 2 et 4 ans lorsque c'est arrivé.

J'ai été plongé dans une souffrance terrible mais c'est là que j'ai le plus avancé. J'ai même fait des pas de géant pour arriver à l'état de conscience qui est le mien aujourd'hui.

« Mais que fais-tu dans la vie ?

– Tu veux dire dans la société ? Je travaille à La Poste, mais peu importe, ce n'est qu'un gagne-pain. Je ne me suis jamais intéressé aux études ni à ce qui était proposé dans la société pour faire une carrière dans un quelconque métier. J'ai été obligé de travailler pour subvenir à mes besoins et à ceux de ma famille, mais le but de ma vie a toujours été la recherche spirituelle.

– Connais-tu le voyage astral ?

– Oui, bien sûr, je propose des initiations au voyage chamanique, c'est la même chose. Mais je travaille surtout sur l'éveil de l'énergie vitale.

– Comme Marie-France Tami ?

– Oui, en quelque sorte. J'ai travaillé avec elle à une certaine période de ma vie. Elle m'a bien aidé. Mais aujourd'hui, je suis autonome et ai passé des caps en conscience qui me permettent d'enseigner puisque je maîtrise ces techniques. »

L'homme affichait une confiance en lui qui aurait pu passer pour de la prétention si son regard dans lequel mes yeux se noyaient n'avait pas eu l'expression d'un martyr prêt à tout donner. Le phénomène hypnotique atteignait son paroxysme lorsqu'il lançait des phrases comme celle-ci :

« Dans cette vie, je n'ai aucun bien matériel et ne suis qu'amour. Je dois maintenant transmettre ce que je sais pour aider ceux qui souffrent à se libérer. »

Vraisemblablement, son discours dépassait le cadre de ce que j'étais venu chercher. Je reconnaissais dans sa sémantique des concepts qui pouvaient provenir de la vie du Christ ou encore du bouddhisme, mais même si tout cela avait quelque chose de profondément touchant, je restais rivé sur mes objectifs.

« Moi ce qui m'intéresse, c'est le voyage astral, pouvez-vous m'aider à y parvenir ? »

Mon interlocuteur, posté en fleur de lotus esquissa un léger sourire et accompagné d'un léger soupir, lâcha un :

« Oui, on va faire cela, mais ce que tu trouveras n'est pas forcément ce que tu attends. »

Il m'invita alors à entrer dans une chambre avec un grand lit au pied duquel étaient disposés des instruments à percussion : tam-tams et djembés.

« Allonge-toi, détends-toi et essaie de ne penser à rien. Laisse-toi porter par le son des instruments. »

Je ne m'attendais pas à cette mise en situation et ces conditions ne semblaient pas correspondre à tout ce que j'avais pu lire auparavant au sujet des techniques provoquant le voyage astral.
Cependant, n'ayant pas réussi par moi-même, je me livrai avec humilité à cette nouvelle pratique, ouvert à tout ce qui pourrait m'aider à atteindre mon but.

Les yeux fermés, je sentais l'odeur de l'encens brûler et les peaux tapotées avec un rythme improbable résonnaient alors que j'essayais d'appliquer au mieux les consignes de mon instructeur. Plongé dans le noir, j'attendais vainement qu'il se passe quelque chose…

À la fois lassé et légèrement agacé, je finis par ouvrir les yeux et relever la tête pour informer le « chamane » de mon état stationnaire.

« Que se passe-t-il ? » demanda le maître de cérémonie.

– Rien justement.

– N'attends rien de particulier, laisse-toi juste aller. Pour t'aider, je te donne une technique : visualise un jardin dans lequel tu te promènes. Marche dans l'herbe et cherche l'entrée d'une grotte. Lorsque tu trouveras cette ouverture, pénètre dans cette grotte, parcours-la, tu y trouveras quelque chose… »

Le concert de percussions reprit et je tentai d'appliquer cette nouvelle méthode. Je n'étais pas habitué à cet exercice de visualisation et la promenade virtuelle était régulièrement interrompue par des pensées parasites qui me replongeaient dans le noir avant de repartir du début. Je m'efforçais de trouver l'entrée de cette grotte, en vain puis je finis par me décourager définitivement.

« Désolé, ça ne marche pas, je n'y arrive pas.

– Ce n'est pas grave. Je te propose d'arrêter pour aujourd'hui, nous allons parler un peu. »

Nous regagnâmes le salon pour nous installer dans son canapé et je lui exprimai ma frustration suite à ce nouvel échec.

Il s'approcha alors de moi en me regardant et son regard se fit très sérieux lorsqu'il s'exprima en ces termes :

« Je vois au niveau de ton front une énergie de couleur rouge. Tu es quelqu'un de très cartésien et cette énergie traduit une barrière mentale extrêmement forte chez toi. Elle est comme un bandeau qui te cache les yeux et t'empêche de voir le monde de l'esprit. Il va falloir travailler sur cette énergie pour te libérer et te permettre d'accéder à cette vision que tu n'as pas pour l'instant. »

Même si la formulation était inhabituelle, le contenu de ses propos me semblait tout à fait pertinent. Cartésien, je l'étais de toute évidence et mon éducation m'avait habitué à exiger des démonstrations irréfutables de toute affirmation et il n'était pas question de déroger à cette règle.

Le fait que Jacques fût capable de dégager cette caractéristique de ma personnalité sans me connaître m'impressionna beaucoup et paradoxalement me porta volontiers à croire qu'il voyait des choses comme cette énergie rouge sur mon front permettant une lecture ultrasensorielle.

Puis il poursuivit :

« J'ai passé tellement de caps dans mon corps que je peux voir le monde astral les yeux ouverts. C'est pour cela que je perçois toutes ces choses qui sont invisibles pour toi. C'est ce qu'on appelle le troisième œil. »

J'étais simplement fasciné et en phase avec son discours tant il rejoignait tous ces concepts que j'avais déjà abordés. Son front large, ses yeux perçants, la sincérité portée par le timbre de sa voix…

Plus de doute, j'étais de nouveau en présence d'un de ces êtres exceptionnels : Baba, Anna, Chinh, ils appartenaient à la même catégorie. Je me sentais soudainement familier de cet homme que je ne connaissais pas et étais prêt à lui donner toute ma confiance.

Je me livrai donc entièrement, lâchai prise avec mes frustrations puis bus abondamment ses paroles :

« Le travail que je te propose moi est bien plus important que le voyage astral. Comme je te l'ai expliqué tout à l'heure, on peut tout construire dans le monde de l'esprit, comme la plupart de ces gens qui n'ont pas avancé dans la réalité. Ils cherchent sincèrement, passent le plus clair de leur existence à méditer et explorer le monde de l'esprit, mais dans leur vie, il ne se passe rien. J'en ai fait les frais crois-moi, j'ai fréquenté des maîtres et des swamis. Ce sont des gens qui cultivent le pouvoir et leur ascendant sur les autres. J'ai connu des êtres fascinants qui avaient beaucoup d'influence, mais en les fréquentant, j'ai vu ce qu'était leur vie personnelle et l'incroyable décalage qu'il y avait avec le personnage qu'ils affichaient à l'extérieur. Je suis souvent tombé de haut et il a fallu que je fasse preuve de beaucoup de discernement pour sortir de l'influence de certains gourous.

La seule chose qui m'a vraiment fait avancer dans la vie, c'est la souffrance… »

Jacques fit une pause en capturant mon regard déjà conquis. Cette dernière phrase semblait la plus importante de toutes et l'expiration profonde qui soufflait ses mots provenait d'un cœur dont sa main semblait extraire des petits morceaux de sincérité qu'il me jetait au visage.

Puis, il poursuivit son exposé :

« Si le travail spirituel ne fait pas progresser notre vie, il ne sert à rien. La grande différence qu'il y a entre tous ces chemins qui te seront proposés dans la spiritualité et le mien c'est l'impact qu'il a dans la réalité.

Le chemin qui mène à la vérité est fin comme le chas d'une aiguille, et cette aiguille, c'est la réalité. »

Cette citation lui appartenait-elle ou était-elle l'adaptation d'une autre ?

Rien à ce moment précis ne m'autorisait déjà plus à douter des paroles de Jacques qui s'inscrivait alors dans ma nouvelle bible personnelle.

« La seule façon de modifier la réalité est la remise en question. L'extérieur est lié à l'intérieur et il faut faire un travail sur l'intérieur pour que l'extérieur se modifie. Les résultats que tu obtiendras dans ta vie en suivant ce chemin seront spectaculaires et sans rapport avec ce que tu pourrais tirer des livres sur la spiritualité ou de ce que la société te propose dans ce registre.

Voilà Daniel, maintenant c'est ton libre arbitre qui décidera, tu feras ton propre choix. Je ne te force à rien, c'est toi qui es venu me chercher et non l'inverse. »

Comment parler de choix après un tel discours ? Ma décision était déjà prise, je ne voulais déjà plus être comme tous ces gens qui n'avancent pas ou gâcher ma vie en faisant de la méditation. Je me sentais totalement en phase avec Jacques car j'avais bien compris récemment que mes choix entraîneraient des modifications dans la réalité. Sa théorie m'était déjà familière et me semblait être un prolongement logique de l'enseignement que j'avais reçu de Chinh. Après avoir lâché la main de mon gentil guide et fidèle ami, j'étais prêt à prendre celle d'un autre guerrier qui me semblait tout-puissant. Être accompagné par un être aussi exceptionnel était une chance à saisir et j'étais désormais devenu son disciple :

« C'est d'accord, ton travail m'intéresse, je te suis. »

Il acquiesça d'un mouvement de tête et prononça ces mots qui furent gravés dans ma mémoire à tout jamais et qui résonnent encore aujourd'hui comme si je venais de les entendre :

« Il te faut savoir que ce travail que tu vas entreprendre n'est pas sans conséquence : il va provoquer de grands changements dans ta vie. Il n'y aura pas de progrès sans ces changements radicaux. Y es-tu prêt ?

– Oui, répondis-je simplement, grisé par l'aventure. »

Comme on signe un contrat en bas d'une page sans réfléchir, j'étais bien loin de m'imaginer en cet instant ce qui pourrait bien arriver ni quel genre de changements m'attendaient par la suite.

Jacques le savait-il lui-même ? Je n'ose le penser.

CHAPITRE 4

Le cataclysme

Lame de fond de l'âme
Déferlante du futur
Amène doucement le drame
D'une vague qui touche l'azur

Des oiseaux immobiles
Dans un ciel bleu et noir
Crient à un cœur fragile
Ce qu'il ne peut pas croire

Un monstre cinétique
Lancé par le destin
À une vitesse tragique
Relie début et fin

Boule de feu et de fer
Chevauchée par la mort
Elle embrase l'atmosphère
Et mes larmes s'évaporent

Le ciel accouche de l'enfer
Le sang dans mes veines prend feu
Aveuglé par la lumière
J'entends le hurlement de dieu

« 19 février 1994.

J'ai retrouvé Jacques, nous avons travaillé avec l'aide de son ami Pierre. J'ai pris un autre chemin que celui que j'avais emprunté initialement : ma recherche s'est orientée vers mon intérieur en cessant de chercher à l'extérieur. Ceci m'a demandé une grande remise en cause, et le fait de lâcher prise avec ces nouvelles références que j'avais adoptées m'a causé une grosse souffrance, mais j'ai de nouvelles perspectives : pendant la séance de travail, une entité est venue me donner de nouvelles informations vitales alors que Pierre et Jacques travaillaient sur moi. Puis, des images me sont apparues ; j'ai pris contact avec un de ces fameux "hiérarches" dont me parlait Jacques, et il m'est apparu sous cette forme :

En canalisant mon énergie vitale vers mon intérieur, ils m'ont donné accès à un autre plan de conscience qui me permet d'explorer.

D'autres sensations physiques sont intervenues à la suite de cela : sensations de chute, sensation de s'agrandir, perception de sons très particuliers et même de chants.

Durant mes méditations, le "hiérarche" est revenu pour me délivrer un message : "J'attends beaucoup de toi."

Aujourd'hui (le 21 février 1994), il m'a "dit" de ne pas être trop pressé. À ce moment-là, j'ai vu une sorte d'anneau entourant un globe et il m'a dit que c'était ce à quoi ressemblerait la Terre dans neuf millions d'années.

Au cours de ces méditations, j'ai également vu très souvent un œil m'observer. Jacques m'a dit que cet œil représente ma conscience. À partir de maintenant, ce qui me sera décrit dans ce journal relatera l'exploration de ce plan de conscience. »

Ce rapport manuscrit est l'un des derniers qui fut retrouvé dans le « carnet bord du voyageur astral ». On y lit clairement l'influence du travail avec Jacques. Depuis notre rencontre, nous fixions des rendez-vous hebdomadaires. Je le voyais donc régulièrement lors de séances qui s'opéraient à l'aide de son assistant : Pierre Prenant. Peu après notre rencontre, Jacques m'avait en effet présenté Pierre, son binôme. Ils avaient selon son récit fait un long chemin ensemble à travers la spiritualité et se seraient rencontrés au sein d'une communauté. Ils l'auraient ensuite désertée après s'être rendus lucides quant à la supercherie du gourou qui l'animait, ce que Pierre décrivait comme une preuve de discernement.

Dotés de compétences complémentaires, Jacques et Pierre se déplaçaient à deux pour me voir et me guider dans un travail d'introspection qui était devenu mon centre d'intérêt principal. Je parlais de moi et de ma vie tandis qu'ils écoutaient et me faisaient leurs commentaires. Ainsi s'installait un échange au cours duquel ils prodiguaient de nombreux conseils. Ils procédaient ainsi pour tous les autres "chercheurs" qu'ils accompagnaient. Je n'emploierai pas le terme "patient" ni "client" car aucun d'eux ne conviendrait.

Avec le recul, je ne vois d'ailleurs pas quel mot aurait pu me qualifier à l'époque. Car je ne m'étais pas adressé à Jacques pour faire une psychothérapie mais bien pour être guidé dans mes recherches exclusivement tournées vers l'exploration du monde astral.

Pour avoir navigué dans le monde spirituel et avoir pratiqué la méditation des années durant, mes deux interlocuteurs s'imposaient naturellement en maîtres. Pierre, qui était l'aîné de Jacques de dix ans disposait d'une expérience colossale dans le domaine de la méditation et des expériences psychiques. Pour assurer ses besoins matériels, il travaillait également à La Poste afin de se consacrer au monde de l'esprit. Sa personnalité simple et d'apparence naïve dissimulait les trésors d'une science sophistiquée et insoupçonnée. Lors des séances, il changeait d'état, arborant un visage stoïque et sérieux et lorsqu'il me parlait, ses petits yeux clairs derrière le verre de ses lunettes étaient rivés vers moi sans me regarder vraiment. Il semblait être à la fois présent physiquement alors que son esprit flottait dans une autre dimension, lui offrant une double vision des éléments, à la fois physique et psychique. Assez rapidement, il m'avait orienté dans mes recherches en m'invitant à tourner mon regard vers mon intérieur, en me faisant comprendre que l'exploration du monde astral relevait d'une introspection.

La compréhension de tout cela passa par une acceptation de son enseignement dans une posture de totale humilité. Si auparavant je cherchais des preuves tangibles de l'existence du monde astral, j'avais désormais compris que ce qu'on pouvait y voir n'avait pas la consistance de la réalité que l'on peut toucher. Il suffisait d'accepter que ce que l'esprit peut voir relève d'un autre monde qui nous ouvre ses portes sitôt qu'on lui accorde une existence. C'était donc cela qui me bloquait depuis le début : le monde de l'esprit n'est pas la réalité, pas celle qui obéit aux lois des sciences physiques et des mathématiques, mais plutôt celle où l'imagination et le rêve deviennent une réalité.

Dans ces nouvelles dispositions, les résultats ne se firent pas attendre : la nouvelle vue que m'offrit Pierre me permit d'explorer un nouveau champ de conscience et de visualiser toutes sortes d'images qui suscitaient bien entendu des questionnements quant à leur interprétation. Ainsi, je leur faisais part de mes interrogations ou problématiques en tous genres qu'ils analysaient à leur manière.

Jacques restait chef d'orchestre de ces séances en tant que principal orateur tandis que Pierre apportait sa vision psychique des situations : il communiquait avec des entités situées dans un monde invisible et visualisait des images que personne d'autre à part lui ne pouvait apercevoir ou imaginer.

Psychothérapie ésotérique, délire théâtralisé ou encore jeux de rôle mystiques sont autant de titres descriptifs que l'on aurait pu donner à nos réunions en petit comité. Toutes ces séances étaient bien sûr payantes, mais l'aspect pécuniaire n'avait rien de choquant : les tarifs étaient raisonnables, inférieurs en tout cas à une séance de psychothérapie classique ou à celui d'un entretien avec Marie-France Tami. Il fallait bien rémunérer les efforts de Pierre et Jacques qui se déplaçaient jusqu'à mon domicile pour me faire « progresser ». Et puis, que valait l'argent à côté des découvertes merveilleuses qu'ils m'offraient avec toute la sincérité qui résonnait de leurs personnalités simples et touchantes ? Ils ne manquaient pas d'humour parfois lorsque les situations s'y prêtaient, ce qui les rendait humains.

J'étais un très bon élève selon eux, « j'avançais très vite ». Ces encouragements ne faisaient que me galvaniser et me sentir sûr de moi : je progressais. Avais-je besoin que quelqu'un me dise qu'il était fier de moi ? Ma mère m'avait pourtant couvert d'amour et glorifié à tous les étages, mais peut-être n'était-ce pas encore assez ? Était-ce là un effet de bord de l'absence paternelle ? C'est évidemment une analyse facile que ceux qui n'ont pas connu ces situations ont pu brandir comme une évidence.

Comme si tout était si simple. Que ceux qui n'ont jamais rencontré des êtres hors du commun et qui n'ont jamais cherché à voir plus loin que ce que leurs yeux leur permettent se taisent à tout jamais.

Jacques et Pierre étaient mes guides mais aussi des grands frères que j'adorais sans modération. Tout cela n'avait rien de secret et ma mère était au courant de toutes mes aventures spirituelles. Comme toujours, il n'y avait rien que je ne pouvais lui cacher. Et d'ailleurs, qui dans mon entourage pouvait mieux qu'elle comprendre ma démarche ?

Elle qui avait fréquenté les ashrams et adoré Baba ne pouvait que comprendre sinon cautionner ma recherche et les moyens que je pouvais mettre en œuvre.

Elle avait bien saisi l'importance de ma rencontre avec Jacques et ce ne fut pas par inquiétude qu'elle me demanda de le rencontrer mais plutôt dans un esprit d'ouverture et de partage. Cela ne posa aucun problème à Jacques et les agendas respectifs se croisèrent pour fixer une date de rendez-vous un mois plus tard.

Au-delà de sa curiosité, Anna ressentait le besoin de parler à quelqu'un tant ses angoisses semblaient ne pas vouloir se taire et les somnifères ou anxiolytiques qu'elle pouvait ingérer n'y faisaient rien. Elle dormait de plus en plus mal et se plaignait de façon récurrente d'une chape de plomb au niveau de la poitrine. Son regard traduisait une profonde fatigue et une tristesse la poussait irrémédiablement dans mes bras. Cette petite femme avait besoin d'être protégée et si j'avais toujours été son fils, je me sentais tout d'un coup autre chose.

La confiance en moi que me prodiguait Jacques me positionnait avec une soudaine ascendance vis-à-vis des tiers qui m'entouraient. Dire que le peu que je croyais savoir me rendait supérieur n'est pas loin de la vérité.

Jacques avait clairement séparé le monde en deux : les chercheurs comme lui et le reste du monde qu'il appelait la société, une majorité d'humains aveugles et inconscients dont je ne faisais donc pas partie. Cette vision très schématique du monde était parfaitement compatible avec mon vécu : les êtres exceptionnels que j'avais eu la chance de côtoyer m'avaient sans le savoir rendu très sélectif, voire misanthrope. De l'école primaire au lycée, le comportement de mes semblables et leur monde barbare et sale se distinguaient singulièrement de mon palais céleste peuplé de divinités adorables et adorées.

Ma vie privée était un petit musée feutré orné des portraits de Baba, Chinh, de ma mère et ses planchers jonchés de divinités félines. Désormais, Jacques et Pierre étaient entrés au panthéon des héros. À l'extérieur, tout ne méritait que mon mépris ou ma condescendance. Les caresses étaient réservées aux crinières de mes petits fauves et mon respect limité à mon petit cercle élitiste.

Le regard que je portais sur ma propre génitrice était rempli de compassion et lui venir en aide d'une quelconque manière m'apparut tout naturel.

En attendant Jacques, je lui proposai donc de rencontrer Marie-France Tami. Elle et son travail sur les énergies pouvaient peut-être remettre quelque chose en place comme un ostéopathe replace une vertèbre et vous soulage d'un mal de dos. Si elle avait été la formatrice de mes deux maîtres, son intervention ne pouvait qu'être bénéfique. Ainsi, Anna se rendit chez la prêtresse de l'énergie vitale sur mes recommandations.

Lorsqu'elle en revint, j'étais impatient de savoir quel avait été l'effet produit.

À peine avait-elle passé la porte que je l'interrogeais, impatient :

« Alors ?

– Ben, rien de transcendant.

– Ah bon, mais que s'est-il passé ?

– On a parlé un peu et puis elle m'a allongée sur son tapis et m'a auscultée à sa façon…

– C'est-à-dire ? (je voyais tout à fait de quoi il était question mais je voulais quand même qu'elle me raconte).

– Elle m'a dit qu'à l'intérieur de moi, elle visualisait “comme un récipient à moitié rempli d'un liquide”.

– Ah bon et c'est tout ?

– Non, après elle m'a parlé de mon père et m'a dit que cela avait à voir avec des problèmes que je n'avais pas résolus avec lui. »

Son visage prit un air à la fois indifférent et agacé lorsqu'elle poursuivit :

« J'ai déjà fait une psychothérapie, il y a vingt ans et pour moi le travail est terminé, j'ai déjà réglé ce que j'avais à régler. »

J'avais oublié cet épisode de sa vie qu'elle m'avait évidemment déjà raconté. En marge de Baba et de la spiritualité, elle avait suivi une thérapie avec un certain Hervé, un travail qui aurait duré plusieurs années. Ce psychothérapeute l'avait marquée et elle ne tarissait pas d'éloges quant à son travail lorsqu'elle l'évoquait. Pour autant, elle avait tourné la page de ce chapitre de vie et ne souhaitait pas y revenir. Elle clamait haut et fort qu'elle avait « fait sa thérapie » et que c'en était terminé.

Pour avoir été témoin des différents épisodes de sa vie affective et de ses comportements, je savais pertinemment qu'elle « était dans l'erreur », comme aurait dit Jacques. Et puis qu'allait-on faire de cette chape de plomb qui pesait sur son plexus solaire ?

Conscient de sa « résistance », je compris qu'il était inutile d'insister quand elle eut ce regard qui était le sien lorsqu'elle me donnait un ordre. À cet instant, je repris ma place de fils sans objecter. Dès lors, je savais qu'elle ne serait plus jamais la même dans mon regard : la guerrière avait déposé les armes au niveau du sol et avec elles, sa crédibilité.

Quand on adore un dieu tout-puissant, on ne lui pardonne aucune erreur ou faiblesse. Et le jour où l'on comprend qu'il n'est qu'humain, on commence à l'aimer vraiment.

Il fallait que ce jour arrive et s'il n'avait jamais eu lieu, je n'aurais peut-être pas eu la chance de rendre à Anna un tout petit morceau de cet immense amour qu'elle m'avait voué depuis le premier jour de mon existence. Dès lors, elle reçut toute mon attention et je la serrais dans mes bras chaque fois que je le pouvais en lui demandant si elle allait bien.

Elle se réconfortait devant ses feuilletons télévisés tandis que ses petits compagnons se pâmaient à ses côtés après avoir quémandé des bouts de son repas les yeux rivés sur chacun de ses gestes. Au total, quatre chats vivaient avec elle. Il y avait bien sûr Doudou, mon frère noir angora mais aussi Moumousse, une chatte tigrée qui avait élu domicile chez nous il y a une bonne dizaine d'années.

Quelques mois auparavant, Anna était passée chez le vétérinaire du quartier avait trouvé deux chatons identiques aux deux plus anciens : deux petits modèles dont on aurait pu dire sans hésiter qu'ils avaient été engendrés par les anciens résidents.

J'avais nommé le petit chat noir angora « Jimi », naturellement inspiré par une de mes grandes idoles : Jimi Hendrix.

Les miaulements de ce petit fauve électrisé en perpétuelle quête de jeu rendaient le rapprochement facile avec les délires sous acides du génie de la guitare.

Qui n'a jamais aimé jouer avec ces boules de poils à en tolérer leurs griffures ?

Qui n'a jamais ri en voyant leur regard fou à l'affût d'une boulette de papier ou d'un fil de laine pendant ?

Qui n'a jamais eu envie de câliner un de ces êtres qui incarnent la douceur et rappelle les peluches avec lesquelles on a dormi tout petit ?

Qui n'a jamais été attendri par un de ces petits morceaux de l'amour divin ?

S'ils furent déifiés et adorés des Égyptiens, maîtres du temple de Bastet, y avait-il des raisons que l'on ignore ? Momifiées, incinérées ou sacrifiées, leurs âmes ont-elles voyagé de vie en vie pour s'incarner dans la plus innocente des créatures qui ronronne les yeux mi-clos sur nos genoux ?

Et qui sait ce dont ils sont capables en réalité ?

Qui aurait pu imaginer ce qui arriva ?

Si on m'avait raconté cette histoire et qu'elle ne s'était pas produite dans la réalité, je ne l'aurais sans doute pas crue.

Le vendredi vingt-cinq février mille neuf cent quatre-vingt-quatorze, un soir qui ressemblait à tous les autres, Anna qui était assise dans son canapé en cuir en se relaxant devant son feuilleton télévisé, caressait Jimi.

Celui-ci ne se contentait pas de cette situation et dans sa turbulence habituelle, il cherchait à jouer avec la main de sa maîtresse qui lui répondait en bougeant les doigts pour continuer à l'amuser. De coup de pattes en petites bourrades affectueuses, le jeu dégénéra lorsque le petit fauve planta violemment ses crocs dans l'avant-bras de sa mère adoptive. Elle ressentit alors une vive douleur et après s'être débarrassée du sacripant, alla se désinfecter. Mais la douleur ne disparut pas et ne fit que s'amplifier, se diffusant dans le bras tout entier.

C'est ce que me raconta ma mère lorsque je rentrai dans son salon pour la saluer et que je vis immédiatement son avant-bras recouvert d'une bandelette. Au-delà du pansement localisé sur sa blessure, on pouvait diagnostiquer une sévère inflammation du fait de la couleur rouge de sa peau.

Anna n'était pas douillette pour un sou et elle me raconta les faits comme une anecdote :

« Je me suis récemment brûlée au second degré avec une plaque de cuisson et je n'en ai pas fait toute une histoire. Ce n'est rien je t'assure, la réaction que cela provoque est juste surprenante. »

En effet, elle n'était pas inquiète et rien ne pouvait laisser présager un quelconque danger. Ma propre expérience de bagarres avec Doudou me disait que ce genre de blessure ne comportait aucun risque. Et ce n'était certainement pas un petit bout de chat qui aurait pu causer du tort à une guerrière qui avait mené cinquante-trois ans de batailles acharnées.

J'avais rendez-vous ce vendredi soir avec un ami musicien pour dîner dans un restaurant indien du quartier. L'événement étant clarifié, ma mère m'embrassa chaleureusement et me fit ce sourire qui avait toujours su me rassurer depuis que j'étais enfant. Je partis donc le cœur tranquille et sans culpabilité.

Mathias et moi passâmes donc une soirée agréable au « Samsara » situé à deux rues de chez moi. Sur les cartes qu'on nous distribua, on pouvait lire un petit texte en marge des menus :

« Le Samsara est la roue de la souffrance qui représente le cycle éternel de nos renaissances qui se perpétue tant que nous ne sommes pas libérés de notre karma. »

Rompu à ce genre de concepts, je fus cependant interpellé par le message délivré à ce moment précis alors que je ne m'y attendais pas. Sans savoir pourquoi, ces mots pourtant simples me percutèrent de sorte que ma mémoire photographia cet instant pour ne jamais l'oublier.

Peu de moments comme celui-ci me restent lorsque je me repasse ce film en boucle, un très court métrage qui se termine de façon inattendue sans qu'on ait eu le temps de se rendre compte que c'était la fin.

La suite n'est qu'un enchaînement d'images qui défilèrent en vitesse accélérée, et la nuit qui précéda le samedi fut certainement mon dernier répit. Le samedi matin, j'avais rendez-vous avec mon groupe de rock du moment pour produire une maquette dans un studio d'enregistrement. Il était inutile de déranger Anna qui comme d'habitude avait dû s'endormir tard dans la nuit et je partis pour la journée et rentrai innocemment vers 20 h 30.

Je me dirigeai alors comme à l'accoutumée vers ses appartements pour la saluer. Au lieu du son de la télévision et des flashs de lumière qui habituellement éclairaient le dormant des portes du couloir, un silence noir et pesant me glaça le sang.

Je pousse la porte, cours dans le salon : personne. Je frappe à la porte de sa chambre : pas un bruit. Je viole sa chambre comme un cambrioleur : le lit est vide.

Je monte les escaliers quatre à quatre et me rends dans ma chambre : dans le noir, le chiffre « un » rouge digital m'indique que j'ai un message. Je presse le bouton « lecture » :

« Bonjour, c'est maman, j'ai appelé le docteur Sédro cet après-midi, je me sentais mal. J'avais 41 de fièvre alors il a appelé une ambulance et ils m'ont amenée à l'hôpital Bichat. Ne t'inquiète pas mon fiston, je suis prise en charge. Je t'aime. »

J'ai immédiatement appelé l'hôpital :

« Les visites ne sont pas autorisées après vingt heures Monsieur, il faudra vous présenter demain matin. »

Et je n'ai rien fait de plus qu'attendre le lendemain matin.

Ma réaction, ou plutôt ma non-réaction fut certainement celle d'un garçon de vingt ans dont l'immaturité se mélangeait joyeusement à une foule de mécanismes inconscients.

Me suis-je protégé d'un drame que je ne pouvais concevoir ?

Pouvais-je penser qu'il se passait quelque chose de grave ?

Que pouvait valoir une tentative d'intervention de ma part quand tous les professionnels d'un hôpital savent ce qu'ils ont à faire ?

Une bénigne morsure de chat pouvait-elle provoquer une catastrophe ?

Désemparé, il fallait que je trouve une voix rassurante ou du moins qui pourrait me donner des informations que nul ne pouvait plus me fournir à l'heure qu'il était. J'appelai donc la seule personne qui selon moi pouvait m'aider à y voir clair : Jacques.

Je lui exposai alors la situation à laquelle il réagit simplement, surpris par son contexte. Le maître spirituel laissait place à un humain à la fois étonné et touché, ce qui n'était sans doute pas ce que j'attendais. En effet, j'avais besoin d'une vision extralucide et lui seul semblait pouvoir me la procurer.

À ma demande, il fit un effort pour essayer de percevoir des « trames subtiles ». Après quelques instants de silence, il me répondit :

« Non, je ne vois rien, aucune trame, je suis désolé mais je ne peux rien te dire de plus. »

Même de ce côté-là, rien ne semblait s'affoler et le phare de la conscience ne renvoyait aucun signal d'inquiétude.

Anna serait sans doute rentrée le lendemain et cette mauvaise farce serait de taille à alimenter avec intérêt de longues soirées entre amis.

Les choses prenaient une tournure absurde, tout autant que la passivité dont je fis preuve et que je ne m'excuserai peut-être jamais.

Je ne compte plus le nombre de nuits où je me suis réveillé en sueur après avoir rêvé que je courais à l'hôpital pour défoncer les portes d'entrée, hurler dans les oreilles d'hôtesses nonchalantes à leur faire saigner les tympans. Personne n'aurait pu m'arrêter si j'avais su.

Au petit matin, je courus à toutes jambes dans le métro, dans les rues puis dans les couloirs de l'hôpital jusqu'à sa chambre. Elle était là, allongée dans un petit lit sans rien autour. Il n'y avait aucun appareil médical ni médecin. On l'avait laissée là, seule, toute la nuit, sans aucune sorte de soin ou d'attention. Son visage était déformé et méconnaissable tant il était gonflé et rouge.

Je ne comprenais pas les mots qu'elle bafouilla tant bien que mal et comme s'ils m'attendaient pour intervenir, un médecin et une infirmière arrivèrent.

« Elle a une infection mais on ne sait pas ce que c'est. Les poumons sont touchés. On a fait un prélèvement qu'on a mis en culture toute la nuit mais on n'arrive pas à identifier la bactérie.

– Alors vous l'avez laissée toute la nuit comme ça sans rien faire ? dis-je avec un mélange de mépris et de colère.

– Monsieur, on ne peut pas donner des antibiotiques comme ça sans savoir ce dont le patient a réellement besoin.

– Donc on attend quoi ? qu'elle meure ?

– Non, comme on ne sait pas, on va lui administrer des antibiotiques à large spectre le temps qu'on sache. On l'amène aux urgences maintenant. »

Ma gueulante coïncida tragiquement avec leur réaction, comme s'ils se voyaient tout à coup obligés de prendre une décision qu'ils avaient différée sans raison fondée ni réflexion durant un temps suffisant pour qu'une bactérie ravage les organes de ma petite maman.

Est-ce donc cela que l'on devient après dix ans d'études ?

Combien d'années supplémentaires d'instruction faut-il pour faire preuve de simple bon sens et de pragmatisme ?

« Vers 15 heures, un patient intègre l'hôpital avec 41 degrés de fièvre.

Que faites-vous ?

- Réponse A : Je cherche à faire baisser sa fièvre par tous les moyens.
- Réponse B : Ne connaissant pas son antibiogramme, je lui administre en urgence des antibiotiques à large spectre.
- Réponse C : Je le laisse crever dans une chambre le temps que la médecine découvre ce qu'il a. »

Je me suis toujours demandé ce qu'ils auraient fait si je ne m'étais pas présenté sur les lieux. L'idée atroce qui consiste à croire que ma trop tardive intervention déclencha la réelle prise en charge de ma mère par le corps médical n'est malheureusement pas éloignée de mes convictions. Cette horrible hypothèse me planta durablement dans le cœur la dague d'une culpabilité venimeuse et inextricable. Existe-t-il un antidote contre ce poison qui coule dans mes veines depuis ce jour ?

Je suivis ensuite le chariot roulant sur lequel ils avaient allongé ma mère tant elle était incapable de se lever par elle-même.

Lorsque le petit cortège atteint les portes battantes, les médecins s'adressèrent à moi tout à coup de manière très professionnelle :

« Vous devez rester là maintenant, ne vous inquiétez pas, on s'occupe d'elle. »

Puis, le brancard poussa les portes battantes d'un sas blanc et froid pour s'engouffrer dans l'espace des urgences comme aspiré par un trou noir…

À ce moment très précis, je sus que tout était fini. Le ton rassurant de ces médecins retardataires n'y ferait rien. Il y a des choses que l'on sent, que l'on sait.

Subitement tombée du ciel, une météorite dévastatrice venait de percuter la Terre avec une violence inouïe et l'espace en distorsion s'évanouissait dans un silence assourdissant alors que je perdais l'ouïe et la vue.

Le monde extérieur vacillait autour de moi et se brouillait à travers un torrent de larmes tandis que je m'effondrais sur le sol de l'hôpital, m'accrochant aux sièges d'une salle d'attente. Des bras m'aidèrent à m'asseoir pour que je puisse me vider de mon chagrin en sécurité.

Rien ni personne ne pouvait me raisonner ou me rassurer d'une quelconque manière. Pris dans un cyclone de sanglots hystériques, je n'entendais plus rien à part mes propres hurlements.

Lorsque la réalité se transforme en cauchemar et que l'air s'enflamme, lorsque la vie n'a plus de sens, que le bas devient le haut et le haut le bas, rien n'a plus d'importance. Une farandole de fantômes aux yeux tristes laissant échapper de pitoyables et inaudibles hululements vous frôlent de leurs gestes inutiles tandis que l'asphyxie d'une cruelle noyade vous entraîne doucement vers les abysses. La grande cathédrale de l'enfer venait de m'ouvrir ses portes et ses gargouilles m'invitaient avec à y séjourner avec un sourire poli.

Allais-je me réveiller dans mon lit après un rêve apocalyptique ?

La folie m'avait-elle emporté définitivement ou allais-je revenir à la raison ?

Le dos gonflé et écumant de rage, une vague monstrueuse et imprévisible, en gestation depuis une éternité dans le ventre d'un océan sans sentiments m'avala, et je disparus…

Le temps prit son temps et s'écoula sans rythme ni mesure. Et puis je refis surface dans une mer d'huile blanchâtre et l'odeur médicamenteuse des murs de l'hôpital. Seul dans l'antichambre de la mort, près du sas de sécurité des urgences, je reprenais mes esprits et relevais la tête pour observer calmement cet environnement sourd et aseptisé.

Ici, la vie suivait son cours, indifférente à ma petite personne tandis que se mélangeaient avec mauvais goût le rire d'une infirmière qu'on vient de chahuter et les gémissements d'une vieille dame délirante. Il fallait que je sorte d'ici, que je respire à nouveau le bon air pollué des rues de la ville. Comme le détenu d'une prison qu'on aurait relâché, je m'enfuis à travers un dédale de couloirs et pris une bonne bouffée d'air après avoir poussé les lourdes portes de sortie de l'hôpital.

Puis, j'arpentai les trottoirs, et parcourus des kilomètres sans que mon regard ne croise nul objet ni que mes pensées, vides de rien, ne s'attardent sur une quelconque idée. À vrai dire, je suis incapable de relater un quelconque fait ni de me souvenir de ce qui se passa jusqu'à ce que je fusse de retour, la nuit tombante, dans ces bâtiments, dont seules une couleur pâle et une odeur de clou de girofle constituent un souvenir consistant.

Cette fois, peu m'importaient les consignes auxquelles je pouvais m'attendre, il fallait que je la voie. La crise était passée et je me raisonnais en me rappelant les paroles des médecins qui avaient entrepris des soins drastiques. J'avais sans doute perdu la tête et il fallait désormais que les dernières informations dont je disposais soient mises à jour afin de faire un état des lieux réaliste de la situation.

Curieusement, il n'y eut aucune objection à ce que je pénètre le domaine des urgences.

Fondamentalement différent de ce que j'avais pu voir de l'hôpital le matin, le lieu était peuplé de technologies et d'appareils électroniques en tous genres. Ma mère était installée dans un immense fauteuil en cuir, rattachée à une de ces machines et à des tuyaux pour une perfusion. La scène était impressionnante mais la prise en charge active dont témoignaient les moyens mis en œuvre me rassurait, d'autant plus qu'Anna était consciente et pouvait parler. Elle ne bougeait pas ou à peine un doigt ou les yeux, mais on la comprenait lorsqu'elle s'exprimait.

Je pris sa main, elle tourna son regard vers moi et balbutia d'une voix pâteuse :

« Ne t'inquiète pas mon fiston, ça va aller, ils m'ont donné des médicaments, je me sens juste très fatiguée. »

Durant mon absence, Isabelle, l'une de ses collègues traductrices était venue la voir. Je ne sais vraiment pas ce qui avait pu la conduire jusqu'ici. La seule possibilité était que ma mère ait demandé à l'hôpital de la faire venir. Ici, on parle bien d'une époque où les téléphones portables n'existaient pas. Isabelle ne faisait pas partie de la famille ni des amis proches, quelle raison l'avait donc fait venir jusqu'ici ?

Il ne me fallut pas longtemps pour comprendre lorsqu'elle m'expliqua d'elle-même le pourquoi de sa présence :

« Bonjour Daniel, Anna m'a demandé de venir pour un dossier urgent avec un client. Elle n'a pas pu le traiter à temps à cause de son état et m'a demandé de le prendre en charge. »

Ma mère surenchérit alors péniblement :

« Oui, c'est très important, il faut que tu l'appelles dès demain matin pour le tenir au courant et lui dire qu'on va le livrer mercredi. »

Même si la problématique liée à son travail était bien réelle, Anna n'avait raisonnablement plus les moyens de relativiser quoi que soit ni de prendre conscience de la gravité de son état : elle délirait.

La situation mélangeait surréalisme et pathétisme et le regard que nous échangeâmes avec Isabelle traduisait une tragédie : elle cherchait à maintenir un ton professionnel et sérieux mais sa voix tremblait et le fond de ses yeux se remplissait de larmes sans qu'une seule ne s'écoule. Cette mauvaise comédie rendait son triste verdict sans autre formulation.

Isabelle disparut rapidement après un salut discret et je me retrouvai seul avec ma mère.

On me fit comprendre que je ne pouvais rester trop tardivement et profitai de quelques derniers instants avec elle. Ses yeux se tournèrent de nouveau vers moi et je vis le regard agonisant de fatigue de celle qui ne pouvait plus me rassurer ou m'adresser un quelconque message. Elle avait dû donner ses dernières forces pour ses soucis professionnels et elle s'assoupit rapidement, exténuée.

Reliée à un oscilloscope, on pouvait voir son pouls, seul repère fiable pour constater qu'elle n'était qu'endormie. Ici encore, les infirmières se firent rassurantes :

« Elle est sous traitement antibiotique maintenant et a juste besoin de se reposer le temps que les médicaments fassent leur effet. Demain, ça ira déjà mieux, vous verrez. Reposez-vous de votre côté, c'est ce qu'il y a de mieux à faire. »

Ma raison compila alors pragmatiquement une série d'arguments pour me décider à partir :

- Anna était, semblait-il, suffisamment vaillante pour continuer à gérer ses affaires.
- Elle était maintenant sérieusement prise en charge et sous surveillance permanente.
- Elle avait besoin de dormir et ma présence ici ne servait à rien.

Tout était maintenant sous contrôle. J'étais moi-même lessivé par les séismes émotionnels de cette longue journée irréelle et avais besoin de repos. Je quittai donc ma mère après une dernière caresse sur ses cheveux et la promesse d'un rendez-vous au lendemain matin qu'elle n'entendit pas.

Le retour chez moi se fit dans les mêmes conditions que les longues promenades de l'après-midi passé à errer dans les rues : le métro me ramena chez moi dans un silence entrecoupé de quelques sons mécaniques des portes de la rame.

Une fois chez moi, j'enlevai mes vêtements sans que l'idée de manger ne me vienne à l'esprit.

Puis je m'allongeai sur le dos recouvert de ma couette, comme installé dans un sarcophage, et m'endormis en me convainquant faussement que je pouvais enfin me reposer tranquillement, tandis que mon esprit demeurait éclairé d'une lanterne tristement lucide.

J'eus la sensation de ne pas avoir eu le temps de dormir lorsque le son strident de mon téléphone déchira la nuit. Comme si j'étais déjà éveillé et que je n'attendais que ce coup de fil, je saisis le combiné pour écouter les mots de celle que l'on ne voudrait jamais entendre :

« Vous êtes Monsieur Tahl, le fils de Madame Tahl ? »

La question révélait en elle-même une atroce vérité qui m'avait anéanti de façon prémonitoire les heures qui avaient précédé cet instant. Sereinement, et déjà condamné, je tendis juste la tête docilement pour qu'une voix féminine me la coupe.

« Absolument, dis-je donc.
– Monsieur Tahl, votre maman est malheureusement décédée. Elle a fait un premier arrêt cardiaque et nous avons pu la ranimer. Puis elle en a fait un second, et les électrochocs n'ont pas réussi cette fois à la ramener. Elle est décédée à 4 h du matin. »

Ces mots ne me créèrent aucune surprise ni ne déclenchèrent quelque émotion particulière si ce n'est un étrange et inavouable relâchement. Mon sang était glacé et j'agissais désormais comme sous anesthésie morphinique. J'avais déjà reçu le sursaut gamma d'une étoile que j'avais vu mourir aux portes des urgences, et me relevant des décombres d'un cataclysme, il ne me restait plus qu'à constater le trou béant d'un cratère météoritique.

« O.K., j'arrive », répondis-je promptement, comme à un postier qui appellerait à l'interphone pour signer un recommandé.

Le film s'accélère de nouveau : enfiler mes vêtements, sortir dans la rue, interpeller un taxi qui passe juste au bon moment, refaire le trajet des couloirs de l'hôpital en sens inverse. Tout cela se fit de façon automatique dans un état de semi-conscience, vide de toute réflexion. Ainsi, je me « téléportai » dans un petit bureau des urgences où deux infirmières qui me souriaient tristement m'adressèrent des propos que l'on doit sans doute tenir dans ce genre de situation :

« Comment vous sentez-vous ? Voulez-vous que l'on vous donne quelque chose pour vous décontracter ?

– Non merci », répondis-je poliment et calmement.

Mon état de transe ne nécessitait aucun anxiolytique. Je me laissais simplement guider dans cette prise en charge pseudo-empathique qui devait rapidement se transformer en formalités administratives.

Les infirmières me confièrent alors un petit sachet en plastique contenant deux objets : une montre que j'avais offerte à ma mère lors de son dernier anniversaire et un petit anneau en or.

Lorsqu'on me proposa d'appeler un proche, j'acceptai cette fois. Naturellement, j'appelai Jacques. Hors du temps et du raisonnable, il me sembla primordial au beau milieu de la nuit de lui confirmer que les changements importants qu'il m'avait prédits étaient avérés, comme s'il s'y attendait et que rien ne pouvait le surprendre.

Il répondit au téléphone rapidement, comme s'il ne dormait pas. Là encore, il réagit simplement et humainement à mon annonce :

« Hé ben mon gars… Comment te sens-tu ?

– Ça va.

– Tu as de la famille avec toi ? Tu veux qu'on vienne te chercher ?

– Je vais me débrouiller, je voulais juste t'informer des derniers événements.

– Comme tu veux. Tiens-nous au courant et appelle si tu as besoin. Courage. »

Même si personne ne pouvait s'attendre à un tel bouleversement, il s'inscrivait pour moi dans la continuité logique du travail que j'avais entrepris avec Jacques. Puisque tout devait changer.

Il me sembla donc naturel qu'il fût le premier informé. Non pas que je le tins pour responsable, mais il m'avait prévenu depuis notre premier entretien que la démarche que j'avais entreprise avec lui entraînerait des changements profonds. Cette vague prophétie se concrétisait en une apocalypse un mois à peine après qu'elle a été prononcée par le maître. Et sa voix résonna de façon assourdissante, comme un glas dont les ondes se propagèrent dans toute mon âme.

L'interprétation des faits et les explications que l'on cherche à ce genre de situation sont vouées à la perception que l'on a ou que l'on veut bien avoir de la réalité. Mais quelle est-elle si ce n'est une image filtrée par le prisme de nos yeux ?

Les différentes personnes qui furent témoins de ces événements tragiques furent pour la plupart choquées et affectées par ce drame de la vie humaine qui se produit d'une façon plus ou moins naturelle et qu'on appelle la mort. Et c'est à ce moment précis que l'on observe différentes strates interprétatives.

En surface, on trouve en premier lieu une analyse parfaitement clinique, celle de tout le monde : Anna a été emportée par une septicémie engendrée par une bactérie dont la porte d'entrée fut de toute évidence la morsure d'un chat.

Qui plus est, l'observation de son état ces derniers temps laisse supposer un affaiblissement de ses défenses immunitaires, contexte qui aura favorisé la propagation ultrarapide d'une bactérie. Les cours scolaires de biologie et de médecine nous conduisent à cette conclusion logique et pragmatique. Et pour les quelques proches à qui je tentai de raconter au mieux ma relation avec Jacques, son enseignement et les changements annoncés, tout n'était que pure coïncidence.

Mes yeux virent d'autres choses. Car même si mon instruction scientifique, mon bac « D » orienté sur la biologie et le mode de raisonnement appris à l'école me forçaient à admettre une couche de compréhension évidente des faits, une autre partie de moi percevait les événements d'une tout autre façon. De façon évidente, et sans que cela ne mérite aucune réflexion de ma part, tout était lié. Un mois à peine après avoir rencontré Jacques, un chat mord ma mère et elle disparaît.

Il est toujours si simple d'accuser la malchance en s'appuyant sur la théorie vaseuse du hasard. Est-il réaliste de penser que tout ce qui nous arrive n'est que le résultat d'une loterie cruelle ou providentielle ?

Et d'ailleurs, la démarche cartésienne ne consiste-t-elle pas en premier lieu à n'émettre aucune affirmation tant que l'objet de celle-ci n'a pas été démontré ?

Le grand loto de l'univers, la chance, la malchance, tous ces concepts purement humains sont sans fondement. Je ne pourrai jamais apporter aucune preuve mathématique de mes convictions, et ceux qui croient au hasard ne le pourront pas non plus.

Il ne s'agit pas ici de dire que Jacques a provoqué la mort d'Anna et si certains ont pu croire un seul instant à une telle insinuation, cela n'est absolument pas mon propos. En revanche, je devins convaincu que les changements intérieurs qui mènent à une évolution de la conscience provoquent irrémédiablement une modification du monde extérieur. Serais-je devenu musicien si Chinh ne m'avait pas ouvert l'esprit sur la véritable nature de mes choix ? En serais-je là aujourd'hui si je n'avais pas eu accès à certains secrets inscrits dans les livres de la bibliothèque d'Anna ?

Toute ma vie prenait à ce moment précis un sens : le chemin spirituel, le regard perçant de Baba à travers son portrait, la rencontre avec Chinh qui avait changé le cours de mon existence, puis enfin Jacques. Anna était arrivée au bout d'elle-même et de son enseignement. Sa mission sur terre était terminée, et elle nous avait quittés pour une autre, tout naturellement.

Ce qui se produisit sous mes yeux provoqua en moi une prise de conscience fondamentale, celle d'une vérité que le système scolaire et éducatif ne nous apprend pas : le monde extérieur est lié à notre monde intérieur. Le monde existerait-il si nous n'étions pas là pour l'observer à travers nos yeux ? Si je n'existais pas, le monde n'existerait pas non plus. Si je m'éteins d'un seul coup, tout s'éteint alors !

« Bien sûr que non ! » me direz-vous d'un air étonné.
– Si tu disparaissais, le monde continuerait d'exister. »

Ces deux vérités contradictoires peuvent tout à fait coexister dans le même univers. Il m'a fallu des années pour comprendre cette chose qui échappe à notre logique et solidifier ce raisonnement que je suis prêt à soutenir devant n'importe quel interlocuteur.

En attendant, la violence du choc fut inouïe et m'infligea une série de blessures dont les moins visibles furent les plus dangereuses. La funeste course nocturne se termina chez mon oncle, le frère de ma mère. Dans un état second, j'avais appelé mon cousin qui était venu me récupérer au milieu de la nuit pour me ramener chez eux, en banlieue.

Installé dans le calme de l'aube et un grand fauteuil de velours, une tristesse saine et chaude me prit dans ses bras et ouvrit en grand les vannes d'un énorme chagrin. Quand mes larmes commencèrent à couler, ce fut un fleuve qui jaillit sans se tarir des heures durant. Et lorsque les larmes s'arrêtèrent, je fus plongé dans le silence et un état amorphe qui dura deux semaines.

Yvette, ma tante, grande sœur d'Anna, vint habiter chez moi durant cette période pour me soutenir et m'aider dans les formalités qui s'imposent dans ces moments où tout semble futile.

« Tout est fini, tu n'existeras plus matériellement, je ne pourrai plus te toucher, plus te parler, plus t'embrasser », me disais-je en pensant à Anna quelques heures avant sa crémation.

Je m'installai à son bureau et pris un stylo. Tout à coup me prit l'envie inattendue d'écrire quelque chose. Je ne me voyais pas faire un discours devant une assemblée, mais distribuer un petit mot à chacun me parut être une idée séduisante. Je me mis donc à rédiger ce texte. Je me souviens parfaitement de ce moment comme d'une parenthèse hors du temps. Je ne pensai ni ne réfléchis à rien, et me mis juste à écrire de façon automatique. Le billet fut écrit en quelques instants, juste le temps qu'il fallut au stylo pour faire couler l'encre sur un bout de papier.

Je photocopiai ensuite ce petit mot afin de le distribuer à chacun des convives qui se présenteraient aux funérailles :

CHERS PARENTS, CHERS AMIS,

SI VOUS ÊTES VENUS VOUS RECUEILLIR ICI AUJOURD'HUI, C'EST QUE VOUS AIMEZ ANNA. JE DIS BIEN « AIMEZ » ET NON « AIMIEZ » CAR LE FAIT EST QU'ELLE EST POUR NOUS TOUS ENCORE ET À JAMAIS PRÉSENTE.

MÊME POUR CEUX QUI NE CROIENT PAS À LA VIE APRÈS LA MORT, ELLE EST BIEN LÀ, DANS LEUR CŒUR, ET N'EST-CE-PAS LÀ UNE BELLE FAÇON DE SURVIVRE ?

EN APPRENANT SA MORT, NOUS AVONS TOUS RESSENTI UNE VIOLENTE DOULEUR AU CŒUR, C'EST PARCE QU'EN PARTANT, ELLE A REVEILLÉ EN NOUS UNE ÉNERGIE TRÈS FORTE.
BIEN QUE J'AIE PERDU L'ÊTRE QUE J'AVAIS DE PLUS CHER AU MONDE, J'AI SU EXPLOITER CETTE ÉNERGIE ET LA TRANSFORMER EN UNE FORCE RAYONNANTE.

CETTE FORCE, C'EST CET AMOUR QUI VIT EN CHACUN DE NOUS ET QUI NE DEMANDE QU'À ÊTRE TOURNÉ VERS LES AUTRES. C'EST CE MESSAGE UNIVERSEL QU'ELLE M'A TRANSMIS EN PARTANT ET QU'IL FALLAIT QUE JE VOUS LIVRE.

DANIEL TAHL

Je vis alors sur le visage des gens qui lisaient ces mots un mélange de gêne et de peur sans qu'ils osent me regarder. Je pouvais lire dans les pensées de certains : « Pauvre petit, il est complètement perturbé. »

Ce petit texte était né dans des conditions mystérieuses : coulant spontanément avec ses mots simples et sans réflexion, il semblait avoir été dicté pour que ma main qui l'écrivit ne fût qu'un instrument. Le message profond qu'il contenait sembla toutefois passer inaperçu, et je n'en reçus aucun écho. Passé dans les mains désabusées de ceux qui me croyaient perdu dans une crise mystique logiquement engendrée par un état de choc, il sera sans doute passé par les conduits de l'incompréhension pour finir son voyage dans la petite corbeille de l'indifférence.

Un quart de siècle après, pourtant, le mystère qui entoure l'écriture de cette petite prose reste entier tant la puissance de son contenu ne pouvait provenir d'un jeune homme de vingt ans. En effet, sans m'en sentir l'auteur, je ressens une fierté non dissimulée d'avoir délivré ce message et ainsi avoir été le modeste porte-parole d'une voix divine.

L'anecdotique petit texte qui au premier abord s'apparente à une poésie naïve relève d'une réflexion primordiale sur l'existence. Une fois passée la porte du crématorium, son corps consumé par le feu et ses cendres dispersées dans le jardin des souvenirs du Père-Lachaise, Anna existerait-elle encore ?

Vingt-cinq ans après sa mort, je peux répondre par l'affirmative avec la plus grande conviction. Il ne se passe pas un jour sans qu'elle ne soit présente dans mes pensées et toutes les décisions importantes de ma vie ont été prises en concertation avec elle. Mon esprit voit aussi clairement son visage que mes deux yeux physiques celui d'un être vivant. Elle me sourit quand j'agis bien et semble contrariée si je me comporte mal en m'exhortant à la justice. Son cœur me pousse à aimer et à tout donner à ceux qui m'aiment et ont besoin de moi. Elle me prête sa force sauvage dans l'adversité et lorsque je dois me battre, son corps s'intègre au mien pour ne faire qu'un seul guerrier. Je m'applique chaque jour à être un homme dont elle peut être fière.

Ton cœur bat dans le mien, ton sang coule dans mes veines et mes yeux voient avec les tiens.

Anna, je t'ai aimée comme on adore une déesse, je t'aime de toute mon âme, et cet amour est éternel. Tu existes plus que n'importe quel être humain sur cette terre.

Vous l'avez sans doute compris, cet être devenu immatériel existe pour moi plus que toute chose que l'on pourrait toucher dans la réalité matérielle. Que vaut la vie de millions d'êtres humains que l'on n'a jamais vus à côté de celle d'un seul qu'on aime à l'infini ?

Il y a même des gens de ma famille que je ne vois jamais et que je ne reverrai peut-être pas. Quelle est la force de leur existence ?

Le père de ma mère est mort le 28 février 2001, sept ans jour pour jour après sa fille. Ce vieil alcoolique, dont ma mère aura cherché toute sa vie à se faire aimer, n'avait pas mon affection. Durant ces sept années, je l'ai complètement oublié et si parfois j'entendais parler de lui, je n'ai pas prêté plus d'attention à ces informations qu'à celles que l'on entend à la radio au sujet d'un pays lointain. Il est décédé dans l'indifférence plus ou moins avouée du reste de la famille, dont moi, qui n'ai pas peur de le dire. Je n'y pense jamais, ou presque. Il n'existe pas, ou presque pas.

Combien de gens sont nés, puis morts sans que je ne le sache ? Ils ont existé matériellement, sans aucun doute, mais pas pour moi. Si parfois je ne lisais pas la liste des noms de ces gens tombés pour la France sur une stèle de marbre, je ne saurais même pas qu'ils ont eu une vie sur la terre. Combien d'êtres humains mènent une existence ici ou là sans qu'ils n'existent vraiment pour moi ?

Les masses qui grouillent dans un stade de football, le voyageur du métro qui n'a le visage de personne et qui disparaîtra pour toujours à la prochaine station, des milliards de vies inconnues sur la terre, sous la mer, ou loin dans l'univers, tous m'indiffèrent.

L'existence est donc un état tout à fait relatif au fait que l'on perçoit l'objet de celle-ci. Et même si l'on sait qu'une personne vit quelque part mais que l'on n'y pense plus, elle finit par disparaître.

Les êtres existent parce qu'on les aime et non pas parce qu'ils sont présents physiquement ou inscrits quelque part sur un registre. L'existence est liée à l'amour et de même qu'un être incarné peut ne pas exister, un être désincarné, ou mort peut exister très fort.

C'est le cas de ma mère qui n'est jamais morte et qui survivra à jamais… pour moi et pour ceux qui l'ont aimée. Ce raisonnement absolument irréfutable a su me consoler et me rendre fort face à la mort et si celle-ci a refroidi le cœur de certains, puisse donc ce petit message le réchauffer.

En ce jour funèbre, la pitié et la consternation que je vis dans le regard de ceux qui levèrent la tête après avoir l'avoir lu me firent prendre conscience que dans cette nouvelle vie, j'allais souvent me sentir seul.

Chinh était en voyage au Vietnam quand tout est arrivé, et il ne put être présent dans ce moment alors qu'il était l'une des seules personnes qui auraient pu me tenir réellement compagnie. Quant à Jacques, la question ne s'était même pas posée, il resta en retrait de tout cela avec sans doute un regard particulier sur cette situation.

L'événement fit cependant ressurgir un personnage non sans importance qui, s'il fut absent durant toutes ces années passées, profita de ce moment pour faire acte de présence : mon père.

J'aurais sûrement préféré le côtoyer dans des circonstances plus heureuses, mais je fus reconnaissant de son geste.

Il avait quitté le foyer très peu de temps après ma naissance à l'âge de vingt-trois ans, ma mère était de neuf ans son aînée. Son départ était quasiment logique et je ne lui en ai jamais voulu pour cela.

Ensuite, il vécut sa vie comme il l'entendit, une vie qui ne fut pas compatible avec la mienne. Il habitait à quarante kilomètres de Paris, à la limite de l'Île-de-France et s'était marié à une femme qui ne voulait pas entendre parler de sa vie d'avant… En faisant partie, je n'étais donc pas le bienvenu dans son foyer et les malheureuses tentatives pour m'y intégrer lors de certains week-ends tournèrent au cauchemar. S'il n'avait eu aucun rôle dans mon éducation, il fit toutefois partie des spectateurs du petit théâtre funèbre.

Légèrement en retrait de tous ces gens consternés et emmurés dans leur tristesse, j'observai en silence la scène qui devait donc faire l'objet de notre présence ici, au cimetière du Père-Lachaise. Puisqu'il n'y avait rien à échanger, il n'y avait qu'à contempler le petit spectacle préparé par l'entreprise de pompes funèbres qui fut exécuté solennellement sous les hurlements de peine de Mathilde, la plus jeune sœur d'Anna qui eut le mérite d'exprimer sa peine sans pudeur ni retenue.

Ainsi, à l'intérieur d'un petit temple en pierre, je vis le cercueil qui renfermait le corps de ma mère s'enfoncer dans les flammes, tandis qu'elle s'envolait pour un voyage sans retour.

SECONDE PARTIE

La saison des cendres

CHAPITRE 5

La saison des cendres

L'étoile s'est consumée
Si vite et sans m'attendre
Le soleil s'est caché
Et le ciel pleure des cendres

Sous un ciel sans lumière
Je me terre sous la terre
Et hiberne en l'enfer
D'un éternel hiver

Qui saurait réchauffer
Mon cœur froid et amer
Qui pourrait se noyer
Dans un rayon de lumière

Quand on a tout perdu
La foi devient la force
L'âme se met à nu
Et fait tomber l'écorce

Perdu dans la crypte
Ton esprit doit renaître
Guerrier tu cherches le gîte
Ton hôte sera ton maître

Avec le pollen des arbres en fleurs, le printemps transporte le parfum vert et léger d'une profonde délivrance que je respire par tous les pores de mon être. Enveloppé dans le manteau d'une chaude félicité, j'arpente les trottoirs ensoleillés de Paris comme des rizières en terrasses balinaises, tandis que les brins de hautes herbes dorées et insouciantes viennent caresser mon âme. Dans le nouveau monde dans lequel je viens d'éclore, je nage dans la vision d'un futur rempli de potentiels et de rêves. Nul obstacle ne peut se mettre en travers de ma route dans ce nouvel état de conscience qui me procure une curieuse sensation d'invulnérabilité.

Je flirtais parfois dangereusement avec la culpabilité lorsque je jouissais si fort sur les crêtes de ce bonheur inexplicable. Comment peut-on se sentir heureux et délivré lorsque l'on vient de perdre l'être qui nous est le plus cher au monde ?

La prophétie de Jacques était juste : ma vie devait être bouleversée suite aux mécanismes enclenchés par un travail intérieur. La toute-puissance du maître était évidente. Mes structures énergétiques étaient transformées et je voyais désormais avec de nouveaux yeux. Les promesses avaient été tenues et mes hypothèses quant à l'alignement du monde extérieur sur l'intérieur s'étaient transformées en preuves, forgeant ainsi mes convictions et une force inébranlable.

Le choc sismique provoqué par le décès d'Anna m'avait foudroyé et plongé temporairement dans un coma éveillé ponctué de chutes vertigineuses dans les abysses émotionnels d'une mer de larmes. Sa mort avait indubitablement entraîné la mienne, puis la déesse m'avait lâché la main à la frontière de notre monde. Moi j'étais resté là, pour survivre et renaître dans la peau d'un autre, celle d'un homme nouveau, dont le noyau psychique avait été profondément modifié.

Ainsi revenu du gouffre de l'enfer, j'avais mué pour devenir ce guerrier dont l'armure toute neuve me procurait des sensations étranges. Doté de nouveaux pouvoirs et d'armes dont je ne savais pas me servir, j'avais tout à apprendre.

J'évalue à quinze jours le temps qu'il m'a fallu pour refaire surface dans cet état très particulier et pour brutalement surprendre mon entourage. Je sentais des regards parfois remplis de compassion ou de pitié lorsque mes comportements ou mes propos étaient interprétés comme un état de choc. Mais cette force rayonnante qui irradiait de tout mon être provoquait pour certains un tout autre effet. Ainsi, je sentis aussi beaucoup d'admiration car mes actes prouvèrent qu'il ne s'agissait pas là d'un état artificiel.

Le temps des condoléances fut de courte durée et les gens qui au lendemain du drame me tapèrent dans le dos en me disant : « On est avec toi, on est là si tu as besoin… » s'en retournèrent dans leur vie. Les visages affectés que l'on put observer lors des obsèques se refermèrent rapidement derrière de faux sourires pudiques. Ils ne viendraient pour la plupart plus jamais me parler de ce qui s'était passé, de peur certainement de remuer ma douleur, ou la leur. Si parfois cela arriva, les larmes qui coulèrent ne furent pas les miennes.

Ma tante Mathilde m'appelait régulièrement au téléphone. Elle ne se remettait pas de la mort de sa sœur et n'arrivant pas à se défaire de sa peine, elle venait butiner le pollen de mon énergie florissante. Elle était insatiable et je ne pouvais lui en donner autant, si bien que je dus prendre mes distances avec diplomatie pour ne pas la blesser plus qu'elle ne l'était.

Dans mon cercle intime, les grands guerriers évidemment me comprenaient parfaitement sans qu'aucune explication ne soit nécessaire. Ils partageaient ce nouvel état de conscience et toute la spiritualité qui s'en dégageait. Chinh me rendait souvent visite. Je sentais à la fois son amitié et la fierté qu'il ressentait à mon égard. Nos échanges étaient à la fois spirituels et joyeux et nous pouvions aborder tous ces sujets qui étaient devenus tabous pour le reste du monde. Comme il était réconfortant de sentir que le refuge de notre amitié existerait pour toujours, que la lumière de son regard et son rire juvénile pouvaient réchauffer mon cœur à l'infini.

Il y eut aussi quelques rares amis parmi mes proches que je pus fréquenter sans être pris pour un fou.

Mais aussi et surtout, Jacques et Pierre étaient bien présents. Les « séances » se poursuivaient, plus espacées, car ils avaient déménagé pour vivre en communauté dans une maison en Normandie. Ils ne se déplaçaient plus et il fallait faire deux heures de route pour leur rendre visite, ce que je fis, plus que jamais convaincu du bien-fondé de cette démarche et sans ne me poser aucune question.

Ainsi galvanisé par une force mystérieuse et appuyé par mon cercle d'élite, je fis face à une forêt de problèmes à régler et abattis tous ces arbres à soucis les uns après les autres à grand coup de hache énergétique.

La reine du royaume ayant quitté notre monde, le palais céleste s'effondrait inexorablement alors que ses fondations se dissolvaient dans les eaux placentaires et stagnantes du raz de marée assassin.

Au fil des jours qui suivirent la disparition de leur maîtresse, les êtres vivants qui peuplaient les lieux dépérirent les uns après les autres. Les plantes se flétrirent tout d'abord, puis ce fut le tour de Doudou. Malgré son âge avancé, mon frère angora, dont la vigueur ne semblait s'altérer avec les années perdait désormais du poids à vue d'œil et sa belle pelure dense et soyeuse se transforma en un manteau pelé et sale. Ses forces diminuaient de jour en jour à tel point qu'il trébuchait et n'arrivait plus à sauter sur le canapé du salon. Il poussait de pitoyables geignements et me regardait avec un regard qui suppliait qu'on l'euthanasie. Il disparut donc un samedi matin chez le vétérinaire, et je le laissai partir lui aussi, stoïquement, comme tout ce qui devait disparaître, avec une partie de mon cœur qui avait brûlé dans les cendres d'Anna. Pardon mon frère, même si je n'y étais pour rien. Tu vis en moi à jamais et dans chaque chat dont je croise la route. Toi aussi, mon fauve magnifique, tu as survécu et combats à mes côtés, à fleur de peau…

Une partie de notre grand appartement hébergeait des salariés pendant la journée, car la société que ma mère avait portée à bout de bras durant des années était encore bien vivante elle, mais pour combien de temps ? Car tout ce qui poussait dans mon royaume ne se nourrissait que d'une seule énergie : celle d'Anna.

Après sa disparition subite, il fallait pourtant que quelqu'un s'occupe de son entreprise. Je pris naturellement les commandes du navire, découvrant sur le tas un métier pour lequel je n'avais aucune formation. La fragilité de la comptabilité et du compte client, les problématiques liées aux salariés, les relations commerciales, je dus tout intégrer rapidement car cette activité n'eut aucun délai de carence suite au décès de la patronne. Dès le lundi matin, au lendemain du drame, la secrétaire était à son poste ainsi que les autres employés que je dus informer de la terrible nouvelle et de la situation dans laquelle nous étions. Nos revenus dépendaient du bon fonctionnement de l'entreprise et si nous étions tous dans le même bateau, j'en étais d'office le capitaine.

Le nouveau jeune homme que j'étais s'était coupé les cheveux très courts et avait rapidement changé son look de rocker pour celui d'un chef d'entreprise afin de se donner une image crédible dans ses nouvelles fonctions.

Toutefois, malgré tous mes efforts et ma bonne volonté, je ne pouvais empêcher le déclin de cette petite entreprise qui ne reposait que sur les épaules d'une seule personne. En effet, réputée dans son petit milieu de traducteurs professionnels, ma mère avait su gagner la confiance de ses clients au fil des ans, et n'étant plus là, ces derniers n'avaient plus aucune raison de travailler avec une coquille vide. Le monde des affaires ne fait pas de sentiments, son fonctionnement repose sur des mécanismes financiers inhumains et j'allais devoir les apprendre dans la pratique, sans aucune instruction préalable.

Ainsi, les contrats fuyaient et le chiffre d'affaires fondant comme neige au soleil, il me fallait réagir très vite avant qu'il ne reste plus rien de tout cela et que le peu de richesse qu'Anna avait créée ne soit dilapidée définitivement. La société fut donc vendue à un concurrent avant qu'il ne soit trop tard, dans des conditions exécrables évidemment, l'acheteur étant en position de force devant un jeune vendeur pressé qui ne chercha même pas à rentrer dans la négociation.

J'avais certes fait preuve de courage et maintenu temporairement la société, mais ce combat n'était pas le mien et suite à la mort de ma mère, tout devait disparaître. Il fallut se faire une raison et se rendre compte que la chute de l'empire était inexorable.

Sans elle, plus rien de cela n'avait de sens, et aucun habitant du palais dont les murs s'effritaient ne pouvait maintenir artificiellement un paradis jadis verdoyant qui ressemblait à présent à un cimetière abandonné et infertile. Une fois la société dans les mains de l'acquéreur, il fallut quitter l'appartement dont le bail lui appartenait désormais. Je ne pouvais ni stocker ni emporter vingt ans d'objets accumulés et l'immense demeure devait être vidée dans ses moindres recoins. Le palais céleste devint donc rapidement un vaste dépôt-vente où vinrent des gens de ma famille à qui je confiai certains meubles. Des brocanteurs ou vide-greniers opportunistes défilèrent pour débarrasser ces lieux de désolation que je souhaitais quitter au plus tôt. Une nouvelle existence m'attendait désormais et les restes de l'ancienne n'étaient plus qu'un tas de gravats à évacuer.

La succession quant à elle fut vite soldée : ma mère n'ayant que des dettes, je dus simplement y renoncer.

Par le feu et le glaive et entraîné par une énergie dévastatrice, je parvins donc à trancher les racines de mon ancienne vie pour la quitter définitivement. À force d'efforts et de patience, le palais fut donc vidé comme il devait l'être, dussé-je jeter par les fenêtres les derniers objets qui ne trouvaient aucune main pour les évacuer. Il fallait que tout cela cesse, que je me défasse de ce carcan gluant pour changer définitivement de peau. Si j'étais mort, il fallait que je gagne l'autre rive et n'ayant plus rien à perdre dans cette vie, j'étais curieux de voir ce qui m'attendait dans l'autre. Ainsi, j'embarquai sur le radeau d'un futur incertain, laissant derrière moi l'île aux merveilles devenue un immense brasier.

C'est ainsi que j'emménageai deux arrondissements plus loin dans le deux-pièces d'un vieil immeuble haussmannien choisi à la hâte.

Trois mois avant sa mort, ma mère avait contracté une assurance-vie et le capital décès devait me servir à repartir car ce n'est pas la somme symbolique que j'avais tirée de la vente de sa société qui me permettrait de subvenir à mes besoins bien longtemps.

Sur le papier, cette assurance-vie devait me verser huit cent mille francs.

En réalité, elle ne me versa que la moitié du capital prévu, s'appuyant sur un article du contrat et prétextant que j'avais des revenus et que je n'étais donc pas à la charge de ma mère. En effet, pour gagner un peu d'argent, j'avais travaillé un mois en tant que téléprospecteur, un job d'étudiant qui avait généré une fiche de paye pour deux mille francs de salaire. Cette pièce du dossier avait donné une opportunité à la compagnie d'assurances de m'escroquer.

Les gens qui travaillent dans les services juridiques de ces entreprises ont-ils des enfants ?

Devient-on inhumain lorsqu'on entre dans le monde du travail ?

Si ce n'est pour devenir un de ces incompétents de l'hôpital Bichat, est-ce pour devenir voleur qu'il faut faire des études ? Moi qui pensais benoîtement que les bandits traînaient dans les rues ou dans les prisons !

La promiscuité des embryons de cruauté et de crasse humaine qui dépucelèrent ma naïveté d'enfant ne fut qu'une entrée en matière dans ma découverte du monde réel.

Des millions d'années depuis le jurassique pour comprendre que rien n'a changé. Les prédateurs théropodes ont troqué leurs plumes et leurs écailles contre des costumes-cravates. L'Oviraptor qui au

Crétacé volait les œufs de la femelle Protoceratops est aujourd'hui un bureaucrate sans éthique prêt à se rendre malhonnête et manipulateur pour servir ses intérêts tandis que le Tyrannosaurus Rex ou autres Allosaures font de la politique.

La chute de mon nuage fut vertigineuse et mon dégoût de l'humanité fut le matelas de mon terrain d'atterrissage.

Toutefois, avec quatre cent mille francs en poche et logé dans mon nouvel appartement, j'étais prêt à démarrer ma nouvelle existence.

C'est alors que commença une longue période d'hibernation dans une vie froide et solitaire.

En effet, après une phase enivrante de renouveau, phénomène temporaire de renaissance catalysé par les faveurs lumineuses estivales, le froid revint dans l'atmosphère et gagna vite mon cœur esseulé.

Tous mes proches n'avaient pas disparu et malgré quelques invitations à dîner de temps en temps, la solitude fut ma plus fidèle compagne.

Il fallut apprendre à vivre dans un nouvel environnement qui n'avait rien à voir avec le palais céleste que ma mère avait aménagé en me faisant une belle chambre sous les combles. Le duplex lumineux de cent cinquante mètres carrés au dernier étage d'un immeuble et sa terrasse immense et arborée s'étaient brusquement évaporés. Je vivais maintenant dans un petit deux-pièces lugubre, dont le sol et le plafond craquaient. Les fenêtres avaient un vis-à-vis si rapproché qu'il obstruait la lumière du soleil. Si en été il dispensait furtivement quelques rayons réconfortants depuis son zénith, il se cachait derrière les immeubles dès le début de l'automne, plongeant la rue tout entière dans un film en noir et blanc.

J'avais trop rapidement emménagé dans ce vieil immeuble au charme haussmannien, heureux d'avoir fui un château hanté, à la fois endeuillé et enivré par cette nouvelle indépendance. Dans ma hâte et ma naïveté, je n'avais pas su évaluer une malheureuse situation qui allait me plonger dans un inconfort psychique sans précédent.

La vieille voisine de palier venait se plaindre dès que je jouais de la guitare, et la nuit, je vivais avec celle du dessus. Vers quatre heures du matin, je l'entendais uriner dans la cuvette de ses toilettes puis regagner son lit en marchant sur ma tête.

Croyant bien faire, j'avais embarqué avec moi deux chats : Jimi et Moumousse. Le jeune meurtrier ne pensait qu'à jouer avec le moindre objet qui traînait et me détraquait les nerfs lorsque j'essayais de me reposer, tandis que la chatte tigrée asociale se terrait derrière les rideaux pour ne plus en bouger, cuvant son deuil à sa façon.

Des gestes qui ressemblent à des troubles obsessionnels compulsifs apparurent rapidement : avant de me coucher, je poussais et repoussais la porte d'entrée en tournant plusieurs fois la clé dans le barillet de la serrure.

Une fois couché, je me relevais plusieurs fois de suite pour répéter ces mêmes gestes, vérifier tous les robinets et refermer les portes, encore et encore, pour finalement me recoucher en ayant l'impression d'être devenu fou. Les bruits venant de l'extérieur m'envahissaient, intrusifs et anxiogènes. Mon sommeil se troubla pour ne m'offrir que de faibles récupérations et laisser l'angoisse me gagner petit à petit.

Pour donner libre cours à mes rêves de musicien, j'avais investi une petite partie de l'argent dont je disposais dans du matériel de « home studio », des appareils qui me permettaient d'enregistrer mes compositions musicales et réaliser mes propres productions.

Je comptais développer mon réseau de relations pour me faire connaître et vivre de mes créations.

Lorsqu'Anna était encore en vie, il était question que je parte à Los Angeles pour étudier la guitare et la musique dans une des plus prestigieuses écoles du monde. Elle était une fois de plus prête à se sacrifier pour réaliser mon rêve en finançant cette coûteuse opération (cent mille francs par an), même si cela ne devait mener à rien finalement, car rien ne garantissait une carrière à l'issue de cette école.

Maintenant qu'elle était partie, il ne me restait qu'un faible capital qui donnait le « top » d'un compte à rebours à l'issue duquel je n'aurais plus rien. Il m'a donc semblé plus judicieux d'investir dans un outil de travail qui me permettrait finalement de vivre de la musique après une période d'apprentissage.

Malheureusement, ces choix fondés sur un plan de carrière plus que hasardeux eurent pour premier effet de me plonger plus fortement encore dans un mode de vie dont je n'avais pas anticipé la difficulté.

Enfermé entre quatre murs et le nez plongé dans ma console de mixage au son d'un magnétophone huit pistes à bandes, je vivais en vase clos et m'isolais chaque jour un peu plus. Même si l'affection de mes proches m'était acquise, ils vivaient à l'extérieur de ma boîte à musique et n'étaient en rien concernés par mes activités artistiques. Malgré les bonnes volontés de chacun, une distance s'installait entre moi et le monde extérieur. Chacun vivait sa vie, et moi je restais dans une bulle de créativité noyée dans un bocal de solitude.

Sans repères ni lumière, je me nourrissais de mes créations et des quelques relations superficielles qui orbitaient de façon plus ou moins intéressée autour de mon univers troglodytique. Entre fausses amitiés et soirées aux joies éphémères, je m'enfonçais dans la mélasse d'une éternelle déprime hivernale.

Dans cet enfer, personne n'était heureux : ni moi ni les deux pensionnaires félidés qui me restaient. Jimi, le jeune tueur était frustré et finissait par dormir dans la salle de bain pour préserver mon sommeil. Moumousse quant à elle restait terrée sous les rideaux ou sous mon lit, définitivement traumatisée et emmurée dans une forme agressive d'autisme asocial. Au moindre geste, même affectueux, elle répondait par un cri sourd entre le sifflement et le crachement.

Je pensai lui faire plaisir le jour où je la pris avec moi pour passer deux semaines de vacances chez un ami en pleine campagne. Enfin un bon bol d'air pour ma grincheuse tigrée !

Elle revint les premiers soirs pour se restaurer. Un matin, je trouvai sa gamelle pleine. Le surlendemain, pas de nouvelles non plus du fauve, les croquettes étaient intactes.

La tigresse ne revint jamais, et les recherches que nous entreprîmes pour la retrouver furent vaines. Pas de cadavre sur la route, pas de nouvelles du voisinage. Nul ne sut ce qu'elle devint.

Sa disparition me soulagea plus qu'autre chose, je n'avais jamais eu de contact avec cet animal sauvage que ma mère avait recueilli. Elle aura sûrement élu domicile dans une famille généreuse du coin. C'est en tout cas le seul scénario qu'il me plut de croire.

Il me restait donc Jimi. Mes sentiments pour le tueur de déesses demeurent confus encore aujourd'hui.

Bizarrement, je n'avais pas de rancœur contre celui qui n'avait sûrement pas fait exprès. Seulement, je n'éprouvais pas d'affection pour lui et me serais bien gardé de jouer avec lui.

Parfois, il me surprenait à l'observer avec un air dubitatif pendant qu'il faisait sa toilette. Il semblait tellement exempt de toute culpabilité que c'en était presque touchant.

Alors il s'interrompait subitement pour me jeter un regard et me pointer un instant de ses deux petites billes jaunes. Il semblait m'interroger :

« Ben quoi ? Qu'est-ce qui ne va pas ? »

Ce genre d'échanges faisait simplement de lui un idiot inintéressant en comparaison de mon majestueux et profond Doudou avec qui l'on pouvait discuter et qui comprenait tout.

Jimi, je n'arrivais ni à lui en vouloir ni à l'aimer.

Alors je me souvins de cette ancienne collaboratrice de ma mère qui avait cinq chats. Elle accepterait volontiers un membre de plus dans sa tribu. En un coup de fil, ce fut fait, Jimi fit ses valises et atterrit un arrondissement plus loin, pour mon plus grand soulagement.

Je pris de ses nouvelles de temps en temps. Apparemment, il avait du mal à s'intégrer au sein de la meute de l'éleveuse. Et un jour, celle-ci prit l'initiative de m'appeler. Non pas pour me le rendre mais pour m'apprendre que celui-ci était mort d'une maladie étrange que le vétérinaire ne sut diagnostiquer, tout comme aucun médecin ne sut m'expliquer de quoi Anna était morte.

La mise en culture de la bactérie n'avait rien donné, et après des semaines de recherches, le dossier avait été classé, dans la continuité des brillantes prestations des médecins de l'hôpital Bichat.

Et Jacques, où était-il passé dans tout cela ? N'était-il plus présent pour moi ? Qu'était devenue sa providentielle guidance alors qu'il n'était qu'à deux heures de route ?

Il nous faut revenir quelques mois en arrière pour comprendre…

Après un printemps affairé à décanter les restes de la mort d'Anna, l'été avait amené sous le soleil l'inauguration d'une nouvelle maison où Jacques vivait avec sa petite communauté : sa femme Marianne, ses trois filles, Pierre et Anne-Laure qui eux aussi avaient une petite fille.

Ils venaient de s'installer et les visites que je leur rendais mélangeaient d'agréables et légères consultations à la joie de se retrouver dans ce nouvel espace qu'ils avaient créé pour recevoir d'autres « patients ». Au premier étage de leur maison, sous les combles, Jacques et Pierre avaient aménagé une pièce tapissée d'une épaisse moquette blanche et parsemée de coussins où l'on retrouvait tous les ingrédients d'un temple dédié à la méditation et au recueillement. La tête de Bouddha trônait toujours sur un petit meuble en tek, l'encens qui se consumait en permanence venait parfumer les lieux et réveiller les chakras des visiteurs. La petite bâtisse était perdue en pleine campagne, et le calme qui régnait à l'extérieur devenait celui d'un monastère feutré lorsqu'on se trouvait dans cette pièce qui appelait à la relaxation de l'esprit.

Et pourtant, il n'était plus question d'ésotérisme ou de visions astrales ici. Il y avait de quoi légitimement s'étonner qu'après une telle intronisation dans le monde spirituel et toutes ces séances de visions psychiques peuplées d'entités en tous genres, l'ambiance de l'ashram de Jacques et Pierre se soit ainsi transformée pour devenir tout autre chose.

En très peu de temps, l'organisation avait évolué et au fil de mes visites, je vis la situation de la petite communauté se transformer d'une façon inattendue alors que Jacques m'expliquait l'évolution de son travail. Selon ses explications, il avançait très vite, comme toujours, mais vers quoi ?

Le premier élément marquant fut la retraite de Pierre. En effet, Jacques disait avoir passé de nouveaux caps pour atteindre un niveau de conscience tel que Pierre s'était humblement rangé au rang d'élève. Devant moi, ce dernier reconnut cet état de fait, se disant soulagé de s'en remettre à Jacques et à son énergie protectrice. Il avait selon lui encore beaucoup de problèmes à régler avant d'atteindre le niveau de purification de celui qu'on se refusait pudiquement à appeler le « maître ».

Selon Jacques, Pierre, perdu dans le monde de l'esprit, avait du chemin à parcourir pour atteindre son état de conscience permettant de « maîtriser la réalité ».

Ainsi, le travail autrefois tourné vers l'esprit et les structures énergétiques se transforma purement et simplement en psychothérapie, face avec un gourou qui prodiguait de nombreux conseils pour progresser, ou aller mieux. Car les « patients » qui le consultaient, pour la plupart, venaient résoudre des problématiques psychologiques ; un lot de personnes naïves et sincères dont je faisais partie sans le savoir alors que je me sentais dans une situation différente, récemment immunisé contre toute forme de souffrance.

Ma tante Mathilde continuait sans relâche à pleurer la mort de sa sœur Anna, à un tel point qu'il me sembla évident que son chagrin cachait des maux plus profonds. Si bien qu'à sa demande, je la conduisis devant le maître afin de lui donner une chance d'aller mieux. Je n'assistai pas à sa séance de psychothérapie avec Jacques mais entendis ses pleurs qui traversaient les parois de la salle de recueillement. Jacques lui-même se trouva démuni tant son chagrin était violent et incontrôlable. Il me prit ensuite en aparté et m'expliqua que ma tante avait de très gros problèmes et qu'elle ne semblait pas prête à les régler, se cachant derrière la perte de sa sœur pour ne pas voir les vraies raisons de sa souffrance et que si un être n'était pas prêt à se remettre en question, il ne pouvait rien faire pour celui-ci.

En effet, comme depuis le premier jour de notre rencontre, Jacques m'avait bien expliqué que la « remise en question » était l'ingrédient essentiel du travail qu'il proposait. Mais jusqu'où cette remise en question devait-elle aller ? Si l'on observait le comportement des membres satellitaires qui gravitaient autour de Jacques, cette question n'était plus légitime mais essentielle.

Devant la soumission de l'ensemble de la communauté et le bien-être que celle-ci semblait éprouver, tous les propos du maître devenaient crédibles. Ainsi, sous le regard approbateur et le sourire reconnaissant de ses disciples, Jacques imposait un discours qui aurait fait sourire n'importe quel spectateur en retrait de ce contexte dont nul ici ne semblait pouvoir s'extraire.

Ses phrases commençaient souvent par : « En vérité, je vous le dis… » Est-ce par manque de culture que je ne m'offusquai pas de ce mimétisme flagrant ?

Comment ne pas être choqué lorsque quelqu'un a la prétention de vous dire qu'il « maîtrise la réalité » ?

Quand on a vu cette réalité bouleversée comme je l'ai vue au claquement de doigts d'un homme, on peut facilement être amené à croire qu'il dit vrai et tout comme Moïse avait ouvert la mer Rouge en deux, Jacques me semblait capable de n'importe quel miracle. L'affreuse hypothèse d'un lien entre le « travail » de Jacques et la mort de ma mère n'était pas plus démontrable que celle d'une malheureuse coïncidence.

Je buvais donc à grands traits les paroles de notre gourou et l'entendre dire qu'il était dans son ultime réincarnation pour vivre sa dernière vie sur terre passait comme un bon verre de jus de pomme.

Accuser de manière évidente mon manque de discernement semble naturel à la lecture de ce récit. On peut évidemment me trouver l'excuse d'un jeune homme influençable et facilement manipulable encore sous le choc. Mais que penser de l'homme de quarante ans qu'était Pierre et des deux femmes adultes qui trouvaient tout cela normal ?

Toutefois, et malgré l'énorme influence du Maître, il finit par se présenter un point de rupture, un moment précis où j'entrai en désaccord avec lui.

Jacques, dans sa construction, nourrissait un grand projet : celui d'acheter une propriété dans le sud de la France et si possible un domaine pour y implanter un centre de thérapie qui pourrait accueillir de nombreux « patients » et organiser des stages en vue de dispenser son savoir aux chercheurs qui accepteraient son autorité.

Pour cela, il avait besoin de moyens financiers et naturellement, il me proposa de participer aux investissements.

Le projet en lui-même me semblait intéressant et prometteur. En revanche, la mise en œuvre telle qu'elle était présentée me posait un problème. Car même si Jacques me proposait de me faire une place dans sa future propriété, il ne s'agissait ici en rien d'une sorte d'actionnariat mais d'un don pur et simple. Et il n'était pas question en retour de se positionner d'égal à égal au maître qui entendait bien maintenir sa position de domination.

Face à sa posture que je jugeais indécente et à la crainte de me faire purement et simplement voler mon argent, j'affirmai clairement ma désolidarisation.

On peut facilement imaginer quelle fut la réaction de Jacques face à mon opposition fermement verbalisée.

Il avait pour habitude de décrire le monde en pointant du doigt la « société », un ensemble qui regroupe l'entièreté de l'humanité évoluant sur la planète avec son fonctionnement détraqué. Le monde était clairement divisé en deux parties : sa communauté, et la « société », un troupeau d'humains endormis qui subissent la vie à la manière des animaux (tandis que lui la maîtrise…).

La vie humaine sur terre offre une critique facile : les guerres, les politiciens véreux, la criminalité, un système éducatif tout sauf épanouissant, une société décadente où l'homme court à sa perte en détruisant la planète qui l'héberge. Le gourou se place alors en retrait et nous montre ce qui nous attend si l'on ne monte pas à bord de son arche.

Ainsi, contrairement à la voie qu'il nous ouvre, la « société », décadente et inconsciente nous anesthésie à coups de fausses promesses anxiolytiques : un chemin qui ne mène qu'à la souffrance…

Le jour du clash, Jacques ne me laissa pas repartir sans un petit cadeau : « Tu as fait ton choix, avec ton libre arbitre et il t'appartient. Bonne chance dans la société. »

Sur ces dernières paroles, Jacques esquissa un petit sourire et cette dernière photographie assassine persista dans mon esprit tandis que je quittais la demeure du maître pour regagner mon petit appartement par une triste soirée d'automne. Drapé dans une colère légitime, je claquai la porte de la petite communauté tandis que la flétrissure d'une fleur de lys empoisonnée diffusait en moi une maladie insidieuse.

Voici donc comment je m'étais retrouvé rapidement livré à moi-même, et cette situation dura des mois.

Un an à peine après la mort de ma mère, me voici donc plongé dans l'hiver et la solitude, livré à l'angoisse et la peur comme un petit gibier blessé sans fourrure. Privé des béquilles de Jacques et de sa communauté, il fallait que quelqu'un me porte secours.

C'est ainsi qu'un homme qui avait fait preuve d'absence durant vingt ans refit surface. Son apparition aux obsèques de ma mère annonçait donc un retour sur le devant de la scène que je n'avais pas imaginé. Mon père, qui par son destin et ses choix s'était tenu à l'écart de ma vie jusqu'ici avait donc perçu ma détresse. S'il avait été défaillant durant une première partie de mon existence, il allait cette fois tenter de me venir en aide à sa façon, en me montrant une voie : celle de la raison.

Ses points de vue et sa façon d'aborder l'existence étaient radicalement divergents de la mienne. Issu d'une éducation d'après-guerre fondée sur des valeurs « travail-famille-patrie », il avait travaillé durement pour payer les traites de son pavillon en banlieue où grandissaient les deux enfants issus de son second mariage. Il aura fallu attendre une bonne vingtaine d'années pour que je puisse créer des liens avec mes deux demi-frères, car les séjours ou week-ends que je passai dans leur foyer firent l'objet de maltraitance psychologique de la part de ma belle-mère, ce qui affecta nos rapports dans la souffrance.

Toutefois, les miracles de la déesse de l'amour qu'était ma mère me préservèrent de la folie de cette femme et dans ses bras, je me réfugiai pour échapper au marasme de cet univers paternel anxiogène et traumatisant.

Je pense qu'il avait dû lui-même souffrir de son impuissance face à cette situation et que l'occasion lui était donnée cette fois de se rattraper en faisant quelque chose pour moi.

La rencontre des extrêmes allait être rude car il était étranger à tout ce qui constituait ma personnalité. Son matérialisme était en opposition avec la vie que nous avions vécue avec ma mère. Il ne comprenait pas que nous ayons été locataires d'un appartement durant vingt ans alors que la logique financière aurait été de devenir propriétaire.

Il déplorait évidemment que mon parcours scolaire se soit arrêté au baccalauréat. Artiste, il ne l'était pas, et mes projets de musicien étaient pour lui simplement des rêves irréalistes voués à faire de moi un cas social. Il n'était pas question de spiritualité avec lui mais de pragmatisme terrien. Il aurait voulu que je sois chirurgien ou pilote de ligne et que je me crée une situation en rapport avec mes capacités intellectuelles.

Si mon éducation avait été un ratage aberrant, il était cette fois temps de corriger le tir en gérant au mieux ma nouvelle situation avec les nouvelles données dont on pouvait tirer parti.

Il me présenta donc non sans intelligence un plan de vie concret afin de mettre en place un système de fonctionnement réaliste.

Tout d'abord, il me proposa de faire une formation pour passer un diplôme qui me permettrait de rentrer dans une compagnie aérienne en tant que steward. Sa sœur avait suivi cette voie et gagnait bien sa vie avec un emploi du temps sous forme de vacations qui selon lui me laisseraient du temps pour faire de la musique.

Ensuite, il fallait placer mon argent en achetant un appartement. Avec un toit sur la tête et un travail stable, tout irait bien et je serais sauvé.

Son plan avait l'avantage d'être réaliste et l'idée de subvenir à mes besoins en me laissant du temps pour continuer la musique était séduisante. Jouer la sécurité, devenir propriétaire, voilà donc des concepts qui ne me ressemblaient pas mais qui apportaient un remède à mes angoisses puisque l'endroit où je vivais m'était insupportable et la projection vers une banqueroute probable ne m'aidait pas à me sentir serein.

Me sentant perdu, je me raccrochai donc à ce plan de secours en me remettant à la raison et la logique de mon père. Il ne fallait que peu de temps en théorie pour faire cette formation de steward et passer le petit diplôme qui va avec pour incorporer une compagnie aérienne et exercer le métier de personnel naviguant. En attendant, mon père m'aida à trouver un bien immobilier dans mes moyens à acheter. Pour cela, il m'orienta vers un appartement neuf près de chez lui, à quarante kilomètres de Paris. Il s'agissait d'un beau duplex qui donnait sur des champs, des terrains à construire probablement. Je fus séduit et donnai mon accord pour l'acquisition de ce bien. Tout semblait en place pour que le plan de sauvetage réussisse. Tout… sauf le destin qui ne sembla pas vouloir suivre exactement cette trajectoire.

Même si le diplôme de steward n'était pas difficile à obtenir, une série de complications administratives s'interposèrent de sorte que le planning s'étira. Entre le stage de quinze jours de formation et l'obtention d'une date de passage du diplôme, il s'écoula plusieurs mois. Et lorsque j'obtins le diplôme, il fallut poser ma candidature auprès d'une compagnie aérienne, et la réponse ne venait pas.

Quant à l'appartement, la propriétaire ne répondait plus. Étrangement, l'agence immobilière avait beau la relancer, elle restait muette, et les semaines passaient sans que mon père ne puisse obtenir la moindre information à ce sujet.

Manifestement, quelque chose bloquait le processus qu'il avait initié.

Il m'invitait simplement à la patience, tandis que ma vision de la situation se faisait si différente de la sienne…

Lorsqu'on agit contre soi-même et que l'on prend une voie qui n'est pas la sienne, on a l'impression de marcher à contre-courant d'une rivière. N'avez-vous jamais rencontré cette sensation ?

Lorsque tout semble aller contre ce que vous êtes en train d'entreprendre et que des obstacles se mettent un à un en travers de votre route. Lorsque l'intérieur est en contradiction avec l'extérieur, c'est exactement ce qu'il se produit. L'extérieur étant un miroir de l'intérieur, la réalité ne peut pas suivre si l'intérieur n'obéit pas à la volonté du cœur. J'avais beau être en désaccord avec Jacques, mes expériences de vie étaient bien là et ce qui est inscrit dans la conscience l'est pour l'éternité.

Dans l'attente et sous la pression de cette distorsion, je commençai à sentir une chape de plomb au niveau de la poitrine et mon réservoir d'angoisse se remplissait doucement.

Dépenser toute ma trésorerie dans un bien immobilier et travailler à plein temps m'apparaissaient tout à coup comme un piège qui mettrait fin à mes rêves d'artiste. On voulait me ranger sagement en me faisant croire que je pourrais continuer à faire de la musique. Mon père m'avait-il vendu ce projet de crainte qu'un jour je vienne démuni lui réclamer de l'argent ?

Étais-je victime d'une manipulation ?

Une pincée de paranoïa se mélangeait harmonieusement au liquide malsain contenu dans le réservoir.

La « société » qui me répugnait à bien des égards depuis mon plus jeune âge, à travers le système scolaire, puis à coup d'escroqueries, était-elle en train de me rattraper pour me phagocyter ?

D'un autre côté, je ne pouvais cautionner le discours d'un Jacques qui dégénérait franchement en gourou tyrannique.

Que faire ? Quoi penser ?

Je fus secoué des jours et des semaines durant par les remous d'une tempête de doutes et les mauvaises perturbations que traversait mon petit avion tournaient au crash psychologique.

Il n'y avait plus qu'une personne qui selon moi pouvait m'éclairer alors que les lumières de la cabine venaient à s'éteindre.

C'est ainsi que je me retrouvai très rapidement dans la salle d'attente de celle qui m'avait recommandé de contacter Jacques : Marie-France Tami. Après tout, n'avait-elle pas une part de responsabilité ?

J'étais bien curieux de savoir comment elle réagirait lorsque je lui raconterais mes mésaventures avec l'homme qui « maîtrise la réalité » !

La femme qui m'avait reçu il y a un an était toujours au même endroit et ne semblait même pas avoir bougé de sa chaise lorsque je me retrouvai en face d'elle. À son contact, je ressentis toujours les mêmes ondes maternelles et sereines et le réconfort de pouvoir lui confier mes mésaventures surréalistes me parut indispensable.

Cette fois, les « Anh-anh » d'acquiescements furent accompagnés de regards consternés qu'elle ne put contenir en dépit de son flegme de femme spirituelle.

Lorsque je lui dis que Jacques prétendait « maîtriser la réalité », elle esquissa un sourire mi-moqueur, mi-dédaigneux, et niant de la tête et s'indigna :

« Jacques est un prétentieux, c'est incroyable qu'il en soit arrivé là ! Nul ne maîtrise la réalité, ni lui, ni moi, ni vous. Quant à votre maman, lorsque je l'ai rencontrée dans mon cabinet, elle semblait face à un mur. Elle opposait un refus très clair à toute introspection et avait, je pense, atteint une limite. Je ne pense donc pas que le travail de Jacques ait quelque chose à voir avec sa mort.

– Et que faire avec mes angoisses ? »

Elle se tut quelques secondes et son regard traversa mon visage pour observer un monde invisible. Puis elle me répondit :

« Il y a en vous comme un serpentin qui se répand sans limites. Il se tend et se détend sans retenue car il n'a pas de conteneur. Ne vous étonnez pas de mes propos, il s'agit d'un organe psychique. »

Je plissai les yeux et me concentrai du mieux que je pus pour interpréter ses propos plus qu'abstraits. Elle poursuivit aussitôt :

« Vous vivez en vase clos chez vous et manquez de points de repère, de quelque chose qui rythme votre vie. Des choses bien matérielles manquent à votre équilibre. Il y a en vous une partie animale que vous ne nourrissez pas. Cette partie animale s'oppose à la partie mentale et spirituelle, elle a besoin elle aussi d'être satisfaite. »

Je n'étais pas intimement convaincu que l'analyse éthérée de madame Tami allait m'aider à résoudre la nébuleuse problématique qui me tourmentait, mais il était tout de même apaisant de recevoir son appréciation quant au comportement de Jacques. J'avais cruellement besoin que quelqu'un me rassure et me conforte dans les raisons qui avaient provoqué cette rupture traumatisante. Car même si j'avais su m'opposer à mon maître spirituel, il m'avait marqué au fer rouge et les derniers mots qu'il avait prononcés s'étaient logés dans mon esprit et sa voix me les soufflait en boucle, de sorte que je ne fus jamais en paix.

Aussi illuminé que le gourou fût, ses principes dogmatiques n'étaient pas dénués de sens, et c'était là sa force. La triste situation dans laquelle je me trouvais le faisait ressurgir et si j'avais essayé de l'oublier pendant une période, son sourire malicieux revenait pour me hanter alors que je l'entendais me susurrer à l'oreille :

« Alors Daniel, comment va la vie dans la société ? »

Objectivement, elle allait mal, ma vie. Après huit mois de réclusion dans mon triste appartement, mon niveau d'anxiété s'était accru jusqu'à générer des crises d'angoisse d'une ampleur sans précédent. Mon père m'avait pourtant proposé des solutions qui avaient le mérite d'être concrètes et réalistes. Malheureusement, celles-ci s'inscrivaient dans un cadre bien identifié : celui de la société !

Au-delà des propos subversifs de Jacques, c'est tout un héritage du passé qui s'exprimait au sein de ce conflit intérieur.

Était-ce pour devenir steward dans les avions que j'avais envoyé valser le système scolaire ?

La scène de la discussion avec Chinh au café près du lycée n'avait pas pris une ride. N'avais-je pas intégré grâce à lui que la vie n'avait de sens que si l'on poursuivait ses rêves ?

Où étaient passés l'enseignement spirituel et les valeurs qui avaient porté ma vie depuis ma tendre enfance ?

C'était donc pour devenir propriétaire d'un appartement ? Ne m'avait-on pas assez répété que tous les biens matériels resteraient au pas de la porte de la mort ?

Le départ d'Anna pour l'autre monde me criait cette vérité que je ne semblais plus vouloir entendre.

Si mon père avait été plus présent et s'il avait participé à mon éducation, ses arguments matérialistes auraient sans doute pesé plus lourd dans la balance de mes choix de vie.

Même si la main qu'il me tendait était sincère, elle ne venait que bien trop tard pour saisir la mienne qui voulait attraper les étoiles.

Je m'étais donc laissé séduire par des projets raisonnables et sécurisants mais qui n'avaient finalement aucune envergure. Je n'avais tout de même pas vécu tout cela pour emprunter la grande autoroute qui mène à une vie gâchée. Il était encore temps de reprendre mon destin en main et de rejoindre le chemin d'un homme courageux pour vivre en marge de cette société incapable de nourrir ma vie spirituelle.

Et dans cette ligne de mire philosophique, je ne vis qu'un seul homme : Jacques. Mon flagrant mal-être dans ma nouvelle vie et les fruits de ma réflexion allaient finalement dans son sens, même si cela était si difficile à admettre après notre violente opposition.

Si j'avais reçu ses dernières assertions comme une gifle, c'était peut-être ce dont j'avais besoin pour me réveiller à présent. Ma souffrance actuelle n'était-elle pas le juste châtiment du père ?

Ne m'étais-je pas défilé par simple cupidité, de peur de me départir de mes biens matériels ? Et qu'était l'argent à côté de la construction d'une vie prometteuse, en marge de ce monde hostile que j'avais découvert en sortant du palais de ma déesse ?

Le brouillard s'était levé d'un seul coup et mon choix devenait une évidence : il fallait recontacter Jacques et s'expliquer avec lui.

Plutôt que le téléphone, je préférai l'écriture afin de choisir mes mots avec soin et m'adresser à lui de la façon la plus précise qui soit :

« *Jacques,*

Je comprends que tu aies mal pris ma désolidarisation de ton projet et ma prise de position un peu abrupte.

Non pas que je remette en cause le bien-fondé de ce projet mais je ne peux accepter la posture que tu adoptes.

En effet, si nous devions nous associer pour construire ce lieu de vie, il me semble avoir mon mot à dire quant à sa mise en œuvre et les modalités de cette association.

Or, il m'a semblé que tu voulais mener les choses selon ton bon vouloir et que les autres membres de la communauté n'avaient qu'à t'obéir. J'ai peut-être mal interprété tes propos et si c'est le cas je m'en excuse.

Je suis prêt à rouvrir le dialogue avec toi d'homme à homme et reprendre la relation que nous avions sur des bases saines.

Au plaisir de te lire,

Daniel. »

Suite à mon envoi, je vérifiais fébrilement ma boîte aux lettres deux fois par jour et reçus finalement sa réponse deux semaines plus tard, au bout d'une attente interminable.

« Cher Daniel,

Tu es parti de ton propre chef, et comme tu as pu le constater, je n'ai pas cherché à te retenir. En outre, j'ai respecté ton choix et n'ai jamais cherché à te recontacter depuis. Sache que je ne suis que paix et amour et que je ne me le serais pas permis.

Ainsi, comme lors de notre première rencontre, tu viens de nouveau frapper à ma porte.

Je te fais simplement remarquer que c'est bien toi qui viens me chercher et non l'inverse.

Tu reconnaîtras donc que c'est toi qui as besoin de moi et non l'inverse. N'est-il pas ?

Et tu viens donc en terrain conquis en me donnant une leçon en prime ?

Sache mon cher Daniel que tout ce que j'ai construit dans ma vie, je l'ai fait sans ton aide, tout comme la vie en communauté que nous vivons dans l'amour et la paix ici, en marge de la société dans laquelle tu ne sembles pas t'épanouir. Me trompé-je ?

Comme je suis un être d'amour, ma porte reste ouverte pour toi et le pardon t'est acquis.

Par contre, si tu crois que nous allons construire un quelconque projet ensemble en marchant main dans la main, tu es dans l'erreur. Tu découvriras peut-être un jour ce qu'est le don de soi.

Au plaisir de te revoir un jour, dans cette vie ou une autre,

Jacques. »

Après cette gifle épistolaire, je compris que j'avais affaire à un véritable maître, et que son autorité était incontestable. Je devais admettre que tout ce qu'il écrivait dans sa lapidaire missive était vrai, tout simplement incontestable. Il ne m'avait pas demandé de revenir, et quant à ma défaite, elle était totale. Être inutilement orgueilleux ne sert à rien et il faut savoir reconnaître ses torts pour avancer, et surtout… se remettre en question. Jacques m'y invitait de nouveau et si j'arrivais à dépasser ce point de blocage, je franchirais sans doute un grand pas, un de plus…

C'est ainsi que lorsque le printemps pointa de nouveau le bout de son nez, je me sentis revivre lorsque je revins à toute vitesse voir Jacques et qu'il me prit chaleureusement dans ses bras, tel un père qui aurait pardonné à son fils un bien innocent écart de conduite.

Après avoir reconnu mes torts devant lui et accepté son autorité, je remis moi-même le couvert avec ce projet pour lequel j'offris évidemment de donner mon petit capital.

Toute la communauté me remercia pour mon geste, même s'il n'était pas à l'ordre du jour puisqu'il ne s'agissait pour l'instant que d'un projet.

Mais le plus grand remerciement que je reçus ne fut pas les sourires et les mots…

Quelques semaines plus tard, Jacques me convoqua chez lui, et une fois installés dans la grande pièce dédiée aux séances et au recueillement, il me regarda quelques instants, assis en lotus, et après avoir caressé sa barbe, il s'adressa à moi en ces termes :

« Écoute mon grand, on a beaucoup parlé avec les autres, et on voudrait te proposer quelque chose. »

Même si j'avais deviné de quoi il s'agissait, j'étais impatient d'entendre la suite…

« Comme tu es seul et que tu n'as plus ta mère, on voudrait te proposer de venir vivre avec nous. C'est un grand engagement de notre part. Ici, il y a nos enfants, et toute notre vie. Si l'on accepte que tu sois parmi nous, c'est parce qu'on reconnaît en toi un niveau de conscience et d'amour suffisamment abouti. On ne le proposerait pas à n'importe qui, il faut bien que tu t'en rendes compte. »

À ces mots, je ressentis une chaleur immense envahir mon cœur et mon corps tout entier vibrait de bonheur.

Quel honneur Jacques me faisait là, et quelle délivrance après tous ces tourments !

« Je suis très touché par ta proposition Jacques, j'accepte évidemment. »

Et mes larmes coulèrent naturellement, laissant s'échapper le poison de la flétrissure pour une rémission totale de cette maladie qui me comprimait le cœur et la poitrine depuis des mois.

De retour chez moi, le plus dur restait à faire : je devais informer mon entourage de ma décision de vivre en communauté avec Jacques et affronter les évidentes réactions qui m'attendaient.

Je dus expliquer à mon père que je me désistais de l'acquisition de l'appartement et que les perspectives de vie qu'il me proposait me faisaient souffrir. Il répondit simplement par un « Ah bon ? » dont le ton traduisit son étonnement et sa déception. Je ne pus évidemment pas lui expliquer ce qui motivait mon choix, toutes ces choses qu'il n'aurait probablement pas comprises. Au-delà de décliner sa proposition, je ressentis une vive culpabilité pour le rejeter ainsi : alors qu'il me tendait les bras, je me jetai dans ceux d'un autre père. S'il souffrit alors, ce fut sans doute du retour de flamme d'un feu dont il connaissait l'origine. Il respecta donc ma décision sans trop objecter.

Une fois cette lourde épreuve passée, il me sembla légitime d'appeler Marie-France Tami pour lui expliquer la situation.

Je lui dis simplement que je voyais en Jacques l'occasion de me libérer et de vivre une vie extraordinaire.

Ce à quoi elle répondit, sur son ton laconique habituel :

« Disons que vous allez vivre une expérience, c'est plus juste… »

CHAPITRE 6

L'évasion

J'ai fui ma solitude
Pour les bras d'une autre
Où l'hiver est moins rude
Et mes biens sont les vôtres

Mais l'amour a un prix
Devrais-je me sacrifier
Qui veut donner sa vie
Ou tout abandonner

Quand tu veux t'évader
Te défaire de tes fers
Retrouve ta liberté
Et retourne en enfer

Une prison ou une autre
Il faudrait s'échapper
Et croire que l'on est libre
Quand on est enchaîné

Je vis seul dans un monde
Où l'on boit le silence
Où l'on capte les ondes
D'une infinie souffrance

Partir, partir loin de tout et de tous. Tout quitter, tout abandonner et laisser derrière soi la société et sa farandole de tristes pitres, c'est assurément le bon choix. Mais un choix courageux s'il en est. Il faut renoncer à tout, à tout ce pour quoi on a travaillé à l'école, ce qu'on vous a inculqué, marcher à contre-courant de la pensée collective et rejeter ce schéma de vie que l'on veut vous imposer. « Emprunte, consomme, travaille, crève » : ces mots sont gravés sur un trottoir qui borde la Bourse de Paris, symbole du capitalisme. Il faut s'affranchir de ce système pourri, fuir ces idiots dangereux, couper son téléviseur et rendre muets leurs discours pervers et nauséabonds.

La vie dans le royaume de mon enfance m'avait montré que le bonheur et l'amour existaient, mais en dehors de ses murs, tout n'était que laideur et désolation. Méchanceté, cruauté, stupidité, malhonnêteté, je vomirais des pages entières de mots pour qualifier ces êtres répugnants qui m'avaient blessé depuis le premier jour d'école maternelle.

Désormais, il n'y avait aucune raison d'accepter tout cela et de continuer à vivre au contact de cette crasse humaine. Bien sûr, il y avait bien des êtres exceptionnels comme Chinh, mais où étaient-ils à présent ? Ils appartenaient sans doute à une ancienne vie, celle qui avait brutalement claqué la porte à mon visage encore ensanglanté.

La petite lanterne de Jacques brillait dans la nuit et faisait scintiller une petite flamme d'espoir… Sa maison, planquée dans la campagne, avait ouvert sa porte et m'invitait à me réchauffer au coin de son âtre spirituel.

Ainsi devait commencer ma nouvelle vie au cœur du monastère de celui que j'avais finalement accepté comme maître. Dire au revoir à tous ceux qui m'avaient connu dans cette vie ou tenter de leur expliquer un choix qui s'était construit au cours de vingt et un ans de vie était tout simplement hors de propos. Je n'avais ni envie de me justifier ni envie d'affronter leurs objections plus ou moins déguisées derrière une maladroite diplomatie. Le mot « secte » était dans le barillet de tous ces gens qui n'osaient appuyer sur la détente. Pourtant il clignotait de toutes ses forces dans leurs yeux.

Et si jamais il venait finalement à sortir de leur bouche, Jacques avait déjà préparé une réplique percutante :

« La secte, c'est la société. »

Cette puissante réfutation du maître ne trouve aucune parade. Est-ce parce qu'on est minoritaire qu'on est une secte ? Est-ce qu'on est dans le vrai parce qu'on est plus nombreux ? Se réfugier dans une immense majorité est forcément plus rassurant et demande moins de courage qu'appartenir à un petit groupe de rebelles. Suivre le troupeau sur l'autoroute ou bien emprunter le petit chemin sinueux qui mène à un trésor, l'enseignement de Chinh était et resterait une référence. Il fallait donc faire preuve de courage, s'extraire de ce monde détraqué et en attendant d'en construire un autre, trouver refuge auprès des seuls êtres humains qui partageaient ce rêve.

Dans le silence et une discrétion absolue, Jacques et Pierre m'aidèrent à déménager toutes mes affaires et vider le lugubre deux-pièces parisien que je laissai derrière moi comme on se débarrasserait d'un cadavre dans une poubelle.

Ce qui semblait une montagne à escalader fut une opération menée efficacement en l'espace de quelques heures grâce à nos six bras et un camion de location. Très rapidement, je me retrouvai donc dans ma nouvelle maison, accueilli par ses occupants : des frères et sœurs aux sourires lumineux et bienveillants. Ils m'avaient aménagé une petite chambre toute neuve à côté du garage, juste ce qu'il fallait de retrait pour ne pas les déranger avec ma musique et préserver notre intimité. Ce petit environnement avait été construit de façon rationnelle et avec goût car au-delà de la spiritualité, Jacques et Pierre savaient travailler de leurs mains et faire preuve de bon sens matériel lorsqu'il le fallait.

Les bras de cette fratrie m'enlacèrent généreusement et avec les bourgeonnements de ce début de printemps, mon cœur ressuscita. Depuis plus d'un an, mon existence n'était qu'une lutte pour ma survie. Après la mort d'Anna, j'avais dû me sortir des décombres d'un cataclysme puis j'avais agonisé dans les catacombes d'une solitude remplie de tourments.

Tel un voyageur épuisé, et à court de vivres, j'avais trouvé refuge dans le calme et la sérénité de cette petite maison perdue en pleine nature peuplée d'êtres aux cœurs purs. Car ici tout n'était que simplicité dans les rapports entre membres de la communauté. Les quelques échanges que je pouvais avoir avec les femmes, Marianne et Anne-Laure étaient aimables et sans équivoque. Celles-ci étaient exclusivement occupées à l'éducation de leurs enfants en bas âge et à l'intendance de la maison. Les enfants étaient gentils et discrets, je n'ai le souvenir d'aucune querelle ou une quelconque turbulence les concernant. Ici, on cultivait la paix et l'amour. Sous l'égide de Jacques, rien ne semblait pouvoir perturber le fonctionnement parfaitement rodé de sa gentille tribu.

Durant la journée, seul Pierre s'absentait pour travailler. Il avait obtenu une mutation à La Poste pour son déménagement et travaillait en tant que facteur. Jacques avait pris un congé paternité et pouvait ainsi rester à la maison et recevoir quelques patients en thérapie lorsqu'il n'était pas occupé à bricoler. Je participais comme je pouvais à la vie de la communauté : s'il y avait besoin de main-d'œuvre pour l'entretien du jardin ou d'autre chose, je me tenais à disposition. Toutefois, Jacques prenant en général tout en charge, je me trouvais plus désœuvré qu'autre chose et passais du temps dans mes bandes d'enregistrement, installé dans ma petite chambre.

Le soir après le dîner, le rituel voulait que l'on se retrouve dans la salle de recueillement pour discuter avec Jacques ou simplement passer un moment ensemble. Les femmes étant en général rivées à leur rôle de mère, Pierre était en revanche disponible et j'appréciais particulièrement sa compagnie. C'était un homme simple et gentil avec qui l'on pouvait parler de tout et même rire avec légèreté. Nous partagions un certain sens de l'humour et petit à petit, une complicité fraternelle s'installa entre nous. Jacques, qui nous regardait avec compassion était à la fois accessible et hors de portée, depuis sa position de chef. Car même s'il se laissait aller à rire parfois ou avait un geste affectueux, il restait toutefois en retrait, comme si son rôle ne l'autorisait pas à n'importe quelle proximité, tout comme je ne me serais pas permis de lui taper dans le dos comme on le ferait avec un vieux copain.

Il m'avait bien fait comprendre dans sa lettre qu'il était le maître des lieux et même s'il ne donnait aucun ordre, son autorité était perceptible et s'imposait d'elle-même. Il arrivait fréquemment qu'un des membres de la communauté ait un point à travailler, et il passait alors un moment seul avec lui.

Au sein de cette petite communauté, je retrouvais les parfums d'un ancien paradis où il faisait bon vivre. Ici, l'amour et la compréhension formaient un cocon moelleux, en marge du monde. Ces sensations de bien-être m'avaient tellement manqué, sans doute le réconfort du cœur qu'une famille vous apporte.

Au cours de nos réunions du soir, Jacques s'adressait en général à la communauté pour faire un petit discours et nous faire part de ses dernières réflexions. Durant cette période, toutes ses pensées et son énergie étaient tournées vers son grand projet de centre d'accueil. Au-delà des aspects fonctionnels de la thérapie ou de l'enseignement, il s'agissait d'un plus vaste concept. Jacques voulait que nous nous installions dans un grand domaine de plusieurs hectares dans le sud de la France. Ensuite, nous y construirions de multiples structures et chacun disposerait de son lieu de vie indépendant. Il y aurait également des espaces communs dédiés à la méditation et à l'enseignement où nous pourrions nous retrouver et accueillir des visiteurs extérieurs. Le tout se devrait d'être bien conçu, confortable et technologique, comme ces maisons à l'américaine. Je visualisais sans problème des architectures esthétiques et harmonieuses ornées des plus beaux matériaux : bois exotiques, armatures en fer forgé, statues entourées d'une végétation luxuriante, des palmiers et des ruisseaux, des arbres fruitiers vibrants au chant des cigales.

Dans ma petite maison au bord d'un étang, j'avais installé un immense studio d'enregistrement où défilaient les plus grands artistes pour enregistrer leurs derniers albums dans la joie et la félicité de ce lieu magique. Les sons des guitares planaient dans un ciel étoilé et nous contemplions la voûte céleste en admirant le balai des étoiles filantes.

Chaque soir, je m'endormais le cœur heureux, bercé de rêves de paradis, confiant en Jacques qui à lui seul semblait pouvoir nous y conduire.

Ainsi se succédaient les jours et les nuits dans une douceur de vivre dopée par l'adrénaline de nos projections dans un futur extraordinaire…

Hors du monde et de la société, j'eus la naïveté de croire que celle-ci m'avait définitivement oublié. J'avais tout de même communiqué le numéro de téléphone de la maison de Jacques à ce qui me restait de famille biologique, mais je ne reçus que très peu d'appels et le peu de conversations intrusives que ces personnes tentèrent d'engager furent éludées afin de les décourager définitivement. La seule beauté que j'avais pu trouver dans l'ancien monde était partie en cendres et les joies qu'elle avait pu m'offrir n'étaient plus que souvenirs nostalgiques. Depuis l'autre rive d'un fleuve de tourments, j'aspirais désormais à une vie tranquille. Je ne savais pas ce que Chinh devenait à ce moment précis, il n'appartenait à aucun des deux mondes. Une vraie amitié tolère le silence.

À part la sonnerie du téléphone, quel genre de signaux pourrais-je recevoir de mon ancienne vie ? Si je m'efforçais de l'oublier pour vivre heureux loin d'elle, celle-ci n'avait pas dit son dernier mot, comme une femme que l'on quitte et qui vous aime toujours. Elle chercherait à me rattraper par tous les moyens. Alors elle m'écrivit…

Un jour à midi, Pierre me remit en main propre un courrier portant un logo qui me fit ouvrir grand les yeux : celui d'Air France.

Il s'agissait d'une convocation aux sélections pour décrocher un poste de steward. J'avais longtemps attendu ce courrier qui arriva alors que j'avais cessé de le vouloir. À la lecture de son contenu, je ressentis un vif malaise : cette invitation me rappelait à une vie que j'avais rejetée pour un millier de raisons. Le travail, l'appartement à crédit, le pied meurtri par un piège à loups qui vous broie entre ses mâchoires et vous fait mourir d'une lente hémorragie.

Pierre saisit immédiatement mon désarroi :

« Qu'y a-t-il Daniel ? Quelque chose ne va pas ?
– Non, ne t'inquiète pas, ce n'est rien. »

Dans sa simplicité, il acquiesça sans insister et l'événement aurait pu passer inaperçu si je n'avais croisé le regard de celui dont on ne trompe pas la sensibilité. Jacques se tenait à quelques mètres de moi et son regard me fit sursauter comme si j'avais commis une faute. Il lut dans mes yeux comme je vis dans les siens qu'il savait exactement ce que je ressentais. Mais je percevais dans son regard triste et profond autre chose de beaucoup plus perturbant. Comme s'il avait lu le contenu de la lettre, il m'envoyait des messages par télépathie : « La société cherche à te rattraper, mais ne t'inquiète pas, je suis là. »

Il passa sa main sur mon épaule et me rassura :

« Ne t'inquiète pas mon gars, on va en parler tous ensemble. »

Je me retrouvai ainsi ce soir-là face à lui, assis en tailleur dans la petite pièce feutrée sous les combles, là où les esprits s'apaisaient et où la voix du maître ne subissait aucune réverbération. Les autres étaient là, silencieux, et observaient sagement la scène.

Il lut tout d'abord la lettre de convocation, puis m'interrogea du menton :

« Alors ?

– Eh bien je suis embêté avec ça.

– Pourquoi ?

– Parce que je sens que la société cherche à me retenir en me tendant un piège, parce que je n'ai pas fait tout cela pour en arriver là.

– Eh bien moi je ne vois pas où est le problème avec ce boulot. »

J'ouvris de nouveau grand les yeux puis les plissai pour tenter de comprendre sa réaction. Comme aucun mot ne me venait, il s'expliqua :

« Ce boulot de steward à Air France n'est pas incompatible avec nos projets. Tu peux très bien te servir de cette opportunité pour gagner de l'argent en attendant.

Regarde Pierre, il est bien obligé de travailler, et soyons réalistes, mon gars, ce n'est pas la musique qui va nous permettre de vivre pour l'instant. »

Je jetai un regard à Pierre qui approuva en hochant de la tête puis Jacques enchaîna :

« Tu fais comme tu veux, je ne t'oblige à rien et ce n'est pas moi qui t'ai envoyé cette lettre. Je te dis juste que ça ne me dérange pas que tu ailles à ces entretiens.

Et puis si ce travail ne te plaît pas, tu peux ne pas donner suite. Tu es libre, mon gars. En tout cas, moi je trouve que c'est une belle opportunité. »

Je regardai de nouveau Pierre qui acquiesça aux propos de Jacques en dessinant un visage qui me disait : « C'est raisonnable et logique. »

Bien que déstabilisants, les propos de Jacques avaient le mérite d'être rassurants. Au moins, je me sentais libre de donner suite à cette invitation et il me donnait la possibilité de vivre dans sa communauté tout en me réconciliant avec ceux qui me croyaient dans une secte, une façon élégante de leur prouver qu'ils avaient tort.

Et puis je pouvais très bien échouer à ces entretiens ou bien même ne pas y donner suite comme il le disait lui-même.

J'avais sans doute manqué de réalisme en imaginant trop rapidement une vie oisive sous les palmiers de cette oasis dont nous rêvions tous. Il faudrait seulement un plus de temps pour construire cette situation, c'est ce que Jacques continua à m'expliquer et je dus admettre que son discours tenait la route.

L'image du studio d'enregistrement au bord de l'étang venait de se voiler d'un seul coup, mais je finis par avaler la pilule, avec un goût bizarre dans la bouche. En effet, une certaine perplexité persistait en moi et un embryon de questionnement encore informe germait dans un coin de ma tête.

Sans grande conviction donc, j'entrepris un petit voyage dans l'autre monde dans lequel m'attendaient ceux qui m'avaient soutenu durant des mois dans mes démarches pour obtenir ce job de steward. Ainsi, je fus gentiment accueilli par ma tante qui exerçait ce métier et son mari qui travaillait chez Air France. De quinze ans plus jeune que mon père, Julie était une jeune femme charmante dont je m'étais toujours senti proche. Durant les étés de mon enfance, je passais en général la moitié des vacances d'été chez mes grands-parents paternels. Mon père ne me prenant pas avec lui en vacances, ces derniers palliaient cette défaillance et me traitaient avec beaucoup de gentillesse. Julie, qui n'avait que huit ans de plus que moi, vivait encore chez eux et c'est ainsi que nous eûmes l'occasion de nous côtoyer. Elle m'aimait beaucoup mais au-delà de ce lien affectif, quelque chose nous rapprocha encore davantage.

La famille du côté de mon père avait connu un drame. La fratrie de Julie comptait trois membres : mon père, l'aîné, Philippe de deux ans son cadet puis elle-même, la petite dernière que mes grands-parents eurent sur le tard. Philippe était musicien et considéré comme un marginal par ses parents. Il traînait avec d'autres musiciens et s'était petit à petit enfoncé dans un désordre psychique qui l'avait finalement conduit à se suicider à l'âge de vingt et un ans. Julie qui adorait son frère avait beaucoup souffert de sa mort et avait développé une sensibilité spirituelle qui nous rapprocha d'autant plus à la fin de mon adolescence lorsque je commençais à me pencher sur les voyages astraux. Julie s'intéressait à tous les sujets ésotériques et avait souvent cherché à communiquer avec Philippe après sa mort. Spiritisme, voyance, vie après la mort, voyage astral étaient autant de domaines qui la passionnaient. Lors de mes travaux sur le voyage extracorporel, nous eûmes donc l'occasion d'échanger très souvent et je lui fis lire plusieurs ouvrages sur le sujet.

Ma tante était donc un être à part, à la frontière des deux mondes : en rébellion avec son berceau parental et son archaïsme, elle avait comme moi une forte attirance pour l'au-delà. Afin de s'assumer et de quitter le foyer parental au plus vite sans avoir son baccalauréat, elle avait intégré une compagnie aérienne et avait finalement fait sa vie dans les avions où elle pouvait continuer à planer.

À ce moment très précis, je ne pouvais pas trouver meilleure hôtesse pour m'héberger quelques jours. Tout en m'aidant à rejoindre

Air France, elle comprenait ma situation et au lieu de porter un regard méprisant ou inquiet sur Jacques et sa communauté, elle respectait mes choix et mon bref passage chez elle fut l'occasion de discuter durant des soirées entières d'une foule de sujets liés à l'ésotérisme.

Je me sentis d'autant plus en confiance pour passer mes entretiens quand elle me confirma que les vacations en tant qu'hôtesse long-courrier lui offraient beaucoup de temps libre.

Malgré tout ce contexte favorable, je m'étonnai moi-même de la médiocrité de ma prestation lorsqu'il fallut passer des tests psychotechniques ou pratiques lors des sélections. Même les examens d'anglais qui n'auraient dû ne me poser aucun problème me semblèrent difficiles.

Cette expérience ressembla à un négatif de ma vie scolaire : j'eus l'impression de faire de mon mieux, mystérieusement handicapé par une flagrante incompétence. Si bien qu'à l'issue de ces entretiens, je repartis avec un sentiment d'échec noyé dans une indifférence totale à la limite de la satisfaction. Si j'obtenais un refus définitif de la part d'Air France, cela mettrait fin à bon nombre de discussions : mon ancienne vie n'aurait plus ce prétexte pour me retenir tandis que chez Jacques, on n'en parlerait plus.

Cette petite excursion dans l'ancien monde se déroula avec un sentiment de légèreté tout à fait nouveau. J'éprouvais un détachement total vis-à-vis de toutes les scènes que j'y voyais : les voyageurs dans le métro qui se rendaient à leur travail, puis une fois parvenus dans les locaux d'Air France, tous ces candidats en costume qui rêvaient de faire carrière dans l'aéronautique.

Comme un promeneur observerait l'activité d'une fourmilière agitée dans un coin de forêt, je me demandais comment on pouvait mener une existence aussi laborieuse et insignifiante. Heureusement, il ne s'agissait ici que d'un court reportage sur une civilisation archaïque d'un lointain pays que je ne reverrais sans doute jamais.

À mon retour dans mon petit paradis, c'est sur ce ton méprisant que je racontai mon voyage à ma petite communauté qui s'amusa autant que moi de mes péripéties à travers les petits théâtres clownesques de la société. Jacques esquissait parfois un léger sourire toujours compensé par un regard teinté d'une souffrance passée.

« Eh oui mon gars, on a tous connu ça, la société et tous ces humains qui subissent leur vie à la façon des animaux, debout mais endormis.

Heureusement, on a réussi à se réveiller et à s'en sortir, mais il nous reste encore du chemin à parcourir pour nous libérer totalement.

Demain, toi et moi Daniel, partons pour le sud de la France pour visiter des propriétés afin de construire notre centre. Pierre restera avec les femmes et les enfants. »

Je me sentis honoré à l'idée de me retrouver seul avec Jacques pour effectuer ces recherches. Il était légitime qu'en tant qu'investisseur principal je sois impliqué dans cette prospection mais cette invitation ne me rendit pas moins fier pour autant.

Une grande aventure commençait. Qu'allions-nous découvrir dans notre périple à travers les paysages verdoyants de ce printemps ensoleillé ? Plusieurs régions figuraient sur notre feuille de route qui allait de l'Ardèche jusqu'aux montagnes de l'Ariège, autant d'endroits inconnus qui nourrissaient abondamment mes fantasmes.

C'est ainsi qu'au petit matin, installé à la place du mort dans la vieille voiture de Jacques, je vis défiler la route et des paysages changeants dont je n'ai aucun souvenir tant mes pensées menaient un voyage parallèle, portées par sa voix qui me racontait notre avenir dans ce nouveau monde que nous construisions dans notre imagination.

Les paroles de mon guide peignaient sur mon âme des papillons de toutes les couleurs et remplissaient mon cœur d'une chaude béatitude. Vivre enfin le grand bonheur en grand écran, respirer l'air chaud du paradis, entouré d'anges heureux et bienveillants, il fallait donc passer par tout cela pour atteindre cet éden invisible. J'avais dû mourir et tout perdre pour renaître dans une nouvelle dimension.

Les paysages continuaient de défiler à travers les fenêtres de l'automobile tandis que je me remémorais notre première rencontre et que résonnaient ses premières paroles :

« J'ai été plongé dans une souffrance terrible mais c'est là que j'ai le plus avancé. J'ai même fait des pas de géant pour arriver à l'état de conscience qui est le mien aujourd'hui. »

Ses propos prenaient tout leur sens à présent. Quel chemin parcouru depuis le canapé de son petit salon… Je me souvenais de ce moment qui était présent dans ma mémoire comme s'il venait de se produire. S'il m'avait dit à l'époque ce qui m'attendait et décrit le chemin que j'allais parcourir, l'aurais-je suivi ?

« La seule façon de modifier la réalité est la remise en question. L'extérieur est lié à l'intérieur et il faut faire un travail sur l'intérieur pour que l'extérieur se modifie. Les résultats que tu obtiendras dans ta vie en suivant ce chemin seront spectaculaires… »

Il m'avait pourtant prédit que le travail que nous allions entreprendre allait changer ma vie, mais je n'imaginais pas un tel destin. Jacques n'était sûrement pas responsable du cataclysme qui avait ravagé ma vie dans l'ancien monde mais il m'avait sûrement mené vers le nouveau, et même si le drame m'avait couvert de plaies, je ne regrettais rien pour autant.

Car Jacques et moi roulions vers un avenir merveilleux, dans un autre univers…

Étais-je devenu fou ou simplement inconscient ?

Ce petit voyage dans la réalité allait bientôt m'apporter des éléments de réponse.

Les visites débutèrent dans les collines qui bordent les gorges de l'Ardèche. Jacques avait pris rendez-vous avec des agents immobiliers qui nous présentèrent les biens qu'ils avaient à la vente et qui correspondaient à notre budget. Et celui-ci s'approchant à peu de chose près à la somme d'argent dont je disposais (environ quatre cent mille francs), la sélection présentée par les agences fut assez décevante.

Ainsi, ce n'est pas des châteaux bordés de prairies qui nous attendaient ici mais des maisons souvent petites et dans un état de délabrement qui provoquait tantôt le rire, tantôt la consternation. Enjambant une poutre en bois sûrement tombée d'une toiture percée, Jacques me regardait d'un air dubitatif. Mis devant la réalité du marché immobilier, il avait orienté les recherches sur des biens qui demandaient de gros travaux. Et en effet, ils étaient de taille… Le gros œuvre n'était sûrement pas à la portée de bons bricoleurs mais plutôt du ressort des tractopelles et autres bulldozers.

Les tirades des agents qui tentaient de vendre au mieux leurs ruines n'y changeaient rien, le choc était bien là.

Après une dizaine de visites toutes plus affligeantes les unes que les autres, nous quittâmes l'Ardèche en nous disant que cette région sans doute trop touristique n'était pas dans nos moyens.

En poursuivant notre route vers le sud-ouest en direction de l'Ariège, nous fîmes escale à Rodez, dans l'Aveyron. Cette région très agricole était tapissée de riches espaces verts. Dépourvus d'atouts particuliers comme les gorges de l'Ardèche qui attiraient l'été les passionnés de canoë-kayak, on pouvait penser que les prix seraient cette fois plus abordables.

En réalité, cette très belle région ne présentait pas de véritable moins-value sur l'immobilier et les quelques fermes que l'on nous présenta étaient bien loin de nos rêves d'architecture et confort à l'américaine.

« Ici c'est pratique si vous avez des bêtes ! » s'exclama fièrement un fermier qui partait à la retraite.

Il nous montra ses granges, les étables, les auges à cochons et nous suivîmes poliment ces agriculteurs à travers leurs visites plus pédagogiques qu'autre chose. Ces situations cocasses ne manquèrent pas de nous amuser car Jacques, complètement désabusé, se relâchait entre deux visites et se laissait aller à rire de nos imitations de l'accent des agriculteurs.

Il ne nous restait plus que cela, la dérision.

De visite en visite, l'expédition des conquistadors à la recherche des cités d'or se transforma en une excursion où chaque étape pittoresque était attendue comme une nouvelle attraction désopilante. Le ton que prenait notre petit voyage n'était pas pour me déplaire : Jacques laissait son côté enfant s'exprimer et n'en était que plus humain. De mon côté, l'échec de cette prospection immobilière, qui aurait dû créer une déception, provoqua au contraire un soulagement dont je ne cherchai aucune explication dans l'instant.

Notre naïve odyssée s'acheva dans la splendeur des paysages de l'Ariège et ses barrières de montagnes majestueuses crénelées de neiges éternelles. La beauté et la pureté de ces grands espaces me laissèrent de grands souvenirs et si je me projetai un moment dans une vie en marge du monde, ce fut sûrement ici, dans ces plaines verdoyantes bordant la chaîne des Pyrénées. Je n'étais sans doute pas le seul à apprécier la région tant les prix se refusaient à chuter. Il y avait de quoi ici faire de jolies maisons d'hôtes pour accueillir en été des randonneurs ou amoureux de la nature, mais rien qui ne ressemblait de près ou de loin à ce que nos esprits naïfs avaient imaginé.

Notre voyage s'arrêta là. Jacques était résigné et avait compris qu'il lui faudrait ajuster ses ambitions et revoir sa copie.

Le retour se fit sans discussion cette fois et mon guide fit le trajet retour d'une traite à la limite de la vitesse autorisée, emmuré dans ses pensées et doublant méthodiquement les quelques véhicules qui se mettaient en travers de sa route.

Nous fûmes de retour dans la fraîcheur d'un petit matin normand pour nous reposer et méditer sur cette petite aventure.

Les jours qui suivirent notre retour furent assez silencieux et on n'entendit plus parler du centre de Jacques. La confrontation avec la réalité du marché immobilier l'avait rendu muet et les soirées auparavant animées par de grands projets avaient brutalement changé d'ambiance.

Pierre continuait son dur labeur. Il se levait tous les jours à cinq heures du matin pour distribuer le courrier et se couchait tôt le soir, assommé de fatigue. Les femmes continuaient à jouer leur rôle tandis que Jacques semblait tourner en rond dans la maison. L'enthousiasme fantasmagorique du départ était retombé comme un soufflé et un vide malsain et pesant commençait à se faire sentir.

Malgré cela, les membres de la communauté continuaient leur train-train sans se poser de question.

Un ensemble d'observations isolées qui m'avaient légèrement heurté sans m'inquiéter plus que cela commençait à prendre la forme de remarques dont la pertinence les rendait très gênantes. Un trop grand nombre de questions préoccupantes frappaient désormais à la porte de ma conscience et leurs coups se faisaient assourdissants. Les petites voix timides hier étouffées par le réconfort de ma famille d'accueil et l'engouement pour les projets démesurés de Jacques haussaient sérieusement le ton cette fois et ne me laisseraient plus en paix.

Ainsi, ce qui peut sembler évident de l'extérieur était pour moi invisible tant ma confiance en Jacques semblait inébranlable. Pourtant les graines du doute avaient fini par germer dans mon esprit temporairement endormi par de puissants somnifères spirituels.

Après tout ce que j'avais vécu depuis les premiers contacts avec Jacques, comment pouvais-je mettre sa parole en doute ?

Cet homme dont l'aura m'avait envoûté à la première seconde avait dit vrai. Ma vie avait été transformée et la mort subite et mystérieuse de ma mère ne pouvait être liée qu'à sa rencontre un mois auparavant. Le hasard n'existerait plus jamais. Le destin m'avait fait orphelin, et Jacques m'avait recueilli en me faisant membre de sa famille. Quel plus beau cadeau pouvait-il me faire ?

Il me revint alors en tête un concept qui alimentait fréquemment son discours : « le don de soi », des mots qui s'étaient imprimés dans mon esprit depuis que je les avais lus écrits de sa main.

Intuitivement, je ressentis comme une nécessité de faire quelques recherches d'ordre étymologiques.

En cherchant, je trouvai plusieurs définitions :

« Action de donner, de céder quelque chose que l'on possède et, en particulier, action de donner de l'argent à quelqu'un, à une institution, une œuvre ; chose ou somme ainsi donnée, cadeau. »

Ou encore, je vis :

« Renonciation à ses propres intérêts au profit de ceux des autres. »

Je ne comprenais que trop bien le sens de ces définitions qui me donnèrent des haut-le-cœur.

Le geste qu'avait fait Jacques en me recueillant au sein de sa famille était-il gratuit ?

Si mon argent n'avait pas été là pour servir ses projets, se serait-il comporté différemment à mon égard ?

La peur de me faire purement et simplement voler mon argent m'avait déjà fait fuir une première fois, puis j'avais accepté de le donner pour le bien des projets de la communauté.

Quel crédit pouvait-on accorder à ces projets quand on observait à quel point Jacques lui-même avait été naïf ?

Le doute est comme une tumeur non soignée qui se développe et se propage de façon exponentielle. Le phénomène prenant de l'ampleur, une foule d'autres questions me vinrent naturellement.

Pourquoi Jacques était-il le seul à ne pas travailler ?

La réponse à cette question n'était-elle pas en rapport avec le fait qu'il était favorable à ce que je travaille pour Air France ?

Pourquoi rejetait-il autant la société alors qu'il nous encourageait Pierre et moi à y travailler ?

Finalement, n'étions-nous tout simplement pas ses esclaves ?

Ces questions évidemment taboues qui ne pouvaient être verbalisées et faisaient enfler jour après jour une énorme angoisse m'infligeaient des douleurs insupportables au niveau du plexus solaire.

Je dus même parfois faire des étirements pour tenter de me dégager de sensations d'oppression à la limite de l'étouffement.

Des propos provenant de discussions avec Pierre me revenaient et tournaient en boucle dans ma tête. Lors de l'une de nos soirées, il m'avait raconté comment Jacques et lui étaient devenus les proies d'un swami par le passé. Une seule chose lui avait permis de se rendre compte de la supercherie du gourou : le « discernement ». Ses petits yeux bleus me regardaient fixement à travers les verres de ses lunettes tandis qu'il insistait : « le discernement, Daniel ».

Parmi les milliers de mots et d'images qui nous ont bombardés au cours de notre existence, certains sans que l'on ne sache pourquoi persisteront à jamais dans notre mémoire et reviendront au premier plan dans certaines situations, comme des grandes leçons que l'on n'oublie jamais.

Une chorale de questions chantait un hymne à l'angoisse avec la voix de Pierre et me donnait le tournis.

Conscient de la légitimité de ces questions, je m'en culpabilisais lorsque je croisais le regard profond de Jacques qui reflétait toujours la même sincérité, celle qui m'avait touché en plein cœur dès notre première rencontre.

L'abcès ne cessait de s'infecter et il fallait que quelque chose se produise tellement ma descente aux enfers devenait perceptible même si je contenais au mieux mon malaise.

Il aura donc fallu que j'allume moi-même une étincelle sur la mèche de l'énorme poudrière psychologique qui n'attendait que d'exploser tant la tension venait à se faire sentir.

Un matin, je demandai simplement à Marianne qui était végétarienne si pour une fois on ne pourrait pas manger de la viande avant qu'elle ne fasse les courses. Elle me répondit simplement :

« Moi je ne sais pas, il faut voir avec Jacques. »

Il n'en fallait pas davantage pour faire jaillir un agacement, artéfact maîtrisé de ma colère, pour provoquer le grand débordement :

« Même pour ça il faut demander l'aval de Jacques, je rêve là ! »

Elle ne me répondit qu'avec les yeux pour me renvoyer son incompréhension et sa crainte, car personne jusqu'à présent n'osait protester.

Le soir, nous eûmes enfin un sujet de poids à traiter dans la salle de recueillement car une telle incartade n'était pas passée inaperçue et était remontée aux oreilles du maître, comme je l'avais évidemment souhaité.

J'étais assis en tailleur en face de Jacques et tout le monde était réuni autour de nous pour observer un face-à-face qui pour l'instant tenait les autres membres en haleine, à la fois perplexes et inquiets. Personne ne s'en doutait alors, mais le gong d'un duel d'une violence sans précédent venait de sonner. Mes angoisses s'étaient transformées en colère et alimentaient un feu intérieur qu'un dragon allait cracher.

Jacques eut l'initiative :

« Alors Daniel, que se passe-t-il ?
– Il se passe que j'en ai marre que ma vie soit gouvernée par une autre personne que moi.
– Explique-toi au lieu de tourner autour du pot.
– C'est quand même incroyable de ne même pas pouvoir composer le menu du jour sans passer par ta validation, non ? »

Marianne à ce moment précis eut la maladresse d'intervenir :

« C'est comme ça ici, pour chaque chose que l'on décide, il faut demander à Jacques, c'est comme ça ! »

Tel un stupide roquet, elle venait mettre de l'eau à mon moulin. L'objet initial de la discussion était dérisoire et sa réaction la rendait grotesque. Jacques lui fit un stop de la main pour la faire taire car il sentait qu'il fallait reprendre le contrôle de la situation. La position de soumission flagrante de sa propre épouse ne faisait que mettre en évidence une situation malsaine que je voulais dévoiler au grand jour. En effleurant du doigt une pierre, on peut parfois faire trembler un château fort.

La pièce montait en température et les visages rougissaient tandis que Jacques tentait de calmer le jeu.

« On se calme. Ce n'est pas très important en effet, mais ce que Marianne veut te faire comprendre, c'est que toutes les décisions passent par moi ici. Mais tu n'es pas sans le savoir, n'est-ce pas ? »

Le ton était doux, maîtrisé et ferme. Cette fois, il fallait utiliser un bélier pour ébranler l'énorme muraille que maintenait Jacques.

« Je me pose un certain nombre de questions Jacques.

Devra-t-on éternellement s'en remettre à toi à chaque fois que l'on voudra entreprendre quoi que ce soit ? Personnellement, je ne sais pas si je suis prêt à l'accepter. »

Jacques voulut riposter mais je ne lui en laissai pas l'occasion en enchaînant avec une rafale de coups :

« Une question que je me pose également : lorsque l'on sera dans ce centre que tu veux construire, Pierre et moi serons-nous obligés de continuer à travailler ? Et toi, comment comptes-tu financer le projet ? Je pensais que ma contribution suffirait mais tu sembles vouloir me faire travailler en plus, dans la société… »

Ce dernier tir de catapulte fut suffisant pour provoquer ce que je recherchais. Et ainsi, Jacques sortit de ses gonds devant les regards affolés des spectateurs :

« Écoute-moi bien mon petit gars, ce n'est pas un gamin de vingt ans qui va commencer à faire la loi ici. Je t'ai déjà remis les pendules à l'heure une fois et visiblement cela ne t'a pas suffi. Alors si notre mode de fonctionnement ne te convient pas ici, tu es libre de retourner vivre ta vie dans la société !
– Calme-toi, je ne fais que poser des questions, répondis-je en essayant de garder mon sang-froid.

C'était la première fois que j'entendais Jacques crier, et ce fut la dernière.
Je lançai un regard insistant à Pierre pour observer sa réaction.
Il prit alors la parole :

« Il a raison Jacques, je ne comprends pas pourquoi tu t'emportes de la sorte. »

J'avais déjà gagné la partie. Mais je dus rester stoïque pour faire semblant de rien.

Jacques regarda autour de lui rapidement et attendit quelques secondes avant de sortir la dernière carte qu'il avait dans son jeu : celle de la victime.

« Puisque tout le monde semble s'être ligué contre moi, je n'ai plus rien à dire alors, bonne nuit ! »

Et il s'en alla, suivi de Marianne qui me fusilla du regard.
Pierre me fit part de son étonnement :

« Je ne sais pas ce qu'il a, il doit être fatigué. »

Il était inutile d'en rajouter. J'avais eu ce que je voulais : la réaction de Jacques me confortait dans mes craintes mais validait leur légitimité. D'autre part, l'abcès était crevé et Jacques était informé de mon désaccord. Le reste n'était plus que questions pratiques et il faudrait tenir bon le temps de trouver une solution pour me sortir de cette situation devenue intenable.

Je ne pus trouver le sommeil durant de la nuit qui suivit cette dernière scène. Je ne voulais plus obéir à Jacques ni à personne d'ailleurs, j'avais échangé ma solitude contre ma liberté. Je n'aurais su formuler la liste des arguments qui motivaient légitimement ma volonté de partir, mais j'étais convaincu que mon choix était juste et je préférais encore vivre dans la société comme il le disait plutôt que d'être son esclave.

Il fallait que je m'évade, mais comment ? Car si la mise en œuvre de mon départ peut sembler simple matériellement parlant, s'arracher des griffes du gourou relevait d'une tout autre difficulté.

Tout comme le hasard n'enfante pas les tragédies, il n'est pas le père de la providence…

Le lendemain à midi, Pierre me prit à part pour que personne ne nous voie cette fois et me remit en main propre une lettre avec un sourire complice. Elle portait le logo d'Air France. Ouverte à la hâte, mes yeux coururent sur ces mots :

« Monsieur,

Nous faisons suite à nos derniers entretiens et aux sélections auxquels vous avez eu l'amabilité de participer.

Nous avons le plaisir de vous annoncer que votre candidature a été retenue et vous proposons d'intégrer nos effectifs dès le début du mois de juin. Nous vous proposons un entretien dans les plus brefs délais et attendons une confirmation de votre part.

Les conditions financières de notre proposition ainsi que la date de votre prochain entretien figurent en annexe de ce courrier.

Nous vous prions, Monsieur, d'agréer l'expression de nos salutations distinguées. »

Pierre s'éloigna en m'adressant un sourire fraternel. Il avait dû lire les mêmes mots avec son troisième œil…

D'où qu'elle vienne, cette lettre était une main tendue juste au bon moment, et elle ne pouvait être qu'un signe. J'expliquai donc naturellement à Jacques que je ne pouvais refuser cette proposition et qu'il me fallait partir dans ma famille pour effectuer cette phase d'intégration chez Air France. Une fois sorti d'ici, il me serait plus facile de faire rapatrier toutes mes affaires. Mais mon plan n'échappa pas une seconde à mon interlocuteur pour lequel mes intentions étaient évidentes.

Il me parla alors avec gentillesse :

« Bon alors ça y est mon gars, tu nous quittes ? »

Comme il m'y invitait en douceur, je lui répondis franchement :

« Oui, il faut que je parte maintenant. Il est temps.
– Je comprends, et comme je te l'ai déjà dit, tu es libre. Je t'ai donné tout ce que je pouvais, je t'ai fait une place dans notre famille, je ne pouvais pas faire mieux. Je suis évidemment triste de ta réaction, mais c'est ainsi.
– Merci de ta compréhension. »

À ce moment précis, il s'agissait juste de diplomatie car même si ses mots étaient touchants, je ne pensais qu'à une chose : m'enfuir avec un minimum de pertes. Car toutes mes affaires et les meubles hérités de ma mère étaient entreposés dans sa maison et je comptais bien les récupérer.

Comme pour cimenter ma décision, sans le savoir, Jacques me posa une ultime question :

« On voulait te demander quelque chose. Comme tu pars, est-ce que tu ne voudrais pas faire un geste en compensation de ce que nous avons fait pour toi ?

Mon cœur se serra.

« Que veux-tu ? »
– Je ne sais pas, si tu nous donnais cinquante mille francs par exemple, je trouverais ça honnête. »

Parfois, les plus étonnantes répliques ne créent aucune surprise. Et comme si je m'y étais préparé, je répondis simplement :

« Non, car j'ai besoin de cet argent pour construire ma nouvelle vie. »

Jusqu'au dernier moment, Jacques aura donc cherché à me manipuler en utilisant la culpabilité.

Avoir su lui tenir tête fut une victoire de plus qui me rendit plus fort sans que je ne le sache. Et c'est avec un grand soulagement que je franchis les portes de cette autre prison, en croyant être libre…

CHAPITRE 7

Saute !

Entends-tu cette voix
Qui supplie et t'appelle
Quand doucement tu meurs
Et que tu n'es plus toi

C'est celle d'un cœur
Indomptable et rebelle
Qui se moque de tes peurs
Il chante la vie est belle

Au travers d'une fenêtre
Tu contemples tes rêves
Un avenir, des peut-être
Et un soleil se lève

Tu montes sur le rebord
Sans regret, sans remords
Si tu restes c'est la mort
Si tu sautes tu es fort

Ouvre tes ailes, envole-toi
Le regard vers le ciel
Entends-tu cette voix
Qui supplie et t'appelle

Je ne revis jamais plus le visage de Jacques ni n'entendis le son de sa voix dans la réalité. Je ne sais aujourd'hui s'il est mort ou vivant, si sur cette terre il continue à mener une quelconque existence. Il ne chercha pas à reprendre contact avec moi ni à prendre de mes nouvelles car nous connaissions tous les deux la règle qu'il avait imposée de manière ferme : je ne serai jamais son égal et notre relation était conditionnée à sa domination.

C'était le prix à payer pour bénéficier de sa protection. Mais j'avais fait mon choix : personne ne me dicterait ma conduite, personne ne me dirigerait plus jamais.

La formation du maître devait donc s'achever ainsi. Pour pouvoir me libérer, il m'avait fallu l'affronter dans un ultime combat. Le courage que l'on doit trouver en soi pour affronter ce genre de situation est l'essence même du guerrier. La victoire appartient à celui qui transcende ses peurs et découvre alors que son véritable ennemi n'était pas celui qu'il avait devant ses yeux.

Ainsi, on peut craindre toute sa vie un dragon pour découvrir un jour qu'il n'était qu'une illusion.

« Si tu ne changes pas de comportement pour de bon, tu t'en vas d'ici ! »

Ma mère serre la mâchoire et ses yeux de jade envoient des éclairs, me forçant à me soumettre une fois de plus. Mon cœur se resserre. Mais tout à coup, une lumière jaillit lorsque coulent de ma bouche ces mots simples :

« C'est d'accord, je pars. »

Les décennies écoulées depuis cette scène n'ont su altérer ces images qui demeurent intactes dans ma mémoire. Si durant mes jeunes années, ce genre de menaces avait su me mettre à genou, je venais de découvrir involontairement le seul moyen de me libérer et de vaincre ma peur : accepter.

Tout simplement… accepter…

À dix-sept ans, il m'avait fallu accepter totalement l'idée de partir de la maison sans rien dans les mains, ni argent ni diplôme, pour vivre l'aventure et affronter l'inconnu. Après toute une vie de peur du vide, je me vis plonger avec grâce dans l'abîme, enveloppé d'un drap de soulagement absolu. C'est à ce moment précis que le miracle apparut devant mes yeux : le visage de ma mère se décomposa et elle fondit en larmes sous mon regard étonné.

Je venais sans le savoir de poser la première pierre d'une forteresse intérieure que je ne découvrirais que beaucoup plus tard.

En voulant à tout prix conserver la protection de ma mère, terrorisé par ma potentielle nudité dans un extérieur inconnu, je laissais simplement la peur me dominer. En acceptant soudainement de partir et de me passer d'elle quoiqu'il m'en coûte, je venais de couper les liens que cette peur avait sur moi. J'avais lâché prise…

Et c'est alors que le miracle se produisit : l'autorité souveraine et absolue d'Anna s'effondra instantanément.

Lorsque l'on est prêt à sauter, c'est que l'on a accepté de tout perdre. Et celui qui a accepté de tout perdre devient alors dangereux.

Celui qui se rend capable de lâcher prise avec ses peurs à n'importe quel moment de sa vie est un guerrier invincible.

Ma victoire face à Jacques n'était que la reproduction du même phénomène, une force non maîtrisée et manipulée de manière inconsciente qui terrassa cet autre dragon.

Le maître brandissait une terrible menace : me retrouver dehors, dans la « société », et mener une existence vouée à la souffrance selon lui. Mais je fis le choix de courir ce risque plutôt que de me soumettre.

Au moment même où j'acceptai totalement, je coupai les liens avec cette peur sur laquelle reposait sa menace, et il fut alors terrassé. Et une fois vaincu, il cessa d'exister.

Le dragon n'était en fait qu'une illusion.

Lorsque la peur est vaincue, le vent souffle sur le nuage à la tête de monstre et il se désagrège.

Enfermée derrière les verrous de l'inconscient, une hydre furieuse cherche à s'exprimer car elle est frustrée de ne pouvoir exister dans le monde réel. Sa tête principale s'appelle Peur, et parmi ses sœurs, on trouve Angoisse et Anxiété. Pour pouvoir agir, l'hydre a trouvé une idée diabolique : elle va s'incarner dans la réalité pour prendre une forme concrète. Une menace, un humain, une situation anxiogène, un monstre, tout est bon à prendre… L'illusion fait effet durant une minute, des mois, des années et l'hydre règne par la peur qu'elle inflige à son hôte.

Mais un beau jour, celui-ci, soudainement galvanisé par une force mystérieuse tranche la tête de l'hydre. Décapitée, elle s'évanouit et l'image qu'elle avait créée dans la réalité se désintègre instantanément.

Ses têtes repousseront, mais le guerrier n'est plus dupe du tour d'illusionniste et plutôt que de perdre son énergie avec un hologramme, il tranchera les têtes de l'hydre aussi souvent que nécessaire. Et un jour, celle-ci se taira à jamais, impuissante et dominée par son maître.

Mais en attendant ce jour, l'hydre est maligne et porte plus d'un masque…

Ainsi, j'avais goûté par deux fois déjà à une énergie mystérieuse qui a raison de n'importe quel monstre. Toutefois, je n'avais alors aucune conscience de ce qui est expliqué plus haut, même si j'avais bien perçu ces émotions et étais assez fier d'avoir surmonté ces difficultés. Pour autant, je n'avais aucune maîtrise ni compréhension du phénomène. Il allait falloir encore de nombreuses épreuves pour maîtriser cette force et dompter l'hydre.

Je découvrais peu à peu ma véritable nature alors que je m'arrachais douloureusement à cette chrysalide qui constituait la dernière couche de protection face au monde extérieur.

Anna n'était plus de ce monde, j'avais quitté Jacques pour vivre ma vie, sans béquilles, ni dieu ni maître. Ainsi, je repris la route et laissai derrière moi son temple en durcissant mon cœur pour en faire une pierre.

Même si j'entendais sa voix résonner à l'intérieur de moi et que je visualisais son visage qui arborait un sourire moqueur, toutes ses tentatives télépathiques restaient vaines, je ne ferais jamais demi-tour.

Je fus recueilli par René, le frère aîné de ma mère chez qui j'avais déjà échoué la nuit du grand drame. Mon oncle ne me posa aucune question. Il disposait d'un grand appartement en région parisienne et m'offrit une chambre ainsi qu'un double des clés de son appartement. Je savais ce qu'il pensait et l'inverse était vrai. Il nous sembla donc inutile de débattre de ce qui s'était passé. Tout était rentré dans l'ordre, et même s'il savait que je séjournais chez lui le temps que je m'organise avec ma nouvelle situation, je n'avais pas pour autant de durée de séjour limitée, j'étais le bienvenu et pouvais rester autant de temps que je le souhaitais.

Je redoutais tout de même le moment où je devrais récupérer toutes mes affaires chez Jacques. Ainsi, je fis appel à Chinh pour être soutenu par mon éternel compagnon d'armes au cas où. L'opération commando était réglée comme du papier à musique : une seconde avant l'alarme du réveil, Chinh se leva d'un bond et me regarda sans un mot. À l'aube, il prit le volant du camion de location et nous nous rendîmes en silence chez Jacques pour accomplir froidement cette opération délicate. Ce dernier était prévenu. Nous nous attendions à le voir et étions préparés psychologiquement à un affrontement physique s'il le fallait.

À notre grand soulagement, les choses ne se passèrent pas ainsi. Le maître de lieux était absent. Pierre avait soigneusement préparé et emballé toutes mes affaires personnelles et nous n'eûmes qu'à charger notre camion pour repartir. Par la fenêtre, je vis le visage immobile de Pierre s'éloigner. Ses petits yeux bleus me fixaient à travers les carreaux de ses lunettes et je perçus dans le rayon de son regard un message que je ne sus décrypter clairement. Malgré son flegme de toujours, je sentis une grande inquiétude, comme s'il lisait dans un avenir douloureux.

Je dus me raisonner pour ne pas céder à la culpabilité qui pressait mon cœur pour en faire sortir un chagrin sincère lorsque je pensais à ce frère dont je comprenais maintenant la position au sein de la communauté. Mais c'était « son choix » comme le dit Chinh, sa vie lui appartenait et on n'y pouvait rien. De vingt ans mon aîné et de dix ans celui de Jacques, il devrait faire preuve de « discernement » comme il le disait lui-même et vivre son expérience comme l'aurait dit Marie-France Tami. Voilà qui mettait fin au débat : la compassion devait laisser place à une prise de responsabilité.

Une fois rapatrié dans le berceau familial, la nouvelle vie qui m'attendait dans l'aéronautique mit un voile par-dessus le visage de Jacques pour le faire taire. Ce petit monde que j'avais méprisé quelques mois auparavant devint le poumon d'un nouveau souffle rafraîchissant. Le stage d'intégration à Air France me mit en contact avec de jeunes personnes sympathiques et notre besoin de voyager et de changer d'air fut un point de ralliement. Les stages d'entraînement pour sauter joyeusement dans les toboggans des issues de secours et les mises en scène du service à bord étaient enrobés d'une légèreté que j'avais bien méritée. Les amitiés agréables et éphémères des collègues que je ne reverrais sans doute jamais après notre mise en service me convenaient tout à fait. Nous fûmes ensuite affectés aléatoirement à un secteur géographique, ce qui nous séparerait de fait. Certains eurent la chance de tomber sur l'Asie-Pacifique, d'autres sur l'Afrique ou les Caraïbes. Pour moi, ce fut l'Amérique.

Une fois passé chez le tailleur de luxe de la compagnie qui me fit don de costumes sur mesure et de chemises blanches, j'étais prêt à embarquer pour ces vols transatlantiques au-dessus de mers de glace qui promettaient l'aventure et le rêve.

Toute ma famille paternelle était fière de moi et mon grand-père prononça ses vœux : « Je te souhaite une grande carrière dans l'aéronautique, comme Saint-Exupéry ! » Même si je pris ses encouragements enthousiastes avec un certain recul, la joie portée par le timbre de sa voix me fit chaud au cœur.

Tout le monde semblait heureux et soulagé de me voir ainsi promu dans une situation sociale honorable qui me mettait de façon certaine à l'abri du besoin.

Pour quelqu'un qui n'avait que le baccalauréat en poche, le salaire octroyé par la compagnie aérienne était plus que généreux : en cumulant le salaire fixe et les primes de déplacement, je gagnais environ dix-sept mille francs par mois, ce qui à l'époque était plus du triple du salaire minimum français ! À cela, il fallait ajouter de nombreux jours de repos (quarante-huit heures au minimum entre chaque vol) et les séjours en escale dans des hôtels luxueux. Que demander de plus ? Il aurait fallu être fou pour ne pas se satisfaire d'une telle situation. C'est ce que les montagnes de raison clamaient à mon esprit lorsqu'il regardait le monde à travers des hublots.

Malgré les sourires commerciaux du personnel qui naviguait dans les cabines feutrées, je ne parvenais pas à m'intégrer aux équipages qui étaient constitués à l'occasion de chaque vol. J'avais cette étrange impression d'observer chaque situation comme si j'étais extérieur à la scène. Et au lieu de m'impliquer dans les activités à bord de l'avion, j'étais le plus souvent spectateur du travail des autres. Bien sûr, je faisais de mon mieux pour jouer mon rôle et effectuer les tâches qui m'étaient confiées mais cette distanciation incontrôlée me rendait parfaitement inefficace. J'étais par moment paralysé en observant mes collègues s'agiter dans tous les sens. Leurs gestes rapides et automatiques rendaient les miens maladroits et inutiles et mes gesticulations pour montrer ma bonne volonté semblaient les gêner plus qu'autre chose. Lorsque les moins patients d'entre eux finissaient par me lancer des réflexions bien méritées, c'était comme si l'on me giflait pour me réveiller d'une fausse narcolepsie.

Les hôtesses matures et professionnelles, souvent mères de famille, me prenaient sous leur aile et se montraient gentilles avec un jeune homme qui aurait pu être leur fils. Elles compensaient mon incompétence d'une façon très naturelle comme une maman prépare à manger pour son bébé avant de le débarbouiller puis desservir rapidement la table. D'autres ne faisaient pas attention à moi, prises dans le feu de l'action, sans même remarquer que je tentais de me rendre utile.

La situation commença à dégénérer lorsque je me fis reprendre par de jeunes hôtesses qui devenaient agressives et me traitaient comme si j'étais intellectuellement diminué. Qui étaient-elles pour se permettre de me faire passer pour un idiot ? Lorsque je surprenais leurs conversations futiles dans les galets, je les méprisais à mon tour et me demandais bien comment je pouvais me retrouver dans cette posture humiliante. Moi qui avais été élevé par une femme de tête, fréquenté une élite intellectuelle au lycée, moi qui avais consacré une partie de mon existence à la recherche spirituelle, je recevais à présent la condescendance de ces gens pour lesquels je n'avais moi-même aucune considération. Ces scènes aussi absurdes que blessantes malmenaient mon ego. Pourtant, j'étais bien obligé de reconnaître mon impuissance devant ces situations qui ne réclamaient pourtant pas beaucoup d'intellect. Étais-je atteint d'une maladie dégénérative du cerveau ? Que m'arrivait-il donc ?

Le pire arriva lorsqu'un cadre d'Air France se joint à un des équipages pour effectuer un contrôle. D'anciens stewards ou hôtesses qui avaient fait carrière dans la compagnie montaient parfois à bord pour noter le personnel et chaque individu en particulier.

À la fin du vol, la vieille hôtesse contrôleuse me prit à part et s'adressa à moi sur un ton doux et compatissant :

« Permettez-moi de vous poser une question jeune homme : est-ce que vous prenez des médicaments ? »

Malgré des années de construction avec une mère qui vous donne confiance en vous, ce genre d'expérience peut s'avérer dévastatrice. Même si je tentai de prendre du recul et de traiter le sujet avec humour, je commençais à réaliser que je n'étais pas à ma place.

Au fur et à mesure que les vols s'enchaînaient, un violent malaise gagnait du terrain et s'emparait de moi. Bientôt, je n'osai plus regarder la terre par les hublots car l'altitude qui m'éloignait de ma vie me donnait le vertige. Le travail à bord des avions qui promettait une résurrection devint alors un cauchemar.

Les clients exigeants new-yorkais qui m'interpellaient pour que je leur apporte un Coca-cola ou pour me redemander du pain m'insupportaient. De retour de Téhéran, une femme qui m'ordonnait pour la troisième fois de remplir son verre d'eau se vit trempée lorsque je vidai la bouteille entière sur son plateau-repas pour me défouler. Je souris en la voyant faire un bruyant scandale dans la cabine.

Ils pouvaient bien me pointer du doigt ou faire un rapport sur mon comportement hors jeu. Cette fois je leur donnais de vraies raisons de m'exclure. Le rejet venait consciemment de moi dès lors et je finissais par me rendre désagréable vis-à-vis de ces équipages alors que je me sentais exclu, c'est-à-dire quasi systématiquement.

Un des derniers vols que je fis était à destination du Brésil à São Paulo. Lorsqu'un steward franchit pour la première fois l'équateur, la tradition veut qu'il subisse un bizutage. Ainsi, tout l'équipage insista pour me faire faire le service habillé d'un sac poubelle. Comme si je ne me sentais pas assez ridicule comme cela, incompétent et malheureux. Même s'ils manquaient de finesse, ces collègues gentiment goguenards ne méritaient certainement pas cette réaction épidermique qui fut la mienne. Lorsqu'ils virent la haine dans mon regard alors que je refusais fermement leur jeu idiot, ils n'insistèrent pas.

Une fois débarqués et installés dans notre hôtel, l'équipage, aucunement rancunier et exclusivement constitué d'hommes, m'invita à un pot arrosé de caïpirinha pour laver l'incident. Bien que prévenu des effets violents de ce breuvage local, j'allai m'écrouler dans ma chambre d'hôtel une heure plus tard ivre mort.

Le lendemain, vers midi, on vint me chercher pour me proposer une promenade en ville. Je m'étonnai du comportement exagérément efféminé des membres qui constituaient cette joyeuse troupe. Je m'adressai alors au chef de cabine principal, un homme moustachu d'une cinquantaine d'années qui portait une alliance :

« Mais je croyais que tu étais marié ?

– Je suis à voile et à vapeur », rétorqua-t-il.

Et pour finir, il m'asséna cette phrase qui mit définitivement fin à nos rapports :

« Mon cher Daniel, tu es tombé dans une ruche, et c'est moi la reine ! »

Je finis le séjour à São Paulo enfermé dans ma chambre d'hôtel en attendant sagement le vol retour.

Cette fois, les membres de l'équipage ne me firent aucune remarque sur la qualité de mon travail, et bien que différents, je ne pouvais que les trouver finalement sympathiques. Mais même dans ce cas de figure, le décalage était tel que c'est avec un énorme soulagement que mes pieds foulèrent le tarmac de Roissy avec le sentiment d'être revenu indemne d'un voyage interplanétaire.

Ainsi se succédèrent durant deux mois et demi une série de vols qui pour la plupart furent des allers-retours en Amérique du Nord : New York, Miami, Chicago. Mon sommeil était constamment chamboulé par les fuseaux horaires et à peine réconcilié avec le soleil français, il fallait déjà repasser mes chemises blanches pour redécoller et m'arracher aux seuls éléments réconfortants qui me rappelaient que je n'étais pas un pantin idiot en costume que l'on force à sourire. Mes guitares me regardaient d'un air triste et pour les consoler, je les caressais gentiment avec un chiffon dépoussiérant.

Lorsque j'étais réveillé et que mon oncle l'était aussi, nous échangions quelques mots sans que je ne prenne le temps de lui faire part de cette nouvelle détresse psychologique qui me gagnait peu à peu.

Comment aurais-je pu lui expliquer ce qui aux yeux de ma famille ne pouvait que passer pour un caprice, celui d'un gamin de vingt et un ans qui n'a jamais eu à travailler.

« Alors, comment va notre aviateur ?
– Parfaitement, quoiqu'un peu déphasé.
– Quelle chance de faire tous ces voyages en Amérique ! »

Ce genre de conversation ne m'engageait guère à me confier et je ne me voyais pas rétorquer :

« Eh bien non je n'ai pas eu l'occasion de visiter l'Amérique. Par contre, je sers des plateaux-repas à des clients antipathiques en faisant semblant d'aimer cela. »

Les furtives entrevues avec mon oncle ou les conversations téléphoniques éludées avec ma famille paternelle qui voulait s'assurer que le traitement qu'ils m'avaient prescrit m'allait bien ne me laissèrent pas l'occasion de leur expliquer ce je ressentais.

A-t-on le droit de se plaindre lorsque l'on gagne très bien sa vie en voyageant dans les avions et en séjournant dans des hôtels luxueux alors que l'on n'a aucun diplôme ?

Que penser dans cette situation confortable quand on croise un balayeur de rues qui survit et fait manger sa famille avec un salaire misérable ?

Après que ma famille m'a aidé à entrer dans la plus grande compagnie aérienne française en faisant jouer ses relations, pouvais-je lui dire qu'il s'agissait d'un cadeau empoisonné ?

Comment leur expliquer que lorsque je suis coupé de mes rêves, je n'ai plus de raison de vivre ?

Lorsque l'on veut suivre ses envies et vivre ses rêves, il faut bien souvent aller à contresens d'une majorité d'esprits rationnels qui font barrage avec leurs raisonnements raisonnables : les montagnes de raison. Dissuasives et puissantes, elles imposent la peur et la paralysie.

C'est alors que le guerrier frappe de toutes ses forces et enfonce son poing dans la roche, son esprit et la rage de vivre sont plus forts que la pierre qui éclate, foudroyée par une énergie qui vient de l'intérieur.

Pour avoir été formé par Chinh, pour avoir rencontré la mort, pour avoir vaincu le dragon spirituel, m'imposer une nouvelle fois face à ce petit barrage familial et social ne relevait pas d'une si grande difficulté.

Cependant, un autre élément de taille allait me rendre la tâche plus compliquée cette fois.

Jacques m'avait bien prévenu avant de partir que je ne trouverais aucun épanouissement à l'intérieur de la société et que ce job à Air France n'était qu'un chant de sirènes pour faire de moi son prisonnier.

J'avais eu beau tout faire pour me convaincre qu'il avait tort et que ses malheureux présages n'étaient que les manipulations d'un pervers narcissique, j'étais hélas obligé de reconnaître que j'étais en bien mauvaise posture.

J'avais bien connu ces mouvements d'aller-retour entre le gourou et la société pour finalement échouer dans ses bras. Pour avoir vu son vrai visage et m'être arraché de ses griffes à l'issue d'un ultime combat, il était inenvisageable de lui donner raison et de revenir vers lui.

Mes haut-le-cœur dans les avions et mon irrépressible envie de sauter par les issues de secours s'opposaient donc aux imposantes montagnes de raison et l'horrible perspective de donner raison à Jacques.

Combien de temps pourrais-je donc supporter cette torture psychologique ?

Le vol suivant inscrit au planning était à destination de Caracas. Un peu de soleil du Venezuela ne pouvait pas me faire de mal, et pour une fois, l'exotisme compenserait sans doute la médiocrité des cabines mal fréquentées.

Mais le jour du départ, bien que volontaire et préparé pour ce nouveau voyage, quelque chose me rattrapa…

Au volant de ma voiture, en route pour l'aéroport, en dépit de la séduisante destination qui m'attend, le malaise est bien là et la pression sur ma poitrine est insupportable. Mes mains tiennent le volant et conduisent à ma place tandis que mon esprit voyage à travers un champ de météorites, pensées éphémères fusant en tous sens. Des millions de raisonnements s'entrechoquent entre les vagues d'une mer de contradictions alors que mon corps se laisse emporter par le courant qui mène au terminal de mes envies.

Que s'est-il passé lorsque mes mains ont brusquement tourné le volant de ma voiture pour prendre la première sortie de l'autoroute ?

Dans un mouvement irraisonné, je fis demi-tour, emporté par la folie alors que la pression cardiaque laissait place à une sensation de liberté chaude et légère.

Une force mystérieuse venait de tout simplifier, balayant ce fatras de raisonnements toxiques et paralysants. Un être noble et simple avait imposé sa voix d'une manière autoritaire :

« Ne laisse pas passer ta chance, fais ce dont tu rêves et cesse de rêver à ce que tu devrais faire. Ouvre tes ailes sans attendre et vole vers ton bonheur. »

Envers et contre tous, au-delà des barrières mentales et toute forme de raisonnement, seul le cœur dicte la bonne voie. Il suffit simplement de le laisser parler et de l'écouter.

Ma voiture s'envola alors vers ma liberté et me déposa chez mon oncle d'où j'appelai le service planning d'Air France :

« C'est pour vous dire que j'ai eu un gros problème aujourd'hui et que je suis encore chez moi, donc je ne pourrai pas prendre le vol pour Caracas. »

Il était inutile d'expliquer à l'opératrice les vraies raisons de ma défection. Mais je ne m'en tirerais pas à si bon compte et il sembla que si j'avais fait un choix, je devais l'assumer pour de bon devant celle qui chercha à me retenir du bord de la falaise :

« Ce n'est pas grave, on n'a personne ici en réserve pour vous remplacer donc on vous attend pour décoller. Faites vite ! »

Bien décidé à sauter, il fallut confirmer ma décision et refouler celle que j'aurais pu considérer comme la dernière main qui m'était tendue pour éviter un suicide. Il me fallut donc assumer mon choix avec courage et non pas me laisser tomber mais me jeter dans le vide avec force et conviction :

« Vous ne comprenez pas, je ne reviendrai jamais : je démissionne. »

Mon interlocutrice, sonnée par cette violente gifle, mit fin à la conversation en balbutiant et l'avion partit sans moi.

Pour tourner définitivement la page, je me rendis dans les locaux d'Air France le jour même pour signer ma démission et la remettre en main propre. Il fallait être sûr qu'ils ne me rappellent jamais, qu'ils me laissent vivre, que je n'entende plus jamais leurs remontrances.

J'avais assez entendu leur insupportable rengaine :

« Vous savez, dehors, il y a une liste d'attente de gens qui voudraient votre place !

– Qu'ils la prennent cette place, et surtout, qu'ils me laissent à la mienne, à jamais. »

Mettre fin à cette pantalonnade, quitter ce monde qui n'était pas le mien eut un prix. Le fameux adage : « *On sait ce qu'on laisse, on ne sait pas ce que l'on trouve* » raisonnait dans ma tête, amplifié par la cloche assourdissante de ces gens sensés et bien-pensants : ceux qui savent ce qu'il est raisonnable de faire.

Qui se cache donc derrière ces conseillers ? Et quel est ce message que je perçois au-delà de leurs recommandations ?

« Si tu quittes ce chemin sûr et bien balisé ou que tu t'en écartes, tu cours un grand danger. Rendors-toi et oublie tous ces rêves irréalistes qui ne feront que te mener à ta perte. Veux-tu finir sous un pont ? Dehors il fait froid, reste bien au chaud et en sécurité.

– C'est donc encore toi, créature démoniaque qui se joue de moi !

Tu n'as donc rien trouvé de mieux que cette bonne vieille menace pour faire de moi ton esclave.

Très bien alors, j'accepte le risque d'un destin incertain, car je le préfère à celui que tu cherches à m'imposer. »

Alors le guerrier que j'étais trancha la nouvelle tête de l'hydre, et lâchant sa proie, elle me laissa sauter dans l'abîme.

Le saut de la falaise est le propre du guerrier. Plus qu'un rite sacré, il constitue un passage incontournable pour quiconque veut transcender sa condition et aller plus loin à la poursuite de ses rêves. Pour y arriver, il doit lâcher prise avec les peurs qui le retiennent en acceptant la chute et toutes les conséquences qui en résultent. Il s'agit ici d'un sacrifice car il faut abandonner une situation parfois confortable pour se jeter dans l'inconnu, sans aucune garantie de réussite. On peut tout aussi bien se satisfaire de sa situation en acceptant les contreparties néfastes qui vont avec la sécurité qu'elle propose, et c'est probablement ce que font la plupart des gens. Je ne les juge pas, mais il se trouve simplement que je ne peux pas vivre ainsi. Si je sens filer ma vie comme du sable fin coulerait entre mes doigts, si je vois mon destin m'échapper, la souffrance devient alors plus forte que toutes les bonnes raisons qui voudraient me retenir. Rester ou sauter, comment prendre la bonne décision ?

La réponse est la suivante :

« Je sais que j'ai fait le bon choix lorsque je préfère le pire des scénarios qu'il peut entraîner plutôt que de ne pas le faire. »

Rendu à ce point précis, c'est le bon moment pour sauter.

Si le saut de la falaise constitue un acte de courage indéniable et qu'il mériterait à lui seul tous les honneurs, il n'est malheureusement qu'une étape incontournable. Ensuite vient le mot « assumer ». En effet, une phase difficile succède au saut de la falaise, celle que j'appelle « le creux de la vague ». Elle semble malheureusement incontournable.

À vingt et un ans, ma tendance naturelle à sauter avec courage dans le vide ne me dispenserait pas de cet enseignement qui allait m'être administré par la vie avec dureté.

Une succession d'épreuves m'attendait dans le creux de la vague, et la première fut douloureuse même si elle n'était en fait qu'une légère secousse.

Il me fallut en effet annoncer à ma famille paternelle, celle qui m'avait aidé en toute bonne foi en me tendant la main à sa façon. Selon leur point de vue et leurs principes, ils avaient fait de leur mieux en me propulsant dans cette situation professionnelle, ce qui était sans doute pour eux une forme de sauvetage eu égard à ma situation.

Il me fallait à présent leur faire part de mon choix, mais comment leur expliquer que je ne peux vivre ainsi, que plus forts sont mes rêves que la raison ?

Ils n'étaient pas à ma place lorsque je me trouvais face à Chinh, à Jacques, aux côtés de ces guerriers qui m'enseignèrent qu'il n'y a pas une seconde à perdre pour se réaliser.

Ils n'étaient pas dans ma peau lorsque je vis ma mère partir aux urgences pour un voyage sans retour, comprenant en une fraction de seconde que tout finirait un jour et que ce jour pouvait être demain.

Ils ne comprendraient peut-être pas, mais s'ils m'aimaient, ils devaient respecter mes choix et ma vie.

L'hydre ne reconnut pas sa défaite sans pousser un râle meurtrier et je dus entendre ces mots qui me blessèrent et déclenchèrent une colère sans précédent.

« Tu viens de faire une énorme erreur », me dit ma tante Julie.

« Tu finiras RMiste ! » lança mon grand-père.

Je ne me souviens plus des propos de mon père, mais simplement de son désarroi, car une fois de plus, je l'avais déçu. Il n'avait jamais approuvé mes choix et surtout pas celui de devenir musicien, un statut marginal voué à la précarité.

Si son frère, musicien et marginal, s'était suicidé, en étais-je responsable ?

Quant à mon grand-père qui avait connu la guerre et pour qui le travail et la survie étaient des valeurs fondamentales, il ne pouvait abonder dans mon sens.

Avec vingt ans de plus, j'aurais pu à mon tour comprendre leur réaction et faire preuve de tolérance à leur égard.

Mais blessé, rejeté et incompris, ma réaction fut violente et je leur fis part de mon désir de me passer de leurs services et de leurs conseils matérialistes, et ce pour l'éternité. Après avoir rompu avec Jacques, je fis de même avec eux.

Ma mère était morte et il me faudrait donc ne compter que sur moi-même à présent, puisque personne à part moi ne comprenait mes choix. Il y eut bien sûr Chinh et quelques amis pour philosopher, mais aucun soutien matériel pour assumer mes choix ni mettre en œuvre mes projets.

La vie ressemble à un livre dont chaque chapitre contient une leçon. Cette dernière, sans doute une des plus difficiles à intégrer me fut enseignée à coups de bâton :

« La route du guerrier est un chemin solitaire sur lequel il n'y a nul conseiller, nulle épaule sur laquelle se reposer, nul toit sous lequel s'abriter. »

C'est dans la souffrance que je devrais comprendre ce qui s'imposerait à moi comme une vérité et acquérir la force qui me permettrait de marcher seul vers le destin que j'avais choisi. Alors j'emprunterais ce sentier solitaire, à la poursuite de mon destin merveilleux, avec la seule chose qui me restait : la foi portée par la conviction que le seul chemin à prendre est celui de mes rêves.

CHAPITRE 8

Sans te retourner

Un vent preux a soufflé
Sur le nuage dragon
Ton cœur a transcendé
Les montagnes de raison

Il voudrait te retenir
À jamais fais-le taire
Elles voudront t'asservir
Ne les laisse jamais faire

Les voix empoisonnées
Des brûleurs de rêves
Ils voudront te briser
Envoie-les en enfer

L'obscurité jalouse
La lumière du guerrier
Quand son esprit épouse
Les courbes de la beauté

Des champs d'aversion
Où pousse la cruauté
Où les faibles sont légion
Marche sans te retourner

Les rêves n'appartiennent qu'à ceux qui y croient et la seule voie pour les atteindre est celle que le cœur nous indique. Le seul chemin est celui qui nous rend heureux alors que l'on foule les sentiers qui nous mènent vers un trésor, une ultime quête sans laquelle l'existence perd tout intérêt.

Ces phrases résonnent comme le *sol* majeur d'une guitare parfaitement accordée. La musique et ses harmonies sont si belles et pourtant…

Il y a toujours un parasite pour toucher une corde sensible et empêcher l'instrument de sonner juste, toujours des voix pour fredonner ce minable petit refrain et nous faire peur. Mais j'avais fini par hurler ma rage de vivre si fort que je leur avais imposé le silence. À présent, nul ne se mettrait en travers de ma route et j'étais enfin en parfait accord avec mes convictions profondes. Peu importe ce qu'il adviendrait, car le pire valait mieux que de se résigner à être leur esclave.

Il m'aura fallu du courage pour tenir tête à tous ceux qui auraient voulu faire de ma vie autre chose que ce qu'elle devait être selon mes propres choix. Mais désormais, il me faudrait avancer seul en étant bien conscient qu'indépendance et autonomie sont les clés de la liberté.

Ainsi, poursuivant sa quête, le guerrier marche seul à travers le paysage de sa vie, une réalité que seuls ses yeux perçoivent depuis le jour de sa naissance jusqu'à sa mort. Que l'on perçoive le noir d'une nuit obscure ou le sourire d'une femme, on est toujours seul à l'intérieur du petit observatoire du corps. La solitude n'est-elle donc pas un état de fait ?

Je dus le comprendre et en prendre mon parti dès lors qu'Anna, ma mère eût disparu, me laissant livré à moi-même dans un monde désertique et hostile dans lequel je devrais sans cesse me battre.

Il adviendrait un jour où le combat serait une habitude mais à ce moment précis du récit, ce jour était encore loin.

Au loin brille une lumière céleste, une étoile que l'on voudrait embrasser, se dire que l'on a réussi et baigner dans la chaleur d'un paradis. Mais la distance qui nous sépare de cette étoile promet un long voyage.

Mon ambition était tout à fait claire : je voulais devenir guitariste et vivre de la musique. Pour cela, j'étais prêt à tout donner, tout risquer. Selon mes convictions, ma réussite ne tenait qu'à la foi que j'avais en ce seul principe : si ma démarche était juste et que je suivais mon cœur, je ne pourrais pas être déçu.

Un an et demi après la mort de ma mère, je disposais encore de trois cent mille francs. Une partie de la somme de départ avait été dépensée pour du matériel audio dédié à la production du son et une merveilleuse guitare acoustique.

La résidence chez mon oncle n'était plus légitime, elle ne devait être qu'une transition. Ce dernier avait pris ma démission d'Air France avec pragmatisme et sans émotion particulière. Il m'avait simplement froidement douché d'indifférence :

« C'est ta vie mon garçon, pas la mienne. Quand tu n'auras plus d'argent, tu seras bien obligé d'aller bosser. Ce n'est pas bien grave tout cela. »

De toute évidence, il ne serait en rien un soutien ou une oreille compréhensive et ma place n'était pas chez lui. Et même s'il ne me chassa pas, j'avais bien intégré que je devais assumer mes choix sans ne plus jamais demander quoi que ce soit à quiconque.

Dans un premier temps, il fallait que je trouve un lieu pour travailler : pratiquer mon instrument et enregistrer mes créations.

Je me mis donc à chercher un local à acheter pour y installer mon studio d'enregistrement. J'étais hélas encore bien naïf, mais les quelques visites de murs délabrés en région parisienne me remirent rapidement en ligne avec la réalité du marché de l'immobilier et la réalité tout court.

Je compris donc promptement que mon studio d'enregistrement serait un « home studio », et que ce « home » serait un studio de trente mètres carrés à louer en banlieue parisienne.

En effet, mon départ d'Air France venait de donner le « top » d'un compte à rebours anxiogène, celui de mon petit capital qui fondait à vue d'œil. D'après un rapide calcul de ma part, en comptant les frais de location et mes frais courants, le point zéro serait atteint d'ici à deux ans environ si aucune recette n'était enregistrée.

Les centaines d'heures de pratique de la guitare dans tous les sens, les kilomètres de bandes enregistrées et tout ce temps passé à apprendre la musicologie faisaient sans aucun doute de moi un musicien. Mais à l'écoute de ce que j'étais capable de produire, je n'avais de toute évidence pas le niveau technique ni la solidité d'un professionnel. Il est nécessaire de comprendre qu'il faut du temps pour que ce qui s'avère un exercice compliqué devienne un automatisme qui peut être exécuté sans trembler devant un public. On peut travailler une discipline trois, cinq ou dix heures par jour, peu importe, il faut du temps au temps et rien ne remplace l'expérience.

Deux ans pour être un guitariste professionnel ou une rock star semblait donc très audacieux, sinon irréaliste. Un jour, la chance me fut donnée de présenter une de mes maquettes pour participer à un festival qui rassemblait quelques guitaristes parmi les meilleurs que l'on pouvait trouver en France. Car une de mes compositions instrumentales avait retenu l'attention d'un ami qui était en relation avec l'organisateur de cet événement. J'étais un petit peu rouillé après le manque de pratique occasionné par cette période occupée à perdre mon temps dans les avions, mais je devais enregistrer rapidement ce morceau sur une bande pour la faire passer à l'intéressé. Malheureusement, à l'écoute de l'enregistrement, le professionnel décela immédiatement des défauts qui ne pardonnent pas : manque de précision dans la mise en place, petits accrochages et fautes diverses qui relevaient de manque de professionnalisme et d'une fébrilité technique.

Il faudrait donc trouver un moyen de gagner de l'argent pour me donner plus de temps. L'idée qui me fut soufflée par un de mes amis musiciens de l'époque me parut géniale. Il s'agissait de proposer mes services en tant que compositeur à des médias comme la publicité ou des producteurs audiovisuels pour glaner des petits contrats, des commandes de musique d'ambiance sur mesure. Ainsi, je pourrais progresser et perfectionner mon art tout en ayant des revenus et en remplissant petit à petit mon carnet d'adresses, cultivant ainsi un jardin de relations indispensables.

Mon expérience de chef d'entreprise intérimaire et de commercial me transforma alors en producteur pour établir un plan d'action solide et rationnel.

Si je voulais vendre des créations musicales, il allait falloir prospecter pour les vendre à des clients. Et pour qu'ils achètent, je devais leur montrer un échantillon de ce que j'étais capable de produire. Le projet était donc clair : produire un album de compositions instrumentales professionnel pour l'envoyer à une liste de prospects, prendre des rendez-vous et finalement, se créer une clientèle. Pour atteindre cet objectif, il allait falloir créer un produit d'une qualité professionnelle. Les enregistrements devraient avoir un son irréprochable et le jeu des instruments ne souffrir d'aucun amateurisme cette fois.

Je pris donc les mesures qui s'imposaient alors pour mener à bien ma mission. Afin de maîtriser la production du son, je m'inscrivis à une formation d'un an dans une école spécialisée. Cet investissement garantirait la qualité de ma production.

En parallèle, je me remis à la technique de la guitare avec une discipline de fer et un acharnement sans précédent. Aidé de cassettes vidéo éducatives produites par les plus grands guitaristes américains, le médiator frottait et frappait les cordes jour et nuit. Croches, doubles-croches, sextolets, tous les motifs s'enchaînent aux cadences les plus faibles pour décomposer le moindre de mes mouvements de poignet et conscientiser chaque enchaînement de notes, ne rien laisser au hasard.

Pour exécuter une gamme ou un arpège à grande vitesse, il fallait le jouer à la plus faible cadence possible, apprendre la science du ralenti et la patience sous l'approbation du maître Joe Satriani qui ne me quittait pas des yeux depuis son poster.

Des jours, des semaines puis des mois s'enchaînèrent ainsi, sans attendre de résultat immédiat, avec le seul souci de la régularité et une volonté sans précédent. Le travail finit toujours par payer et un beau jour, mes doigts se mirent à faire des choses incroyables avec une vélocité que j'avais observée chez certaines de mes idoles sans espérer les imiter.

En dehors de mes passages furtifs à l'école du son, je ne croisais personne et menais une vie monacale et solitaire régie par une discipline militaire qui ne laissait pas de place aux sorties ou aux fréquentations.

En plus de tous ces efforts, il fallut composer et enregistrer les morceaux de l'album de démonstration : le produit à vendre.

Pour conclure l'année de formation de l'école du son et obtenir un diplôme probablement inutile, il fallait la valider en effectuant un stage dans un studio d'enregistrement professionnel. En prospectant un peu, je trouvai facilement une place de stagiaire dans un des plus grands studios de l'Île-de-France, un lieu garni de matériel de pointe. Ces énormes magnétophones multipistes qui faisaient tourner des bandes magnétiques aux proportions surréalistes, des consoles de mixage qui semblaient plus compliquées qu'une centaine de cockpits d'avions de ligne, et des étages de racks d'appareils électroniques me faisaient comprendre la naïveté dont j'avais pu faire preuve auparavant. Surtout lorsque le directeur m'expliquait les emprunts financiers et les risques monstrueux qu'il y avait derrière toutes ces merveilles gigantesques. Le pauvre bougre travaillait jour et nuit à manipuler des centaines de boutons et faire fonctionner ses oreilles surentraînées pour rembourser les banques et vivre terré dans un souterrain feutré et insonorisé.

Une vitre épaisse séparait son monde de l'autre, celui où jouaient les musiciens que l'on enregistrait.

Mon stage dura deux jours en tout et pour tout. Certes, les cafés que l'on me demanda de servir me rappelèrent douloureusement Air France mais mon départ fut immédiat lorsque je compris simplement que j'étais du mauvais côté de la vitre.

Ma vie vibrait avec la caisse de ma guitare et non avec les membranes des enceintes des studios.

Après cette anecdote qui eut le mérite de me rappeler ce que je voulais et ne voulais pas, je fis accepter au directeur de l'école que mon stage se passerait chez moi, à la production de mon propre album et qu'à l'écoute du produit fini, il validerait ou pas mon diplôme.

Des centaines d'heures furent consacrées à ce projet. Mon exigence quant à la qualité de ce qui sortait des moniteurs de mon home studio ainsi que la masse de travail fournie aboutit à ce que je considérais comme un résultat professionnel. Le tout fut passé à la moulinette du « mastering » dans un studio professionnel pour préparer la « presse » en cinq cents exemplaires. Des infographistes travaillèrent à la création d'une pochette et lorsque la palette de cinq cents Compact Discs fut livrée, c'est avec une grande émotion que je saisis le premier exemplaire, comme s'il sortait d'un rayon de disquaire.

Le directeur de l'école s'assit dans le grand fauteuil en cuir d'ingénieur du son et écouta attentivement mon album en se concentrant sur toutes les fréquences sonores que crachaient ses gigantesques moniteurs d'écoute. Ainsi, pendant près d'une heure, il resta presque immobile sous mes yeux alors que je me félicitais intérieurement du résultat en entendant pour la première fois ma création valorisée par un volume sonore digne d'une salle de concert et une égalisation parfaitement luxueuse.

Le verdict du directeur et ingénieur du son ne me surprit donc pas : il hocha plusieurs fois du chef et me regarda avec respect.

« Beau travail Daniel ! C'est digne d'un professionnel. Je valide votre formation et vous souhaite une belle carrière dans le monde merveilleux du son… et de la musique surtout ! »

Agrémenté d'un clin d'œil, il me serra la main et me tapa sur l'épaule avec une bonne dose d'affection paternelle.

Cet homme d'une cinquantaine d'années aux cheveux grisonnants semblait fatigué. De toute évidence, il avait développé une activité pédagogique avec cette école pour compléter les revenus de son studio d'enregistrement à la pointe de la technologie. Si l'on peut croire un instant qu'il donnait des cours par plaisir, on peut se douter que si le planning de son studio était rempli par des stars du show-business, il n'aurait pas le temps pour dispenser des formations.

L'homme qui avait trente ans d'expérience dans la production du son avait tout de même pris soin de m'expliquer sa situation en essayant de ne pas me heurter. Il y avait là de quoi être refroidi ou tout au moins faire réfléchir.

Mais les yeux d'un enfant ne voient pas le monde comme ceux d'un homme de cinquante ans.

Peu importe les énormes studios d'enregistrement et les yeux rouges de ces ingénieurs caféinés, peu importe leurs problématiques économiques, je m'accrocherais à ma guitare pour poursuivre mon rêve.

Il fallait donc ne pas tenir compte d'une réalité du marché que ces situations me hurlaient à la conscience tout en suivant une logique de chef d'entreprise, car mon business plan restait inchangé.

Quand on nourrit une contradiction intérieure, l'extérieur répond de la même manière…

Les timides tentatives pour toucher les musiciens du show-business me laissèrent un mauvais goût dans la bouche. Un guitariste professionnel chez qui je fus invité par une de mes relations ne me laissa aucune chance. Cette fois, mes morceaux étaient trop aseptisés et « manquaient de vie ». Il n'y avait visiblement rien à faire avec cette population de gens qui formaient une communauté à laquelle je n'appartenais pas. Mots blessants, compliments et sourires hypocrites, je compris vite que je perdais mon temps avec eux.

S'ensuivit donc une période de prospection commerciale intense, dans la suite logique de mon plan. La fin des années quatre-vingt-dix vit progressivement la domination de l'informatique s'affirmer. Avec la puissance croissante des processeurs et la miniaturisation, on vit apparaître le monde du multimédia : le premier CD-Rom pour effectuer une visite du Louvre fit son apparition et les jeux vidéo firent des progrès exponentiels en termes de réalisme. Le son avait bien sûr sa place et il y avait là une mine d'or pour le petit producteur en herbe que j'étais.

Malgré une réussite très improbable et une concurrence écrasante des gros studios et de tous ces professionnels, mes envois de colis contenant mon album et mon harcèlement téléphonique finirent par obtenir un petit écho.

Si le monde très fermé du show-business ne m'ouvrirait jamais ses portes, celui du multimédia appartenait au développement informatique et aux entreprises d'ingénierie. Mon petit commerce « B to B » vit donc une lueur d'espoir lorsque je signai mon premier contrat avec une petite société d'ingénierie informatique qui réalisait un CD-Rom pour un grand groupe français.

Une société qui produisait des jeux vidéo accepta également de travailler avec moi.

Ces clients m'imposaient des thèmes que je tentais au mieux de mettre en musique. Et finalement, je me retrouvais le plus souvent à faire de l'informatique plutôt que de jouer de la guitare. En effet, même dans la production du son, les ordinateurs avaient pris le pouvoir. La plupart des instruments étaient programmés via des logiciels Midi et leurs sons étaient ceux d'échantillons numériques.

J'avais donc réussi à démarrer cette activité, et mon père qui un jour me rendit visite, reconnut cet état de fait et me complimenta également sur la qualité de mon travail, qu'il trouvait très professionnel.

Tout cela avait tout l'air d'un succès et même lui avait fini par y croire.

Malheureusement, la suite de mon histoire illustre ce que peut être la désillusion.

La première année d'exercice, j'avais réussi à facturer cinquante mille francs en tout, ce qui constituait un début encourageant, mais hélas insuffisant. Il y avait bien d'autres affaires en attente de signature, mais quelque chose bloquait et malgré les promesses de certains producteurs de jeux vidéo importants, les contrats n'aboutissaient pas, soit parce que les développements prenaient du retard, soit parce que de gros studios d'enregistrement, qui avaient fini par se jeter sur le même créneau que moi, me faisaient concurrence.

Je découvris à mes dépens que des sociétés de production qui avaient pignon sur rue et qui disposaient de puissantes infrastructures diversifiaient leur activité en frappant aux mêmes portes que moi. Et à ce jeu-là, je n'avais évidemment aucune chance.

Je ne faisais finalement que ramasser les miettes que ces ogres laissaient derrière eux : petits projets sans budget ou travaux ingrats. Je voulais encore bien faire de la mauvaise musique pour des serveurs téléphoniques mais encore aurait-il fallu qu'ils me paient en temps et en heure.

Le point zéro de mon compte en banque pointait le bout de son nez et je ne voyais pas comment arrêter l'hémorragie financière. Si je prenais un travail, c'est du temps que je n'aurais plus pour prospecter et produire, ce qui revenait à abandonner ma petite entreprise.

J'avais réalisé une excellente maquette pour un producteur de jeux vidéo. Il avait vivement apprécié mon travail et j'étais sur le point de signer un gros contrat qui devait me permettre de survivre pendant des mois. J'appris dans la douleur qu'un contrat n'est jamais acquis tant que l'on n'a pas en main le papier signé du client. Lorsque ce dernier m'annonça le rachat du projet par une société de production plus grosse qui avait déjà son fournisseur de son, je compris que le naufrage était inéluctable cette fois.

Et tout comme j'avais pris seul la décision d'abandonner Air France pour vivre ma passion, je dus seul assumer la banqueroute sans qu'aucune main ne me fût tendue.

Aucun soutien, aucun financement n'était envisageable de la part de ceux qui m'avaient promis un avenir de clochard et ce n'était certainement pas moi qui leur réclamerais quoi que ce soit.

La mort brutale d'Anna avait certes provoqué les effets auxquels on s'attend dans de pareilles circonstances. Mais le choc sismique et les chagrins diluviens avaient laissé place à d'étranges sensations aussi inattendues que culpabilisantes : euphorie, légèreté mais aussi force résurgente et liberté absolue. Toutefois hélas, le shoot de morphine avait été de courte durée pour entamer une longue et lente descente dans les abysses d'une profondeur que je n'avais pas su apprécier.

Cette fois, je sombrais par le fond, arrachant détendeur et bouteilles d'oxygène et abandonnant les dernières bouées pragmatiques auxquelles je m'étais raccroché jusque-là pour ne pas couler.

Je n'aurais jamais dû me compromettre ainsi dans ma démarche artistique en voulant faire du commerce de musique au kilomètre, rien ne valait le bois de ma guitare et le blues qui vient du fond de l'âme. Le music business ne voulait pas de moi, et je lui crachai au visage de toutes mes forces pour ne faire que ce que je voulais, jusqu'au bout, jusqu'à la fin. Puisque j'avais tout perdu, autant faire ce que j'aimais sans concession.

Ainsi, j'envoyai valser l'ordinateur et la technologie audio pour me raccrocher aux matières nobles de ma bonne vieille six cordes. L'énorme masse de travail qu'il avait fallu pour créer mon album instrumental n'avait pas servi à rien. L'exigence dont j'avais fait preuve envers moi-même pour que les enregistrements des guitares soient irréprochables m'avait fait faire des progrès considérables. Mon jeu s'était embelli d'un beau toucher au vibrato net et précis et la vélocité chèrement acquise, encadrée par une mise en place métronomique, faisait courir mes doigts sur les gammes diatoniques pour faire pleuvoir des déluges de notes.

Il était maintenant temps de me concentrer sur ce qui avait fait l'objet de ma passion depuis le commencement : la guitare instrumentale.

Alors je ne fis plus que cela : travailler la technique, composer des morceaux instrumentaux et les enregistrer. Les quelques connaissances que je m'étais faites dans le monde de la musique reconnurent la dextérité dont mes maquettes témoignaient. Certains étaient impressionnés, d'autres disaient simplement : « C'est vrai qu'il joue bien, le Daniel ! »

Il fallait donc s'armer de courage et gravir des montagnes de labeur pour un jour peut-être rejoindre le panthéon des « Guitar Heroes » et serrer la main de Joe Satriani.

Mais celui qui marche dans les pas de l'autre est toujours derrière cet autre…

Un jour, j'eus la chance de rencontrer Joe Satriani alors qu'il passait à Paris lors de l'une de ses tournées. Joe est le guitariste qui m'a le plus influencé, celui qui m'a donné la force de travailler des centaines d'heures la technique du médiator au métronome. Une vingtaine de jeunes guitaristes avaient comme moi acheté un billet « backstage » pour rencontrer notre idole et lui faire signer leur guitare fétiche.

Avant la séance de dédicace, quinze minutes environ étaient consacrées à une séance de questions-réponses. Mon attention se figea lorsque l'un des jeunes admirateurs s'adressa au maître en ces termes :

« Comment se donner les meilleures chances de devenir, comme vous, un guitariste professionnel ? »

Il eut un instant d'hésitation, comme s'il ressentait une certaine gêne. Il baissa la tête puis la releva en nous offrant un regard de compassion.

Alors il s'exprima avec gentillesse dans sa langue :

« *Well, I know how music business can break the heart of a child…* »[1]

Malgré ma parfaite compréhension littérale de l'anglais et de son accent californien, il est incroyable de se dire que cette simple phrase put passer inaperçue pour moi à cet instant précis. Si je pus en saisir chaque mot et les traduire sans aucune difficulté, le message qu'ils formaient n'atteignit pas ma conscience.

Les plus grands enseignements ne se transmettent pas par la parole ni par les mots. Il faut malheureusement vivre l'expérience dans la

1. « He bien, je sais comment l'industrie de la musique peut briser le cœur d'un enfant… »

souffrance pour les intégrer. Quand bien même Joe m'aurait pris entre quatre yeux et répété cette phrase, l'aurais-je acceptée ?

Et puis, renonce-t-on à son rêve parce que quelqu'un a tenté de vous prévenir d'un danger ? Joe n'avait pas cherché à nous décourager, mais en très peu de mots, il venait de nous jeter au visage un condensé d'expérience que seul le vécu permet d'intégrer.

L'art et l'argent sont deux éléments qui se repoussent comme deux aimants. L'un est en rapport avec la sensibilité, l'esprit, la créativité ou encore l'inspiration tandis que l'autre obéit aux lois brutales du marché et du marketing. La création prend sa source dans le cœur alors que l'argent vient en actionnant un ensemble de leviers froids et rationnels qui se passent de sentiments.

Vouloir rassembler ces deux concepts fondamentalement opposés relève simplement d'un non-sens ou d'un miracle.

Alors comment fit Joe Satriani pour devenir Joe Satriani ?

Il ne chercha simplement jamais à le devenir : il l'était, comme il l'expliqua ce même jour. Car s'il est un maître de la guitare, il pourrait bien être un maître tout court.

Moi, j'étais jeune et n'avais pas encore assez souffert pour comprendre tout cela. Les mises en garde des anciens n'y feraient rien, il fallait que je plonge tout au fond de ce grand lac d'inconscience et que je sombre à travers ses eaux troubles jusqu'à ce que mon nez touche la vase.

Mais quelque part, dans ces grands fonds mystérieux, un nouvel ami m'attendait, un frère musicien qui fut mon hôte tant il était installé depuis longtemps en ces lieux.

Il s'appelait Jean-Baptiste, mais tout le monde l'appelait Jibé.

Par un bel après-midi de printemps, je fus invité chez lui par un de mes amis qui jouait de la basse dans son groupe.

Jibé squattait un petit pavillon en très proche banlieue de Paris. Le mot « squatter » peut choquer, mais c'est celui qui semble le plus approprié pour rendre compte de l'état de délabrement des lieux qu'il occupait pour une modique somme remise en liquide chaque mois à son propriétaire.

Au mois de mai, chez Jibé, tout n'était que fête, musique et rires sans limites. La bière et le vin rosé coulaient à flots, et pour peu qu'un joint de marijuana ne passât par-là, les journées finissaient souvent allongés dans son jardin à respirer les marguerites qui poussaient en liberté, mélangées à une épaisse luzerne qui portait nos corps enivrés.

Chez Jibé, le matin n'existait pas, car le maître des lieux ne se levait pas avant deux ou trois heures de l'après-midi. Même s'il était pour moi un artiste respectable, ce chanteur-auteur et compositeur n'arrivait pas non plus à vivre de son art. Et pour assumer son modeste loyer et la quantité astronomique de bouteilles de bière dont les cadavres gisaient dans le cimetière des tessons au fond du jardin, il fallait qu'il travaille…

Il avait trouvé un poste de gardien de nuit au sein d'une entreprise d'agents de sécurité. Plusieurs fois par mois, il effectuait une vacation de douze heures d'affilée dans un musée parisien, ce qui lui procurait le revenu minimum d'un emploi à plein-temps. Lorsqu'il revenait d'une garde, Jibé passait la porte en titubant de son petit pavillon vers huit heures du matin et allait directement s'allonger sur le vieux matelas vautré dans les combles pour ne refaire surface qu'en milieu d'après-midi.

Jibé m'appréciait particulièrement et mon jeu de guitare avait rapidement conquis son respect. Au beau milieu de son salon trônait une batterie et les membres de son groupe se retrouvaient régulièrement en ces lieux pour répéter. Si tous les membres n'étaient pas toujours présents, Sylvain était systématiquement là, deux baguettes dans les mains, exécutant sur ses genoux des motifs rythmiques en attendant de pouvoir frapper sur la caisse claire et faire battre la grosse caisse. Il suffisait que je passe le pas de la porte avec mon étui à guitare et il s'installait immédiatement sur son tabouret de batteur avec un rire complice, impatient d'entamer un quatre-temps qui lui démangeait les poignets. Jibé empoignait une basse ou une guitare et c'était parti pour des heures d'improvisations en tous genres et de fraternité musicale catalysée par les bières et les fumées hilarantes.

Un printemps de bonne humeur s'écoulait ainsi, et la fête était toujours au rendez-vous chez Jibé, dont la maison ne fermait jamais ses portes. Les musiciens sont des personnes sensibles et raffinées, et même s'ils se cachent derrière des costumes et des attitudes, ils ont tous en commun la même passion, planant quelque part dans un univers onirique et créatif.

Pour atterrir, il y avait mes relevés de comptes bancaires qui m'attendaient dans la boîte aux lettres et me ramenaient à l'évidence que je n'avais bientôt plus rien, me sentant ainsi de plus en plus proche de Jibé. La suite logique des événements ne se fit pas attendre bien longtemps : au début de l'été, mon hôte festif me recommanda à ses managers d'agents de sécurité et je fus embauché pour faire des vacations et ainsi rapporter le minimum tout en me laissant le temps… d'aller voir Jibé et de vivre dans son monde de musique et d'amitiés délirantes !

Heureusement que le monde de Jibé existait pour me redonner confiance en l'homme et me faire l'aimer à nouveau, car en dehors de son petit pavillon, une vie hostile continuait à se développer et la médiocrité rampait dans l'ombre.

Je pensais qu'il n'y avait pas plus bas que le niveau zéro, celui où le pied du plongeur touche le fond de la mer, mais je découvris un univers qui m'était totalement inconnu, dans les souterrains d'une humanité dégoûtante, une réalité qui m'avait heurté dès la petite enfance. Même si l'école et le peu que je connaissais du monde extérieur étaient une introduction à la misanthropie, l'univers que j'allais découvrir allait me l'inculquer profondément et de manière irréversible.

Contrairement à Jibé, j'avais été affecté par son employeur à des vacations de jour, à l'accueil d'une banque. La journée commençait tôt, à sept heures du matin et finissait à dix-neuf heures. C'était le prix à payer pour ne pas travailler tous les jours. Au mois de juillet, le soleil se levait avec moi et je passais mon costume de gardien (de bien moins bonne facture que chez Air France) pour pointer et m'asseoir derrière un guichet durant douze longues heures. Lire des cartes d'identité, remplir des feuilles d'émargement, parler poliment et ne pas montrer qu'on s'ennuie à mourir, il faut du courage pour ne pas s'enfuir lorsque l'on regarde sa montre et qu'il n'est que dix heures du matin. Plus que neuf heures…

Mais comment accélérer le cours du temps ? Heureusement, il y avait des collègues, car c'est toute une équipe détachée de la société de sécurité qui intervenait en prestation au sein de la banque. Il y avait un chef, un sous-chef, et d'autres agents comme moi, au bas de l'échelle.

Pour être chef, il fallait passer des diplômes de sécurité qui concernaient notamment les incendies. Le chef était un costaud moustachu, dont l'autorité indiscutable et la voix de stentor appuyaient son règne auprès de sa petite cour et de tous les misérables comme moi qui ne devaient pas bouger de leur place tandis que le soleil effectuait un demi-cercle.

Le sous-chef, un certain Damien Lemercier, avait le privilège de se promener dans tous les bâtiments avec un talkie-walkie et un bouc bien taillé qui lui donnaient l'impression d'être un vrai policier en patrouille. C'est d'ailleurs ce que j'avais compris en tendant l'oreille pour écouter ses conversations avec son supérieur : son rêve était de devenir gardien de la paix.

Il aura suffi de peu pour que je me fasse détester de cette population dont le grotesque n'avait pour autant éveillé aucun mépris de ma part au premier abord. Ma première erreur aura été de leur parler et de faire de trop longues phrases ou d'employer sans filtre un vocabulaire sophistiqué. Dans leur regard, j'avais saisi leur incompréhension du fait de ma présence ici et le rejet immédiat qui pour l'instant les rendaient indifférents à mon égard. Ils continueraient à m'appeler par mon nom de famille et me donner des ordres sans sourire mais de manière cordiale. Les choses prirent hélas une tout autre tournure lorsqu'une jeune femme de la banque, Céline, commença à s'intéresser à moi puis à me faire des avances. Quelle manière plus agréable de passer le temps dans cet univers hostile et ennuyeux ?

Le seul problème était que cette jeune femme avait eu une aventure avec ce Damien Lemercier, sous-chef de son état et donc mon supérieur.

Rapidement, j'obtins donc une promotion pour un poste dans le parking souterrain de la banque.

Cette fois, il s'agissait de siéger dans une guérite en verre et d'ouvrir ou non la barrière aux véhicules qui entraient et sortaient de sept heures à dix-neuf heures. Je tentais au mieux de me protéger des gaz d'échappement et de l'ennui en lisant des livres très volumineux et passionnants : romans d'aventures, ouvrages sur le bouddhisme.

Je me découvris une véritable passion pour la lecture, celle que ni le collège ni le lycée ne m'avaient enseignée. Mais rapidement, ma quiétude agaça Damien Lemercier qui m'avait déjà désigné comme bouc émissaire et il m'interdit bientôt de lire durant mes heures de travail. Le jour où il vit par les caméras que je me servais du petit combiné de ma cage de verre pour discuter avec Céline, il débarqua en trombe, rouge de colère et arracha le fil du combiné en emportant celui-ci sans dire un mot.

Combien de temps pourrais-je supporter une telle situation, et avais-je le choix ?

Un jour de repos, sagement posté dans mon petit appartement, je dus trier mes papiers pour retrouver un document administratif et en fouillant dans une boîte, je tombai nez à nez avec une feuille qui s'était égarée, marquée par le logo d'Air France. Il s'agissait du planning du mois de juillet, me ramenant environ deux ans en arrière…

Cette grille colorée avait retenu immédiatement mon attention tant elle ressemblait étrangement à mon planning d'agent de sécurité. Alors j'eus l'idée de les comparer. Parfois il arrive que l'on ait envie de toucher la lame d'un couteau pour voir s'il coupe ou de mettre ses mains dans le feu pour voir si l'on va se brûler… En comptant les cases colorées dont chacune correspondait à une vacation, je me rendis compte qu'il y en avait autant dans chacun des deux plannings !

Il y a deux ans donc, je gagnais plus de trois fois mon salaire actuel pour voyager dans des avions et séjourner dans des hôtels de luxe à l'étranger…

Je ressentis alors une immense pression sur mon cœur et mes larmes délavèrent l'encre de la grille colorée. Ils avaient raison alors, j'avais commis une énorme erreur.

Je vis le visage de Jacques qui me regardait avec les yeux du père, puis j'entendis sa voix :

« Tu as compris, mon gars maintenant ? »

Le chemin du guerrier n'est pas celui de la facilité. Le saut de la falaise le plonge dans la haute mer houleuse et sauvage tandis que le creux de la vague fait apparaître son pire ennemi : le doute.

Un grand capitaine ne tremble pas durant la tempête, il maintient son cap et sait que son navire flotte. Celui-ci monte et descend les gros dos de la mer mais jamais ne coule. On peut jeter un petit bateau en liège dans les rapides d'une rivière pour se rendre compte qu'il ne chavire pas.

Ainsi, le creux de la vague devrait être vécu comme une phase naturelle et incontournable du chemin de l'audace.

Pour autant, la terreur s'empara du jeune moussaillon que j'étais, alors que la grande déferlante ne faisait que montrer le haut de sa crête, cachée derrière une épaisse mer d'incertitudes.

Les relevés de banque étaient formels et les calculs d'une simplicité implacables : je ne pouvais bientôt plus assumer mon loyer qui valait plus de la moitié de mon salaire, la courbe de trésorerie plongeait et m'emportait avec elle par le fond.

Mon ami Jibé perçut ma détresse et me proposa tout naturellement de « squatter » chez lui. Pour cet homme dont l'enfance avait été encadrée par la DASS, ma situation n'était pas catastrophique mais simplement normale. Orphelin à la naissance, ce fils de la misère sociale avait grandi en passant d'une famille d'accueil à l'autre, victime de maltraitance et de malnutrition. Ce qui pour moi était un squat était pour lui un palace et même s'il n'avait pas grand-chose, il était prêt à le partager avec moi.

Malgré sa condition de départ défavorable, Jibé s'était passionné pour des grands auteurs et préjuger de son manque de culture ou d'éducation n'était qu'une sottise que l'on ne pouvait que ravaler sitôt que l'on échangeait avec lui.

Son visage était scarifié et il portait les stigmates d'un passé chaotique et dangereux dont il était revenu vivant. Ses membres longs et maigres se terminaient par de grands pieds et de grandes mains très puissantes. Ses dents étaient abîmées par le tabac, l'alcool et une mauvaise hygiène.

Son strabisme divergeant qui hébergeait deux yeux tout noirs ne lui donnait pas plus d'atouts physiques. Pourtant, il était beau.

Il émanait de lui cette aura très particulière que je connaissais bien, celle de ces guides magnifiques que l'on croise parfois sur son chemin.

Il n'était que d'un an mon aîné, mais je ressentis bientôt les sentiments protecteurs que Jibé nourrissait à mon égard. Régulièrement entouré de squatteurs en tous genres, ce grand loup solitaire avait senti ma présence toute particulière en ces lieux et très rapidement, il se prit d'affection pour moi alors qu'en retour, je tentai pudiquement de lui rendre au mieux la générosité dont il faisait preuve.

La souffrance liée à la perte récente de ma mère semblait finalement anodine comparée à celles d'un enfant abandonné qui avait grandi dans les foyers d'accueil, tantôt ignoré, tantôt battu. Quelles horreurs Jibé cachait-il sous son éternel jean noir, sa chemise blanche et derrière ses yeux noirs qui se troublaient avec l'alcool et l'obscurité ?

Jibé se contentait de sourire et d'écouter les autres sans ne jamais parler de lui car ceux qui le fréquentaient savaient que ses secrets étaient enfermés dans le caveau d'un passé qu'il avait scellé d'une stèle immuable.

J'avais donc emménagé chez Jibé et toute ma vie avait déménagé chez lui : mes vêtements, mes guitares et mon matériel audio, mon lit. Pour l'instant, ce dernier était utilisé par Hong, un réfugié vietnamien qui séjournait dans une dépendance de la maison avec sa petite amie. J'aurais bien aimé occuper sa chambre mais il faudrait attendre qu'il trouve un appartement, ce qu'il promettait de semaine en semaine sans que son départ ne soit prononcé.

Mais quelle importance quand on peut dormir à la belle étoile ?

Dans la chaleur d'une fête estivale qui ne connaissait pas de fin, le jour se confondait avec la nuit et mon lit était le dernier endroit où je perdais connaissance.

Je ne mis pas longtemps à claquer la porte au nez des gardiens de la banque en expliquant à la société de sécurité que je souhaitais prendre quelques congés.

N'ayant plus de loyer à payer, il était devenu inutile de se rendre dans cette dimension parallèle où régnaient les stupides moustachus aux fronts bas.

Pour compenser mon statut de résident à temps plein chez Jibé, j'avais proposé à ce dernier de mettre au service de son groupe mes compétences de technicien du son pour lui permettre d'enregistrer un album. Puis, naturellement, Jibé me fit une place comme guitariste « lead » au sein de son groupe. Un nouveau projet était né : produire l'album de Jibé, le présenter à des maisons de disque et partir en tournée à travers toute la France. Les textes de Jibé étaient chargés de souffrance et d'une consistance qui ne pouvait pas laisser indifférent. Il était de toute évidence l'associé qui m'avait manqué. Il avait la consistance, la voix, et moi la technique qui lui manquait. Nous avons cru dur comme fer à notre succès. La qualité de l'album était là et en attendant la gloire, nous nous produisions dans des petits bars de la région parisienne.

J'avais tout donné pour la musique. Il ne me restait plus rien. Tout comme Jibé, j'étais totalement impliqué dans notre démarche et libre de tout engagement. Alors nous irions jusqu'au bout, sans craindre de perdre quoi que ce soit puisque nous n'avions rien.

La compagnie d'assurances qui m'avait volé de quatre cent mille francs avait perdu le procès mais avait fait appel et mon avocat m'appela un jour pour m'informer qu'elle avait gagné cette fois. Il y avait toujours la possibilité d'un pourvoi en cassation mais je n'avais plus un sou pour mener cette bataille dont l'issue était improbable. Ils profitèrent lâchement de la faiblesse d'un jeune garçon perdu.

Là encore, aucune aide ne me fut proposée de la part de ceux qui ne se privèrent pas jadis de me dispenser leurs précieux conseils. De mon côté, je ne leur ferais pas l'aumône.

Jibé démarcha toutes les maisons de disques, envoya son album à la terre entière et tout le temps qu'il avait de libre fut consacré à la prospection des salles de concert pour nous produire en spectacle.

De mon côté, je contribuais à nos moyens de subsistance en donnant des cours de guitare.

J'avais même été introduit par un ami à l'École polytechnique pour dispenser des leçons à ces étudiants qui digéraient mes cours et les gammes plus vite que je n'étais capable de les produire !

Pendant ce temps-là, l'automne refit son apparition, faisant tomber les feuilles des arbres et chassant peu à peu les convives estivaux qui coloraient jadis de leurs rires le jardin de Jibé.

Même Hong déserta les lieux en me laissant la petite cabane attenante au pavillon qui me servirait de chambre. Il fallut rapidement y installer un poêle à pétrole ainsi que dans le salon de Jibé où l'on voyait la condensation s'échapper de nos bouches lorsque l'on expirait. Malgré le froid qui congela peu à peu les mâchoires prêtes à rire de tout, le noyau dur du groupe resta uni et les grandes fêtes ou « garden-parties » se transformèrent en soirées autour d'une console de jeu et en se passant les joints bien chargés que Sylvain et sa bande fabriquaient sans relâche. Parfois Hong refaisait une apparition en proposant en supplément de nouvelles substances. Je n'ai pas le souvenir d'avoir autant ri, à se faire mal au ventre et à la tête.

Il m'arriva de me réveiller en plein milieu de l'après-midi sans savoir quel jour on était. Ainsi, il m'arriva même une fois d'oublier d'aller à Polytechnique pour dispenser mes cours.

L'alcool et la drogue finirent de s'installer et nous gardaient euphoriques, heureux de rien.

Le réfrigérateur était vide et nous rassemblions le peu d'argent récolté ici où là pour le remplir avec des produits de grande surface aux prix plancher. Mal chauffés, mal nourris, nous nous affaiblissions et notre état de santé en pâtit logiquement.

Je me souviens de concerts catastrophiques où mes mains tremblaient non pas de trac mais d'un mal qui me gagnait peu à peu.

Jibé, lui, ne semblait pas affecté. Combien d'hivers avait-il affrontés dans des conditions similaires ?

Il poursuivait ses démarches et au manche de sa guitare, il me regardait parfois de travers, inquiet de mon état qui se dégradait à vue d'œil.

Hallucinations, crises d'angoisse, le plancher de Jibé commençait à vaciller.

À court d'argent, je repris une mission au sein de la société de sécurité. Cette fois, je me retrouvai à la porte d'un restaurant d'entreprise à contrôler les entrées dans la rue.

Mes mocassins me faisaient mal aux pieds et j'avais froid. Le retour au pavillon de Jibé n'apportait bientôt plus de réconfort.

Nous allâmes ainsi jusqu'à Noël que nous fêtâmes à notre manière, avec en prime des huîtres que Jibé ramena d'on ne sait où et qui nous rendirent malades.

Ainsi, tous les soirs, je m'évanouissais dans mon lit, lorsque j'arrivais à l'atteindre et dormais d'un sommeil détraqué qui créait petit à petit un désordre psychique : des crises d'angoisse que l'on fait taire avec de l'alcool qui remplit jour après jour le réservoir d'une anxiété qui s'exprime dès qu'elle n'est pas muselée par une drogue ou une autre.

Au début du mois de février, je fus réveillé en sursaut au beau milieu de la nuit, le cœur secoué par des palpitations. J'entendais des voix et des cris de lamentation, alors je mis des bouchons d'oreille mais les voix persistèrent, elles ne venaient pas de l'extérieur.

Je me rendis très inquiet chez un médecin qui me rassura et me prescrit du repos et du magnésium.

Malgré cela, je pris conscience qu'il fallait que je fasse une pause, que je parte loin de chez Jibé pour me reposer et prendre du recul.

Alors je chargeai dans ma vieille voiture du matériel de musique, une valise d'affaires et partis chez la sœur aînée de ma mère qui m'accueillit à bras ouverts dans sa maison située en pleine campagne, dans le centre de la France.

Elle ne me posa aucune question et prit simplement soin de moi. Nous marchions une heure par jour à travers les champs bras dessus, bras dessous. Elle m'administra ainsi son petit traitement : un peu d'air pur de la compagne, des petites gélules homéopathiques et du magnésium.

En cette fin d'hiver, mon cœur acheva de se consumer et mon âme heurta pour de bon le fond d'une mer de chagrin et de désespoir dans laquelle je m'étais noyé.

Cette fois, je n'avais plus rien. Pourquoi ma foi n'avait-elle pas suffi à créer ma réussite ?

Le juste et la sincérité n'avaient donc pas de sens ? N'avais-je pas travaillé assez durement pour mériter que quelque chose de positif ne m'arrive ?

Quel était le sens de ma vie alors que j'en venais à maudire les beaux discours de Chinh ? Je finirais par le haïr lui aussi autant que ceux qui auraient voulu faire de moi ce que je n'étais pas. Jacques le gourou valait-il mieux que ces chiens qui m'avaient humilié dans le parking de la banque ?

Requins du show-business, prédateurs des assurances et des affaires, hôtesses superficielles et grotesques gays des avions, où était donc ma place dans ce monde dégoûtant ?

Quant à Jibé et sa bande, je me culpabilisais déjà de devoir leur dire adieu avant que leurs drogues en tous genres ne finissent par m'emporter définitivement si ce n'était déjà fait.

TROISIÈME PARTIE

La résurrection

CHAPITRE 9

Résurrection

Moi qui ai toujours cru
Que les rêves flottaient
Qu'on pouvait plonger nu
Dans la mer des jamais

Mon innocence s'est noyée
Dans un marc de naïveté
Mon cœur d'enfant s'est blessé
Sur un fond de verre brisé

Moi qui croyais si fort
Que le fond de l'océan
Était fait de sable d'or
Et de dauphins d'argent

Froide comme la lame d'un sabre
Dure comme une dalle de marbre
La réalité frappe
Et nul ne lui échappe

Il n'y a plus rien à faire
Plonge tes mains dans la terre
Seule l'obscurité s'éclaire
L'ombre cède à la lumière

On n'enlève rien à celui qui a tout perdu.
On ne tue pas celui qui est déjà mort.

Autrefois, il fut un être humain parmi les autres. Il combattit des illusions et sa naïveté d'enfant fut violemment dépucelée par la lame tranchante et froide de la réalité.

La violence des coups fut telle qu'il finit par succomber à ses blessures alors que son état atteignait les limites de la souffrance.

Convalescent de la disparition tragique de sa déesse, l'aiglon n'avait pas eu le temps de prendre son envol, qu'il fut abattu sans aucune pitié et disparut ainsi pour de bon.

Le jeune homme qui fut ne laissa derrière lui qu'une mue évanescente dont certains vivants gardent un souvenir encore frais et ému. Candeur d'autrefois, enfant aux joues roses que l'on gifle sadiquement.

Son âme sombra dans les abîmes de la souffrance, gisant par les grands fonds du désespoir. Ses nageoires furent coupées par les coraux tranchants de la cruauté humaine puis arrachées par les mâchoires de requins aux yeux noirs et sans âme.

Échoué au fond des grandes fosses froides et obscures, cet être fragile devait mourir ou se changer en quelque chose d'autre. Son âme scarifiée se souviendra de sa vie d'avant et continuera son voyage dans une autre existence. Alors une chrysalide se forma autour de cette chose immatérielle et forma un nouvel œuf, incubant cette fois un être d'une tout autre nature…

Car celui qui revient des enfers ne craint ni le feu ni les démons, il craint encore moins la mort puisqu'il en vient. Tremble, toi qui autrefois inspirais la peur et martyrisais les faibles, car, la mort, tu la crains et je suis revenu pour te l'apprendre…

Le guerrier bientôt va éclore, et il est invincible cette fois.

Tout aurait pu en rester là. Dépressifs, aigris et alcooliques, combien d'êtres furent frappés par la tragédie, lapidés par une réalité qui ne consent pas à réaliser leurs rêves et leur laisse le mauvais goût de l'injustice dans la bouche ?

Anges déchus, génies ignorés, des virtuoses qui font la manche dans le métro, des millions de mots oubliés sur des feuilles de papier et dont les cendres se disperseront dans un vent d'indifférence sourde et totale.

J'aurais pu m'enfermer à jamais dans cette simple idée que ce monde n'était pas fait pour moi.

J'aurais aussi très bien pu ignorer cette petite main qui me fut tendue pour me sortir d'une boueuse dépression.

Mais mon instinct de survie fut le plus fort, et alors se produisit un avenir que je n'aurais simplement pas pu imaginer. Les solutions que l'on ne trouve pas se situent dans un monde parallèle, aussi flagrant qu'invisible pour l'œil de celui dont le regard n'est braqué que dans une seule direction.

Un jour donc, alors que je séjournais encore chez ma tante, le téléphone sonna. C'était Jibé.

« Salut mon Daniel, alors comment vas-tu ?

– Mieux, je me repose.

– C'est bien ça. Quand est-ce que tu reviens ?

– Je ne sais pas, pas encore, j'ai besoin de temps.

– Je comprends, ne t'inquiète pas, on t'attend.

– Je ne sais pas s'il faut que tu m'attendes car je ne pense pas revenir en fait. »

Il y eut un silence étouffant, je sentis la souffrance et la déception de Jibé à travers les ondes en visualisant son visage consterné.

Il finit par s'exprimer avec des mots que je n'attendais pas :

« Je n'avais pas réalisé combien tu souffrais de ne plus avoir ta mère. Je n'ai pas vu à quel point tu étais fragile. Je t'ai apporté ce que j'ai pu mais je comprends que tu ne puisses pas vivre de cette façon.

Ne t'inquiète pas, prends ton temps, trouve-toi un appart et rappelle-moi quand tu iras mieux. »

J'avais les larmes aux yeux, et ne pus répondre autrement que par des sanglots.

Alors il changea de ton et comme pour me consoler, il termina cet échange sur un ton ensoleillé :

« Au fait, la boîte pour laquelle tu avais fait la musique d'un CD-Rom a cherché à te joindre, je ne me rappelle plus le nom de la personne. Désolé hein, mais j'étais encore perché !

Allez, salut mon Daniel. »

Je savais très bien de qui il s'agissait. J'avais en effet récemment réalisé la première partie de la bande-son d'un CD-Rom et attendais des nouvelles de ce client pour qu'il me commande la seconde. J'attendais depuis si longtemps que j'avais fini par l'oublier.

Je repris donc contact avec Marc, le chef de projet, un garçon avec lequel je m'étais bien entendu lors de notre collaboration. Il était informaticien et avait étudié dans l'une des plus prestigieuses universités de Paris. Nous avions sympathisé en parlant de musique. En effet, lorsque je lui appris que j'étais guitariste avant d'être compositeur de musiques d'ambiance, son visage s'illumina. Marc adorait la guitare et écoutait beaucoup de musique américaine, et notamment Joe Satriani.

Alors ce fut un plaisir de le rappeler et il me confirma qu'il avait bien avancé sur la réalisation du projet. Il attendait le reste des musiques, commande à l'appui.

Marc était un ingénieur qui évoluait dans un monde que j'avais laissé de côté il y a bien longtemps pour être musicien. Si j'avais suivi le chemin des conseillers d'orientation du lycée, je serais sans doute devenu un informaticien comme lui, impliqué dans l'univers du numérique. Mais Marc avait su trouver un compromis intéressant : après ses études, il aurait pu intégrer une grande firme pour faire carrière. Au lieu de cela, il avait été sollicité par un jeune ingénieur qui avait récemment monté son entreprise : Jacques Terrien.

Ce jeune patron avait intégré une école d'ingénieur en informatique en région parisienne après avoir quitté sa province rurale et ses parents fermiers. L'homme était doué d'une intelligence remarquable et d'une rapidité d'esprit qui m'avaient immédiatement séduit lors de notre première rencontre. Sorti de son école, il avait épousé une jeune femme de sa promotion, elle-même fille d'un haut manager dans un grand groupe français. Voilà comment de la ferme on se retrouve dans les salles des marchés au front-office d'une grande banque, consultant en cravate de soie et boutons de manchettes. Entre sa vie de jeune père de famille bourgeois et de consultant immergé dans le monde de la finance, Jacques n'était pas souvent dans les locaux de la société et il avait donc trouvé un second pour gérer d'autres projets : Marc.

Ma rencontre avec Jacques, ce petit patron récemment polissé, fut assez furtive. Le contrat du CD-Rom appartenant à une société de production, la société de Jacques n'était que sous-traitante. Je n'étais venu dans ses locaux éloignés en banlieue ouest que pour livrer ma musique et collaborer une demi-journée avec Marc pour l'intégration sur le CD-Rom des sons produits.

Ensuite, on ne s'était plus vus pendant plus d'un an et le monde de Jibé me les avait fait complètement oublier. Je n'y pensais plus, je ne comptais plus sur mon business de musique d'ambiance. Le retour de Marc et de ce projet me firent l'effet d'un vin resté trop longtemps ouvert et ne me provoqua aucune joie tant j'avais fait le deuil ce qui m'avait demandé tant de labeur deux ans auparavant pour obtenir ce genre d'opportunités.

Tout ce que j'y vis, c'est qu'en quelques heures, j'allais pouvoir gagner le salaire d'un mois dans le monde des agents de sécurité.

Et cet argent, j'en avais bien besoin.

Céline, la jeune étudiante que j'avais rencontrée lors de ma première mission était amoureuse de moi et m'avait suivi chez Jibé en me rendant visite quand son agenda le lui permettait. Elle faisait des études en alternance et travaillait une semaine sur deux dans une agence immobilière.

Elle était venue me voir chez ma tante le temps d'un week-end et même si je n'avais franchement pas la tête à ça, sa visite me fit plaisir. Elle m'apporta alors sur un plateau un cadeau dont je lui serai éternellement reconnaissant. Un collègue de son agence lui avait fait part d'une opportunité dont il venait lui-même de profiter : il détenait dans son portefeuille de clients un institutionnel qui avait un lot d'appartements à louer dans un immeuble situé dans la banlieue ouest de Paris, un endroit bourgeois et calme. Ces locations qui n'étaient en principe accessible qu'à une catégorie bien spécifique de salariés du groupe étaient entre les mains de l'agence qui pouvait valider des dossiers en principe non éligibles.

Ainsi, pour à peine plus que le prix de mon ancien studio de trente mètres carrés, on nous proposait un trois-pièces de quatre-vingts mètres carrés. J'écris « nous » car Céline devait être sur le bail pour que le dossier soit accepté. Je n'avais pas du tout décidé de vivre avec elle, et lui fis comprendre qu'il eut été malhonnête de ma part de lui faire croire que nous allions emménager ensemble dans cet appartement. Mais Céline, même si elle espérait secrètement toutes ces choses qui font un vrai couple, m'aima assez pour me faire croire qu'elle ne serait sur le bail que pour m'aider. Elle ne viendrait que de temps en temps pour me voir.

Même si je n'étais pas tout à fait dupe, mon instinct me dicta de me jeter sur cette opportunité. L'argent de la musique tombé du ciel financerait la caution de l'appartement et pour le reste, je me débrouillerais coûte que coûte, quitte à travailler tous les jours dans les parkings.

Quelque chose était en train de se produire. Si j'avais vécu pendant des années dans l'obscurité d'un nuage de cendres, il me sembla que de timides rayons de soleil tentaient de percer cette couche de malheur comme pour me réchauffer l'âme.

Il faut être aveugle pour ne pas voir ce que sont les signes. En visitant cet appartement inondé de lumière au cinquième et dernier étage, je me sentis tout de suite chez moi. La baie vitrée du salon donnait sur un cimetière entouré d'arbres qui bourgeonnaient en ce début de printemps. Bientôt garnis de larges feuilles vertes, on ne verrait bientôt plus qu'un vaste parc arboré. Lorsque l'on ouvrait les fenêtres du salon et des chambres, les bonnes ondes de cet appartement et son calme évident me rendaient simplement heureux.

Le reste ne fut qu'une simple affaire de logistique pour moi qui déménageais pour la sixième fois depuis trois ans. Du cocon familial brisé par le destin, je m'étais précipité dans le lugubre deux-pièces d'un arrondissement voisin pour partir vivre en communauté chez Jacques dans la campagne rouennaise. Puis je m'étais exilé chez mon oncle en banlieue est de Paris pour déménager quatre mois après dans mon petit studio en banlieue sud. Ruiné, j'avais échoué dans le pavillon de Jibé et après une cure de désintoxication à la campagne chez ma tante, j'achevais mon triste pèlerinage dans ce havre de paix, perché dans les hauteurs des collines qui dominent la région parisienne à l'écart du bruit et de la pollution.

Moi qui avais grandi dans un quartier populaire, je n'imaginais pas qu'un tel endroit puisse exister à proximité de la capitale et si Céline ne me l'avait pas fait découvrir grâce à son employeur, j'aurais pu passer à côté toute ma vie.

Par de chaudes nuits silencieuses, je dormais la fenêtre ouverte en respirant la bonne odeur des arbres sans qu'aucun bruit ne vienne troubler mon repos. Alors je commençai à me réparer dans le réconfort inattendu de ce havre de paix.

Lorsque je dus me rendre dans les bureaux de JTA Conseil, la société de Jacques Terrien, pour continuer le travail commencé avec Marc, je me rendis étrangement compte que je logeais à cinq minutes en voiture de ces locaux. À plusieurs reprises, je me rendis là-bas pour travailler sur le CD-Rom puis pour déjeuner avec Marc ou le récupérer à la sortie de son travail à mesure que nous devenions des amis.

Comme il était agréable de traverser en voiture ces banlieues aux espaces verts soigneusement taillés qui sentaient bon la chlorophylle et la bourgeoisie bien entretenue. Je finissais par me dire que les gens comme Marc qui avaient la chance de travailler en ces lieux tranquilles étaient des privilégiés.

J'allais trouver cette vie attirante alors qu'elle était pourtant bien éloignée des scènes de concert et de la vie dont je rêvais quand j'étais encore dans la peau de cet autre. Mais je ne voulais plus être cet enfant fragile que l'on humilie dans les parkings, je ne voulais plus croire en ces rêves qui m'avaient trahi et blessé à mort.

Pourtant, je n'en avais pas encore terminé avec tout cela, même si le nuage peu à peu se dissipait.

Car si les petits travaux avec Marc m'avaient permis d'émerger temporairement, il faudrait que je retourne travailler pour cette maudite société de sécurité pour payer mon loyer et survivre.

Cette fois, on m'avait trouvé un poste non loin de chez moi, dans une des grandes tours de La Défense. Mon travail consistait à effectuer des rondes de surveillance. Mais personne ne me surveillait moi, et mon responsable était un homme tranquille, proche de la retraite, qui me salua poliment à mon arrivée. Son crâne dégarni avait laissé quelques mèches blondes se batailler au-dessus de sa tête en souvenir d'un passé glorieux au cours duquel son regard vert et perçant avait dû imposer son autorité. Mais l'armistice avait sonné depuis longtemps et il ne restait plus qu'un corps fatigué portant un visage blafard aux traits immobiles. L'homme flegmatique fumait la pipe et lorsque ses yeux croisèrent les miens par-dessus ses lunettes et à travers une fumée bien odorante, je ressentis quelque chose de particulier.

Il commença par me surprendre en se levant de son siège pour me serrer la main en se présentant :

« Bonjour jeune homme, Yves Farès, responsable de la sécurité de la tour. Et vous ? »

À la fois intimidé et mis à l'aise par cet être chaleureux, je lui répondis simplement et nous prîmes le temps de faire connaissance. Ainsi, en silence, inspirant calmement son tabac par petites bouffées, il m'écouta lui exposer ma situation. Naturellement et sans qu'il ne m'ait posé aucune question, je lui racontai pourquoi je faisais ce travail, la musique, et tant d'autres choses qui firent rapidement de moi un jeune homme touchant qui aurait pu être son fils.

Son bureau bien en retrait des autres inspirait la sérénité et il était tellement bon d'y séjourner que l'on avait peine à s'extirper de ces fauteuils en cuir plantés dans la moquette.

Dès que j'avais fini une ronde, je m'autorisais le luxe de m'y inviter pour tenir compagnie à celui qui attendait sagement que passent les heures et les jours qui le rapprochaient de la retraite. Je voyais bien qu'il préférait refaire le monde avec moi dans son bureau plutôt que de travailler lorsqu'il laissait sonner son téléphone dont le son était réglé au minimum plutôt que d'interrompre nos longues conversations.

Il hochait de la tête lorsqu'il approuvait mes propos et quand ce n'était pas le cas, il ne disait rien mais ses petits yeux passaient par-dessus ses lunettes et me fixaient, concentrés sur moi comme s'ils cherchaient à percer mon front tandis qu'il tirait doucement sur sa pipe.

Rien ne semblait jamais énerver monsieur Farès ou le déstabiliser. Toujours sur le même ton laconique, je l'entendais traiter les différentes problématiques administratives liées à la sécurité. Il me fallait toutefois quitter de temps à autre son bureau, car même s'il était mon complice, je me devais de lui montrer un minimum de sérieux.

Au trentième étage de la tour, je parcourais les longs couloirs moquettés qui bordaient les bureaux de direction, mais je devais aussi descendre dans les sous-sols où évoluait en ces lieux une tout autre population.

J'avais sympathisé avec François, un homme de ménage qui me racontait ses vacances dans son village au Mali. Je lui rendais visite quotidiennement et lorsqu'il n'était pas occupé, nous pouvions bavarder pendant une bonne heure.

Enveloppé par sa bonne humeur et dépaysé par ses récits africains, je n'avais pas senti l'odeur de la haine et de la stupidité qui fleurissait dans la fraîcheur et l'humidité des sous-sols. Le PC de sécurité installé près des locaux dédiés aux produits d'entretien était occupé par des hommes aux pulls bleu et rouge chaussés de rangers.

J'étais loin de m'imaginer que ma présence ici pût déclencher l'agression dont je fus victime ce jour-là.

« Qu'est-ce que tu fais encore ici à traîner au lieu de faire ton travail ? »

Un petit homme aux épaules carrées que je ne connaissais pas venait de m'interpeller d'une façon qui ressemblait à de la provocation mais que je pris pour un malentendu.

« Excusez-moi, on ne se connaît pas, vous travaillez aussi pour la société de sécurité ? »

Le type était pompier et je venais sans m'en rendre compte de l'insulter tant il méprisait les agents comme moi depuis sa position de maître du feu et de l'action.

« Tu m'cherches, petit con ? Tu veux qu'on aille s'expliquer dehors ? »

Ce blond musclé et coupé en brosse eut ce petit rictus sadique qui signalait son envie de se défouler. Comment une telle agressivité avait-elle donc pu se développer à mon égard ? Je devais lever le quiproquo.

« Mais qu'y a-t-il ? Sûrement un malentendu. Je pense qu'on devrait se parler un peu pour résoudre tout cela. Je n'ai pas voulu vous manquer de respect. Il n'y a pas de raison de vous emporter de cette façon. »

« Ouais c'est ça, dégage petit pédé et me cherche pas sinon tu vas me trouver. »

Terrifié par autant d'agressivité et de violence, je restai muet et marchai d'un pas rapide vers les ascenseurs pour fuir mon agresseur. J'étais visiblement sur un territoire qui n'était pas le mien et je me rendis dans le bureau de monsieur Farès qui dès que je refermai la porte m'interrogea d'un air surpris :

« Que se passe-t-il, Daniel ?
– C'est le pompier en bas, il m'a agressé, il semblait prêt à se battre. Je ne lui ai rien fait pourtant.
– Et alors, comment as-tu réagi ?
– Eh bien j'ai cherché à ouvrir le dialogue pour désamorcer le conflit bien sûr ! »

Mon vieux bonhomme dégarni esquissa un petit sourire en tirant sur sa pipe. J'étais bien curieux de savoir ce qui semblait l'amuser ou du moins déclencher cette réaction énigmatique.

« Expliquez-moi donc ce que je ne semble pas avoir compris dans cette situation. »

Alors il posa sa pipe, sa bouche exprima comme du dédain et son visage prit soudainement une expression grave que je ne lui connaissais pas. Il s'apprêtait sans que je ne le sache à me dispenser un des enseignements les plus importants qu'il me fut donné de recevoir et qui participerait à ma mutation.

« Mon cher Daniel, tu dois comprendre que dans le train de l'évolution, tout le monde n'est pas dans le même wagon. Tu crois vivre dans une civilisation où les hommes sont égaux. Mais tout le monde n'est pas capable de s'intéresser à la psychologie ou à la spiritualité, tout le monde n'est pas capable d'intellectualiser les choses et de dialoguer.

En réalité, tu vis dans une jungle où évoluent des bêtes sauvages, des êtres qui ne parlent pas ton langage.

Si tu rencontrais un lion dans la savane, chercherais-tu à parler avec lui pour lui expliquer qu'il te causerait un grave préjudice si jamais il refermait sa mâchoire sur toi ? »

Il me fit bien rire avec son image.

« Tu ris Daniel, mais c'est la même chose avec le pompier en bas. Il ne comprend pas ton langage. Lui ne connaît que les rapports de force !

Lorsque tu lui proposes de dialoguer pour dissiper un malentendu, il interprète ton comportement comme de la faiblesse et de la peur. »

– Et alors ?

– Et alors il prend le pouvoir sur toi pour te dominer. C'est un être primaire comme il y en a beaucoup. Si tu en as la force, tiens-lui tête en levant le bâton. Mais le mieux, si tu le peux, est de l'ignorer pour ne pas perdre ton temps et ton énergie. »

Je sentais tout le mépris dans ses propos que je n'aurais su exprimer avec tant de justesse. Il me fit un bien fou. Ainsi, tous ceux qui m'avaient fait du mal étaient des êtres inférieurs, des animaux en quelque sorte. Je n'y étais donc pour rien. Moi qui étais si gentil et naïf. Comment avaient-ils pu ainsi abuser de moi ? De ces enfants à la bouche sale dans la cour de récréation à ces cafards dans les sous-sols des buildings, je comprenais d'un seul coup que j'avais été une proie facile.

Je sentis à ce moment précis quelque chose passer à l'intérieur de moi, un nouveau sang bouillir dans mes veines.

Mes poings se serrèrent et mes yeux changèrent de couleur : ils paieraient pour tout ce mal, et si je ne pouvais les battre physiquement, je les dominerais autrement ces monstres décérébrés.

Monsieur Farès qui sentit la fureur qui émanait de tout mon être reprit calmement :

« Daniel, tu n'as rien à faire ici. Dans les sous-sols de cette tour, tu n'es que de passage, tandis que ces pauvres bougres ne peuvent espérer mieux. Tu as suffisamment travaillé pour cette société de sécurité. Ce que tu devais y apprendre, tu l'as appris. Bon week-end, Daniel, et au plaisir de ne pas te revoir. »

Puis il se tut et tira sur sa pipe en souriant et ne me quitta pas des yeux jusqu'à ce que je quitte son bureau.

Bien sûr, je ne pouvais démissionner immédiatement car je ne pouvais me couper de ma seule source de revenus du jour au lendemain. Comment allais-je donc me sortir de cette situation ? Comment progresser ?

Lorsque la réponse vint à moi, elle fut comme une chance évidente. Mais l'aurais-je saisie si je n'avais pas fait un détour par les sous-sols de La Défense ?

Le samedi, j'avais rendez-vous avec Marc pour l'aider dans son travail. Il était en retard sur son projet et je l'aidais à intégrer des voix off de comédiens sur son CD-Rom. Cela me faisait plaisir de travailler en m'amusant le week-end dans les bureaux calmes de cette banlieue verdoyante. Dans la chaleur de cet été qui débutait, Jacques, le patron de la société passa nous voir et lança quelques blagues avec sa bonne humeur habituelle. Il habitait un petit pavillon juste à côté du bureau et la frontière entre sa vie privée et le travail était mince. Il faisait des allers-retours fréquents entre sa résidence et son bureau tant pour lui travailler était naturel et agréable. Quand il s'agissait d'informatique et de ses contrats, il n'y avait plus d'horaires et les locaux de sa société étaient sa deuxième maison.

Nous avions lui et moi un point commun : l'informatique. Je lui avais raconté comment j'avais jadis découvert la programmation. Jacques était un passionné tout comme moi. Il me narra à son tour l'histoire de son père, fermier, qui s'était saigné il y a vingt ans pour lui acheter un des premiers ordinateurs personnels.

Parfois, deux hommes se reconnaissent dans un petit bout de leur passé et c'est ainsi que naissent les affinités.

À la nuit tombée, alors que Marc et moi quittions les locaux et descendions les marches en marbre du petit immeuble de bureaux banlieusards, le téléphone de fonction de Marc sonna et je sus à ce moment précis que se jouait un coup de théâtre alors que je n'entendais qu'une voix de la conversation qui se termina ainsi :

« Oui, c'est une idée, je vais lui en parler. O.K., salut Jacques. »

Comme s'il était un peu gêné, Marc me transmit la proposition de son patron :

« Comme tu le vois, on est en retard sur le CD-Rom. Moi je ne m'en sors pas à cause des autres projets purement informatiques que j'ai à gérer.

– Et donc ?

– Et donc Jacques me demande si tu pourrais nous donner un coup de main en reprenant ce projet. Mais il n'y a pas que les sons, il y a un peu de programmation à faire.

– Bien sûr, avec plaisir, mais tu veux dire que Jacques m'embaucherait dans son entreprise pour cela ?

– Ça je ne sais pas, tu vois ça avec le boss ! »

Il me donna le téléphone de Jacques et le lendemain, celui-ci passa me chercher en voiture pour discuter. Il faisait beau, il était habillé en short et portait des lunettes de soleil pour aller voir un match de rugby.

Il ne voulait pas passer pour un patron austère, il était jeune et un peu pudique lorsqu'il s'agissait de parler d'argent.

Entre deux blagues et les yeux rivés sur la route, il me dit l'essentiel dont j'avais besoin : un contrat de travail trois jours par semaine pour travailler sur la programmation de CD-Rom.

Au taux horaire qu'il me proposait, je n'avais plus qu'à retourner une dernière fois à la tour de La Défense saluer Yves Farès pour lui faire mes adieux.

Le vieux monsieur avait eu raison et j'avais immédiatement saisi la chance de quitter le monde des buildings mal fréquentés pour celui des ordinateurs et des gens intelligents.

Il y avait Marc, Jacques, mais aussi Anne-Marie, une jolie femme infographiste. Le matin, je m'installais devant mon ordinateur et entre deux lignes de code, nous échangions quelques blagues ou de légères taquineries qui faisaient de ces bureaux un lieu où il faisait bon vivre.

Entre le salaire à temps partiel et les aides sociales auxquelles j'avais droit, je pouvais payer mon loyer et me ravitailler au supermarché à condition de compter chaque article. Mon grand jeu était de donner le montant total de mes achats au centime prêt à l'hôtesse de caisse avant que celui-ci ne s'affiche sur sa machine.

Quand je n'étais pas au bureau, je vivais dans le calme et le bien-être de ce grand appartement qu'aucun passage de voiture ne perturbait.

Une vie bien tranquille, dans un calme bourgeois, un travail intellectuel entouré de gens gentils et courtois, que fallait-il de plus pour être heureux ?

C'était sans doute là une forme d'aboutissement et il aurait fallu s'estimer bien content d'en être arrivé là après avoir failli devenir clochard, tout juste diplômé d'un baccalauréat. Jacques Terrien m'avait donné une chance de rebondir et d'exploiter des connaissances en informatique qui remontaient à mon enfance. Les centaines d'heures passées à programmer mon ordinateur personnel, à rechercher les bugs en listant les lignes de code à l'aide d'une imprimante matricielle, toutes ces choses que l'on aurait pu considérer comme un hobby sans importance étaient remontées à la surface comme des fondations indispensables.

Et de manière inattendue, l'exercice qui consistait à écrire des lignes de code m'était tout à fait naturel. Jacques Terrien était tellement satisfait de mes services qu'il me proposa bientôt un avenant à mon contrat de travail pour un quatre cinquièmes puis un temps plein.

Je n'eus rapidement plus besoin de jouer au jeu du juste prix avec la caissière de grande surface.

J'avais donc tout pour être heureux.

Et pourtant, si choquant que cela puisse paraître, je ne l'étais pas.

Le réconfort de ce monde bourgeois et intellectuel, la quiétude de la banlieue ouest bordée de nature m'avaient permis de me réparer temporairement et d'apaiser mes douleurs, mais ce puissant antalgique n'aurait su guérir toutes les blessures qui me suivraient de vie en vie.

Depuis la fin de ma scolarité marquée par la rencontre de Chinh, j'avais ouvert les yeux sur la seule façon de vivre : suivre ses rêves et ses envies. J'avais donc tout misé sur ma carrière d'artiste. Alors que j'en avais les capacités, je n'avais pas fait d'études après le baccalauréat. Ensuite, j'avais misé tout l'argent de l'assurance-vie dans mes projets de musicien. Pour ne pas être détourné de mes objectifs, j'avais même démissionné d'Air France qui me payait pourtant grassement. Car seule comptait cette quête spirituelle qui avait commencé à la fin de mon adolescence.

« Certaines portes que l'on ouvre ne se referment jamais. »

Est-ce là une bénédiction ou une malédiction ?

Une chose est sûre : lorsque cette porte de la conscience s'est ouverte et que cette quête a commencé, elle n'autorise pas à faire semblant d'être heureux alors qu'on vit dans le déni de son propre destin.

Mes guitares s'empoussiéraient et la voix et le visage de Jacques Léman me hantaient toujours :

« Alors Daniel, es-tu heureux dans la société ? Fait-il bon vivre sous les néons ? Ton fauteuil roule-t-il bien sur la moquette bleue ? Ah ah ah ! »

Bien entendu, il était hors de question d'être son esclave et je n'avais pas droit aux regrets. Pour autant, et malgré une violente douleur à la poitrine, je devais admettre qu'il avait raison sur certains points. Cette société qu'il dénigrait ainsi m'avait-elle permis de réaliser mes rêves ? Étais-je épanoui ?

En ce qui concerne mes rêves d'artiste, la réalité m'avait planté un panneau de sens interdit devant le nez et malgré tous mes efforts et mon esprit d'entrepreneur, j'avais simplement fini dans les parkings.

Alors je m'étais rattrapé de justesse pour finir dans un fauteuil de bureau rivé à mon écran toute la journée. C'est là le mieux que j'avais pu faire pour subvenir à mes besoins matériels dans des conditions acceptables. Beaucoup de gens auraient été simplement heureux d'être à ma place comme tous ceux qui attendaient à la porte d'Air France pour revêtir mon costume de steward.

Il ne s'agit pas ici de dénigrer un métier ou un autre.

Il ne s'agit pas de mépris ou de condescendance.

Il est simplement question d'honnêteté envers soi-même, du courage que l'on a ou pas de se dire que l'on n'est pas heureux.

Parce que j'ai rencontré Chinh, Jacques et tous ces êtres exceptionnels qui m'ont ouvert les yeux, je ne peux les refermer, et mener une existence à faire semblant m'est tout simplement impossible. Si je tente de faire taire cette voix à l'intérieur de moi qui me crie de poursuivre mon bonheur, la souffrance est telle que je suis obligé de l'écouter. Même s'il m'en coûte, même s'il faut un courage suicidaire pour sauter d'une falaise pour attraper un rêve qui me tend les bras, je sais que c'est la seule voie qui mène au bonheur.

Tout cela, je l'avais bien intégré, et depuis longtemps. Cinq années s'étaient écoulées depuis la fameuse discussion avec Chinh au café près du lycée, ce jour béni où la quête devint une évidence.

Oui mais voilà, j'avais tout donné pour cette quête, j'avais tout tenté et finalement, j'étais devenu un petit informaticien. Si c'était pour en arriver là, à quoi rimait toute cette mascarade ?

Si c'était pour programmer des ordinateurs, je savais déjà le faire depuis l'âge de dix ans, et il m'aurait suffi de faire une école d'ingénieurs après le baccalauréat comme Marc ou Jacques pour avoir une bonne situation au lieu d'entrer par la petite porte et être au bas de l'échelle. D'un autre côté, persister à vouloir devenir musicien professionnel semblait simplement toxique et antagoniste à tout épanouissement.

Juste ou pas, la réalité avait simplement fermé la porte à mes ambitions de musicien, et si certaines stars ont eu la chance de faire la bonne rencontre au bon moment, moi je n'avais rencontré qu'un mur en béton armé. Je n'aurais donc jamais dû écouter Chinh dont le discours était pourtant fait de la seule vérité en laquelle je croyais ?

Tout cela n'avait aucun sens, et pourtant, j'avais beau retourner toutes ces pensées la nuit dans mon lit, et le jour dans mon fauteuil de bureau, je ne voyais aucune issue à tout ce marasme. Ma mère n'était plus là pour me soutenir et mon père ne me serait plus d'aucune aide depuis l'épisode d'Air France. Il était hors de question d'être à la botte de Jacques le gourou et je ne pouvais vivre dans le chaos de Jibé. J'avais payé très cher mon désir d'indépendance et de vie d'artiste dans les parkings et les tours de La Défense.

Et voilà que j'étais revenu à la case départ, le nez collé à mon écran et mes doigts à mon clavier, obligé d'obéir à un dieu invisible et malfaisant qui semblait vouloir ma soumission.

Alors, je continuerais à venir au bureau et à « pisser du code » comme on dit dans le métier. Je continuerais à dire bonjour à mes collègues et à rire de leurs blagues pour oublier que j'avais raté ma vie et que mon rêve m'avait échappé.

Quelle injustice… Moi qui avais survécu à la mort de ma déesse, l'être qui comptait le plus au monde, moi qui avais tenu tête au dragon spirituel, moi qui avais eu la foi jusqu'au bout pour poursuivre mes rêves. Voilà donc le sort qui m'était réservé.

Mais qu'était donc devenu Chinh, le maître enseignant de toute cette philosophie ?

Après le baccalauréat, il avait passé un an dans une école d'art. Comprenant que cela ne le mènerait nulle part, il était ensuite entré dans une école d'architecture. Puis, il avait rencontré Sophie, dont il était tombé follement amoureux. Elle était étudiante et pour pouvoir vivre en couple avec elle, il lui fallait des revenus. Il avait donc trouvé un emploi à La Poste comme facteur. Et lorsqu'il avait fini ses tournées, il faisait des travaux dans un appartement qu'il avait acheté à crédit dans une banlieue glauque.

Voilà où en étaient le peintre et le musicien. Finis les rêves, au boulot !

EMPRUNTE, CONSOMME, TRAVAILLE, CRÈVE !

Ces mots gravés au pied de la Bourse de Paris étaient-ils donc l'axiome de la condition humaine ?

C'est ce que je ruminais à longueur de journée devant mon ordinateur en essayant d'anesthésier ma lourde déprime en me plongeant dans le code la journée et dans une bouteille de bourgogne le soir.

Qu'y avait-il d'autre à faire de toute façon, puisque toute ambition fantaisiste serait automatiquement sanctionnée par ce système impitoyable que Jacques appelait la société. Ma résignation me tenait immergé dans cette dépression doucement tempérée par ma nouvelle vie bourgeoise.

À ce moment précis de mon existence, nous aurions pu mettre un point final à ce récit. J'aurais ensuite épousé Céline, fait des enfants et puis voilà, rien de plus qui ne vaille la peine d'être raconté.

Mais ceci ne fut pas l'histoire de ma vie. Car lorsque l'on sème dans son cœur la graine du destin, il finit par y pousser un arbre indéracinable.

À vingt-trois ans, on n'a pas le recul et l'expérience pour comprendre que cet arbre prend son temps pour pousser et que ce temps est nécessaire.

Le travail finit toujours par payer, le courage est toujours récompensé. Dans l'attente, il arrive de douter. Un guerrier abouti ne doute pas, il sait.

En attendant, le courageux disciple a parfois besoin d'un petit coup de pouce et la vie le donne toujours au bon moment.

Brisant le silence dominical de mon appartement, le téléphone sonna d'une façon inhabituelle, et mon cœur palpita alors que je ressentais une étrange excitation.

Je décrochai donc le combiné au plus vite, impatient d'entendre ce qu'il avait à me dire.

« Allo, mon Daniel ? »

C'était la voix de ma tante Mathilde. Depuis la séance psychodramatique qui s'était tenue chez Jacques, je ne l'avais plus revue et n'avais pas pris de ses nouvelles non plus, pris dans les turpitudes de ma chaotique existence. Cela me faisait plaisir de l'entendre à nouveau, alors que j'étais loin de m'imaginer ce que j'allais entendre.

« Ma tante, comment ça va ?

– Je voulais prendre de tes nouvelles mon Daniel, je me demande bien ce que tu deviens depuis que ma sœur Anna n'est plus là pour veiller sur toi.

– Ne t'inquiète pas pour moi, tout va pour le mieux, j'ai un travail sympa, des amis, une vie tranquille.

– Tu me rassures, je commençais à être inquiète !

– C'est plutôt moi qui devrais être inquiet, la dernière fois que je t'ai vue, tu étais en larmes chez Jacques. Au fait, as-tu poursuivi la thérapie avec lui ?

– Je voulais t'en parler justement. C'est terminé. La dernière fois que je suis allée dans sa maison, il n'y avait plus que Pierre et quelques meubles.

Je commençais à comprendre d'où venait mon ressenti et ses mots me rendirent fou d'impatience.

« Je t'en prie Mathilde, explique-moi ce qui s'est passé ! »

Il y eut un silence, puis un soupir, et puis elle lâcha une bombe.

« C'est une histoire tragique mon Daniel, une de plus. Après ton départ, peu de temps s'écoula avant que tout ne bascule… »

Alors elle me raconta cette histoire aussi incroyable que cohérente.

Anne-Laure, la femme de Pierre était enceinte, et au terme de sa grossesse, un drame se produisit : elle accoucha d'un enfant mort-né.

Mais ce triste événement ne fut que le déclencheur de la colère de Pierre qui avait petit à petit perdu confiance en Jacques. Son attitude à mon départ l'avait déstabilisé, mais ce dernier avait su reprendre le contrôle de la situation et rassurer sa communauté en invoquant simplement mon manque de maturité et mon nouveau voyage dans la société dont je reviendrais la queue entre les jambes.

Mais je ne revenais pas et rien ne se passa jusqu'à ce jour tragique où Pierre prit conscience que la réalité n'était pas du tout en accord avec les propos prétentieux du maître.

Sous son égide et sa protection, un tel drame n'aurait jamais dû se produire. La naissance engendrant la mort, c'était là le comble de la contradiction qui régnait en ces lieux.

Bien sûr, Jacques chercha à faire entendre à Pierre qu'il fallait qu'il se remette en question face à un tel événement et qu'il avait un gros travail sur lui à faire. Mais c'en était trop, les sanglots d'Anne-Laure qui n'en finissaient pas dévastèrent le cœur de Pierre qui en vint aux mains avec Jacques.

Alors un silence funèbre s'installa entre les membres de la communauté. Mais cette tension malsaine ne dura pas : quelques jours plus tard, Pierre, en revenant de sa tournée de facteur, trouva la maison entièrement vide. Il ne restait plus qu'Anne-Laure en pleurs et sa fille de quatre ans.

Jacques et sa femme Marianne avaient loué un camion de déménagement et en quelques heures, ils avaient entièrement dépouillé la maison de tous ses meubles pour ensuite disparaître sans un mot, ne laissant derrière eux que le choc et la consternation.

La profonde détresse que j'avais lue dans les yeux de Pierre le jour de mon départ était donc une prédiction.

C'était là une prophétie que je n'avais su décrypter. Même s'il eût été incapable de lire clairement dans l'avenir, son regard annonçait quelque chose de grave.

Ce fut la mort d'un être, mais surtout celle d'un mythe et d'une malédiction.

Car si je me sentais affecté par ce qu'avaient vécu Pierre et Anne-Laure, je venais de boire l'élixir de la résurrection. Je sentis alors tout mon être vibrer d'une façon inhabituelle.

Le choc fut tel, que je fus incapable de poursuivre la conversation avec ma tante. Hébété, assommé, triste, mais en même temps ravi, je fus bombardé d'émotions si intenses qu'il me fallut un bon moment pour réaliser tout ce que cela signifiait pour moi.

Même si je ressentis une profonde délivrance, il fallut des jours pour que je puisse en profiter pleinement et me dire que c'était bien fini cette fois.

Je revis Jacques me dire : « La secte, Daniel, c'est la société ! » avec ses yeux brillants de sincérité.

Je me revis lui tenant tête, et je revécus encore une fois la scène du terrible affrontement pour confirmer ma victoire. J'avais eu raison de son imposture et il s'était effondré.

Cependant, je ne m'étais pour autant pas libéré de son emprise car si j'avais su lui tourner le dos, je n'eus jusqu'à ce jour pas la conviction d'être dans le vrai en le quittant pour rejoindre ce qu'il appelait la société.

L'image d'un monde coupé en deux avec d'un côté la communauté des justes et de l'autre un monde malade était insupportable, surtout lorsque l'on en fait partie !

Ce qui fait la force d'un grand gourou c'est qu'il n'est ni bon ni mauvais, ni juste ni faux. On n'est jamais aussi convaincant que lorsqu'on tient un discours auquel on croit. Si Jacques n'avait pas eu une réelle consistance, s'il n'avait pas été un être hors du commun par son état de conscience, il aurait été simple de s'en défaire.

Mais la vérité est faite de demi-teintes, il n'y a pas de tout juste ou de tout faux, de tout blanc ou tout noir. Le fameux discernement, dont Pierre parlait lui-même, s'impose donc en effet mais demeure d'une grande complexité.

Détester Jacques ne servirait à rien et ne serait simplement pas juste, il fallait juste comprendre qu'il était humain et que même lui pouvait se tromper. Il m'aura bien fallu vingt ans pour saisir cela. En attendant, je me sentais juste apaisé et rassuré par sa chute.

En ce jour providentiel donc, et par la sainte voix de Mathilde, le diabolique carcan qui m'empêchait de vivre se désintégra et je fus ainsi libéré pour toujours.

On dit que ce qui ne vous tue pas vous rend plus fort. Pour être plus précis, je dirais que la vie est un champ de bataille et que certaines victoires qui font de vous un guerrier invincible.

Pour avoir survécu si jeune à la mort de la déesse qui m'avait enfanté, pour avoir surmonté la peur de tout perdre, pour avoir destitué le puissant gourou, j'étais devenu mon propre maître et celui de ma vie.

C'est alors que tout changea. Le cours des fleuves s'inversa et au lieu de m'empêcher d'avancer, ils me propulsèrent pour me rendre inarrêtable. Mon esprit avait grandi durant des années sans que je ne m'en rende compte, mais lorsque ce barrage de la conscience sauta, une puissante énergie remplit mon intérieur pour opérer une profonde mutation.

L'extérieur commença à se transformer avec ma situation professionnelle qui me déprimait tant : employé dans l'informatique et frustré, il fallait que je change quelque chose, mais quoi ?

Plaqué à une réalité, plate et froide comme du marbre, il semblait de prime abord qu'il n'y avait pas la moindre issue, la moindre brèche pour s'en échapper. Pourtant, il y avait bien quelque part une voie vers la libération, un étroit passage à travers cette dalle, « fin comme le chas d'une aiguille ».

Alors que je finissais par me faire une raison, je me dis simplement que tant qu'à être là, je n'avais qu'à chercher ce qui dans cette situation pourrait m'intéresser, ce dont je pourrais tirer parti. En pensant de cette manière, je découvris sans m'en rendre compte au milieu de ce plan de marbre une petite voie cachée.

Au lieu donc de rejeter l'informatique et le monde du travail, je décidai de chercher ce que je pourrais bien y trouver. Alors je me mis à travailler avec une tout autre approche. Je m'impliquai totalement et cherchai à exceller dans mon ouvrage de tous les jours.

De cette immersion totale, le miracle surgit…

Assez rapidement, je retrouvai une sensation que je connaissais bien : la passion. Au lieu d'être cantonné à un exercice de logique, je découvris derrière le code des programmes informatiques un monde de créativité. Fabriquer à partir de rien des logiciels que des entreprises utilisent toute la journée, les rendre plus performants, plus sophistiqués, tout cela est en réalité un art que ceux qui ne le pratiquent pas ignorent totalement.

Nos yeux restent bloqués sur la surface des choses bien souvent et nous ne voyons pas les merveilles qu'elles dissimulent.

Je passais mes soirées au bureau, parfois mes week-ends. Je croisais donc plus souvent Jacques et il appréciait l'investissement dont je faisais preuve.

Il me confia des projets de plus en plus conséquents et me mit en relation directe avec des clients importants.

Naturellement, ma rémunération suivit en conséquence et mon salaire doubla bientôt. Si Jacques ne me rétribuait pas assez selon moi, je n'hésitais pas à lui faire comprendre que j'avais d'autres propositions plus intéressantes ailleurs. Me rendant conscient de l'argent que je faisais gagner à l'entreprise, j'attendais d'elle la reconnaissance qu'elle me devait. Cette fois, il n'était pas question que mon travail ne soit pas récompensé.

Pendant ce temps, la relation avec Céline s'étiola, comme on aurait pu s'y attendre. Je n'avais pas beaucoup de temps à lui consacrer et ses préoccupations divergeaient des miennes, le phénomène s'aggravant avec le temps. Nous nous étions rencontrés à une époque qui me semblait lointaine et je n'étais certainement plus le même que lorsque nous passions nos soirées chez Jibé.

Le promis au RMI était devenu un cadre expert en informatique qui roulait dans une voiture neuve et puissante.

Je fis ainsi mon grand retour parmi les membres de ma famille paternelle dont j'avais gagné la fierté mais surtout le respect. Ils s'étaient tous inclinés devant ce retournement de situation et dès lors, je n'entendis plus jamais une seule remarque ou conseil de leur part.

Plus riche qu'à Air France, j'avais en plus le prestige d'un travail intellectuel. J'étais donc parvenu à leur démontrer que mes choix étaient justes, mais le plus important était sans doute que j'en sois moi-même convaincu.

Enveloppé dans un costume hors de prix et caché derrière des lunettes fumées, je les regardais avec aplomb.

Ils étaient également impressionnés par ma berline luxueuse et pensèrent certainement que c'était là une forme d'aboutissement de mon parcours.

Je les laissai penser ce qui leur faisait plaisir tandis que je sentais pousser en moi l'arbre du destin.

CHAPITRE 10

L'homme à la tête de chat

Toute une vie pour souffrir
Vingt-quatre heures pour mourir
Une seconde pour partir
Sept ans pour ressurgir

À l'encre des lagons
Je tatouerai ton âme
Des siècles de tradition
La mémoire d'une femme

Une déesse ne meurt pas
Elle n'en est que plus belle
Je ferai couler ton sang
Pour la rendre immortelle

L'aiguille est sans douleur
Face à celle d'un cœur
Qui en silence pleure
La reine de toutes ses peurs

Pour que tu n'oublies pas
Je tracerai en toi
La marque du trépas
Alors tu deviendras
L'homme à la tête de chat

Le temps passe et endort les blessures sans les guérir vraiment. Le guerrier qui a mené de rudes batailles a besoin de repos et de longues pauses parfois. Alors sur son chemin, il trouvera un refuge pour y faire une halte réparatrice. Les plaies se refermeront en surface tandis que sommeille au fond de lui une douleur couchée sur le lit d'un passé tragique et indélébile.

~

Je me plaisais bien dans mon costume d'informaticien au volant de ma berline allemande. J'écrivais des milliers de lignes de code, allais parfois à des rendez-vous, et surtout, je ne pensais pas. Je n'y pensais plus. C'était sans doute là ce dont j'avais besoin : oublier pour me reposer et me réparer.

On a parfois l'impression de rouler dans un train à grande vitesse après avoir planqué nos douloureux petits paquets de matière dangereuse dans une consigne de la gare sans savoir que quelqu'un les a chargés dans notre wagon. Assis dans le sens de la marche d'un futur meilleur, les paysages de ma nouvelle vie défilaient ainsi avec leurs lots de bonheur et de petites déconvenues sans grande importance. Il y eut des femmes, des amis, des rires et des pleurs, tout ce dont se nourrit une vie humaine « normale » et si mon sommeil ne me trahissait pas régulièrement, j'aurais pu continuer à faire semblant d'oublier.

La nuit, mon esprit voyageait dans notre appartement du vingtième arrondissement de Paris.

Je flottais dans une autre dimension et survolais ainsi les pièces de ce lieu : ma chambre, celle d'Anna, le salon. Parfois je croisais Doudou qui plissait ses yeux pour me dire bonjour.

En marge de ces visites nocturnes qui me laissaient une sensation de nostalgie nauséeuse au réveil, un rêve perturbant revenait fréquemment me secouer le cœur.

Je me promène dans la rue et parmi la foule, je reconnais avec effroi la seule personne que je pensais ne jamais revoir : Anna !

Alors que je m'approche d'elle et l'interpelle, elle feint de ne pas me reconnaître. Je ne peux pas croire qu'elle m'ait oublié. J'essaie désespérément d'engager la conversation, mais elle semble amorphe et presque aucun mot ne sort de sa bouche creusée dans un visage hagard. Alors que toute tentative de communication semble vaine, elle finit par parler et me raconter une histoire incroyable. Elle n'est pas morte comme on le pensait, elle avait besoin de disparaître pour mener une autre vie, une autre existence, ailleurs… Je cherche à comprendre ses raisons mais elle ne peut se justifier alors qu'elle affiche une sorte de consternation figée, comme atteinte d'une maladie mentale.

Réveillé en pleine nuit, il me fallait souvent quelques instants pour réaliser que tout ceci n'était qu'un rêve. Je ne le qualifierais pas de cauchemar mais je demeurais très perturbé par l'intervention onirique de celle que mon cœur ne pourrait jamais oublier. Intéressé par l'analyse en général, je me demandais ce que voulait dire ce rêve qui revenait de façon insistante sous des formes quasi semblables. Celui-ci persistait à vouloir me transmettre un message que je ne parvenais pas à décoder.

Elle était pourtant physiquement morte, pas de doute là-dessus. Les pompes funèbres l'avaient bien rangée dans son cercueil et je l'avais clairement vu s'enfoncer dans les flammes. J'avais également assisté à la cérémonie de dispersion de ses cendres dans le jardin des souvenirs du cimetière du Père-Lachaise. Alors cette histoire qui ressemblait à une mauvaise comédie dramatique n'avait pour moi aucun sens. Ma mère ne m'aurait jamais abandonné de toute façon. Pourtant ce rêve poignant de réalisme qui dégageait une force mystique me laissait l'impression qu'elle existait encore.

Les être existent parce qu'ils sont présents dans notre cœur et « n'est-ce pas là la plus belle façon de survivre ? »

Le petit mot que j'avais rédigé de façon automatique avant les funérailles ne ferait que prendre du sens au cours de mon histoire, et je finirais bien par comprendre la signification de ce rêve.

Mais en attendant, il demeurait une énigme que je rangeais le jour bien au fond de la poche de mon costume de petit cadre moyen.

Il semblait que l'informatique et la vie dans la société de Jacques Terrien avaient le pouvoir d'endormir toute vie spirituelle et ce n'était sûrement pas mes collègues de travail, eux-mêmes pris par le tourbillon de leur vie professionnelle ou familiale qui allaient la réveiller. Le peu de tentatives au cours du déjeuner pour mettre sur la table un sujet de ce genre s'étaient soldées par des regards intrigués ou des échanges de sourires que je préférai ne pas interpréter.

J'étais de toute évidence pour eux un grand rêveur en totale cohérence avec ma sensibilité artistique.

Tout est évident pour les gens qui ne savent rien.

Il est inutile de perdre son temps en bavardages stériles avec des esprits fermés alors que quelque part nous attend un être au front lumineux avec lequel tout coule de source. Pour en avoir rencontré déjà plusieurs, je savais qu'il valait mieux garder mon histoire pour celui ou celle qui saurait l'entendre.

En attendant, cela ne m'empêchait pas d'entretenir de bonnes relations avec mon entourage professionnel qui m'apportait finalement cette légèreté dont j'avais besoin.

Et la musique, qu'était-elle devenue dans tout cela ?

Dans les premiers temps qui suivirent mon embauche dans l'informatique, je m'acharnai à pratiquer la guitare régulièrement pour ne pas perdre mon niveau technique. J'avais réinstallé dans une pièce de mon grand appartement ce qui restait de mon matériel d'enregistrement car j'avais dû en revendre une partie pour tenir le coup financièrement. Puis, au fur et à mesure de mon implication dans le monde du numérique, je ne ressentis plus l'envie de toucher à ma guitare ni à ces machines qui semblaient avoir pris leur retraite. Mais cela me rassurait de me dire que la musique restait à portée de mes mains et que je n'avais pas complètement abandonné.

Ainsi, hormis quelques moments qui se firent de plus en plus rares, tous ces instruments devinrent peu à peu des objets décoratifs.

Ils continueraient à habiter avec moi pour maintenir à vif cette cruelle blessure pour laquelle il semblait n'exister aucun remède. Le rêve de devenir guitariste professionnel m'avait échappé malgré toute la foi et l'énergie que je lui avais consacrées. Alors plutôt que de périr de cette horrible blessure, j'avais collé un pansement rationnel sur celle-ci en me focalisant sur ma passion pour l'informatique.

Cette discipline semblait dépourvue de toute noblesse artistique, mais elle avait l'avantage de monopoliser mon esprit la journée et de me permettre de vivre confortablement.

Quatre années passèrent ainsi, allongé sur un matelas d'oubli et voguant sur une mer d'huile…

Avais-je définitivement rejoint la grande autoroute du troupeau au profit du petit chemin moins fréquenté mais qui promet un trésor ?

Il faut savoir que pour celui qui a ouvert les portes de l'esprit et a commencé la quête de sa réalisation, ces portes ne se referment jamais. Si l'on sème la graine d'un destin, celui-ci doit s'accomplir et nul ne peut empêcher la croissance de cet arbre de vie. Irrémédiablement, il pousse, et l'esprit ne peut le contenir ou le faire taire.

Alors ce qui devait arriver arriva.

Malgré tout le confort de cette vie de cadre informaticien, malgré la belle voiture, l'argent et tous les plaisirs terrestres qui s'offraient à moi, je commençai à ressentir un certain malaise.

Seul dans mon grand bureau, je tournais en rond et me demandais si je n'étais pas en train de m'ennuyer. Alors je fis passer ce qui n'était sûrement qu'une petite déprime passagère en m'immergeant encore plus profondément dans le travail. Découvrir de nouvelles technologies, cultiver mon expertise, tout était bon pour recouvrir le blues d'une toile numérique.

Mais en dépit de tous mes efforts pour fermer les yeux, un certain ras-le-bol s'installa durablement et je finis par me poser de sérieuses questions.

« Pas de réaction impulsive cette fois Daniel ! » me disais-je en me rappelant le visage de Damien Lemercier et l'odeur moisie des sous-sols de La Défense. Un brin de réminiscence de ces souvenirs suffisait à me calmer pour me maintenir bien enfoncé dans mon siège de bureau.

Toutefois, cette sensation de lassitude ne passa pas, et je finis simplement par me dire que j'avais besoin de vacances. Alors mon esprit commença à rêver de pays lointains, de paysages aux couleurs de paradis. Il fallait que j'aille chercher quelque chose quelque part, loin d'ici, sans que je ne sache de quoi il s'agissait ni où le trouver.

Je me mis simplement à feuilleter les catalogues d'agences de voyage. Je n'avais jamais eu la chance de toucher du doigt ces merveilles à l'autre bout du monde, mais plutôt pris l'habitude de les regarder à travers un écran de télévision comme on observe un poisson exotique à travers un aquarium.

À vingt-sept ans, je réalisais bêtement qu'il me suffisait de dépenser de l'argent pour le voir en vrai.

Et cette fois de l'argent, j'en avais. Alors que mes yeux se promenaient sur les îles et l'océan Indien, ils s'arrêtèrent net sur des photos de la Polynésie.

Lorsque je vis les photos du lagon de Moorea, l'île sœur de Tahiti, mon cœur se mit à battre la chamade pour me dire : « C'est là que je veux aller ! »

C'était vraiment déraisonnable. Les prix du séjour incluant le transport et l'hébergement étaient tout simplement indécents. Toutes mes économies y passeraient mais je finirais par taper du poing sur la table pour obtenir ce rêve.

Un jour, un ami m'a dit : « As-tu déjà regretté une folie que tu as faite ? »

J'ai bien réfléchi avant de répondre, en me penchant sur l'expérience de ma vie. J'ai repensé à mon demi-tour sur l'autoroute de l'aéroport, à tous mes choix audacieux et bien d'autres choses encore. Et je n'ai pas pu répondre autre chose que « non ! » Je savais qu'il attendait cette réponse et j'aurais bien voulu le réfuter, mais je fus obligé de reconnaître qu'il avait raison.

Il faut être un peu fou parfois pour vivre l'exceptionnel et sortir de son petit cadre de vie, se dire que l'on n'a rien à perdre puisqu'on va tous finir comme Anna…

Ce discours semble facile quand on a de l'argent, mais moi, cet argent, je l'avais durement gagné, en partant des parkings dégueulasses et en sacrifiant mes rêves d'artiste. Alors je méritais amplement ce qui ne semblait finalement qu'une petite friandise en compensation de toutes ces misères que j'avais endurées.

La mise en œuvre de ce projet fut excessivement facile et rapide. Un simple accord de mon patron pour mes dates de congés et ma carte bancaire rendirent très concret ce qui semblait fantasmatique et inaccessible. Les billets d'avion et la réservation de l'hôtel en main, je ne réalisai que j'allais vraiment partir qu'une fois planté devant le comptoir d'enregistrement de l'aéroport.

Ainsi, en cette fin de soirée d'un jour de septembre, un énorme aéronef m'emporta vers ce mystère qui m'appelait à l'autre bout du monde.

Ce vol aérien fut un régal du début à la fin. Mon corps vibra avec l'énorme accélération du décollage, mes yeux contemplèrent la guirlande électrique de la région parisienne rapetisser et lorsque l'hôtesse me servit une coupe de champagne, celle-ci eut la saveur d'une victoire pétillante.

Le voyage dura une éternité. Vingt-quatre heures en étaient la durée théorique et incompressible : il fallait douze heures pour rejoindre Los Angeles et refaire le plein de l'avion pour ensuite repartir trois heures après pour Papeete qui était encore à huit heures de là. En fait, la valve du réservoir de l'Airbus resta bloquée sur le tarmac américain et le zinc ne redécolla que sept heures après.

L'excitation et l'énervement mélangés m'empêchèrent ainsi de dormir durant ces trente heures de voyage au bout desquelles un séisme émotionnel m'attendait. Alors que nous aurions dû arriver dans la nuit sur l'île de Tahiti, nous l'approchâmes au petit matin, à une heure où le soleil était un projecteur sur une de ces merveilles du monde qui marquent à jamais une vie humaine.

Des montagnes volcaniques recouvertes d'une végétation luxuriante, couronnées d'une immense tache d'encre bleu turquoise trônaient là au milieu d'un océan azuré. Mariant le ciel et la terre, ce camaïeu de beauté choquante secoua mon âme de telle sorte que mon corps ne sentit plus la fatigue ni le manque de sommeil.

L'excitation me garda éveillé et en pleine forme jusqu'à la nuit tombée. Car il y avait tant de choses à découvrir dans ce bout de paradis avant de sombrer : les odeurs de fleur de Tiaré, la couleur éblouissante du lagon translucide, bain chaud peuplé de poissons extraterrestres aux formes bizarroïdes.

Et tout cela n'était encore rien à côté des activités payantes que proposait l'hôtel. Les photos de plongée sous-marine qui faisaient l'objet d'une exposition dans le hall d'accueil relevaient tout simplement de la science-fiction.

La journée a dû s'arrêter à peu près là, je ne me souviens plus trop du moment intermédiaire qui me conduisit à mon faré pour m'évanouir dans mon lit sans autre préoccupation après avoir bu un Mai Tai qui eut finalement raison de moi.

Le réveil fut difficile et il fallut ensuite plusieurs jours pour me remettre la tête à l'endroit, logiquement déphasé par douze heures de décalage horaire avec la région parisienne.

Lorsque je me sentis prêt pour l'aventure, je fis la connaissance de Michel au bureau d'accueil du club de plongée sous-marine. Il fut mon tuteur pour mon initiation dans le lagon, mon professeur pour le passage obligatoire par la théorie et enfin mon maître de plongée pour mon baptême en haute mer.

Un jour dans un bureau, le lendemain vingt mètres sous la surface de l'eau face à un mur de requins tandis que le moniteur se fait une écharpe avec une murène géante… Tout semblait si irréel que je pouvais légitimement me demander si tout cela n'était pas un rêve géant dont j'allais me réveiller. Hors du temps, loin de tout, étais-je toujours sur la même planète que celle que j'avais toujours connue ?

Tout ceci relevait certainement d'une expérience qui marque une vie entière, mais ce n'était rien à côté de ce qui m'attendait à quelques pas de l'hôtel.

En effet, les raisons initiales de ce voyage au bout du monde n'avaient rien à voir avec une envie de tourisme et encore moins avec la plongée sous-marine que je ne pensais même pas pratiquer un jour avant qu'elle ne s'impose naturellement dans ce contexte où rien n'était prévisible.

Non, il y avait quelque chose de plus profond dont le sens m'échappait totalement, mais que je n'allais pas tarder à découvrir. Car lorsque je me fus baigné cent fois dans le lagon, exploré le fond des mers corallien à plusieurs reprises, j'eus naturellement envie de me promener à l'extérieur de l'hôtel pour voir à quoi ressemblait la vie sur l'île.

Alors je sortis simplement pour marcher sur la seule et unique route qui en faisait le tour.

Du côté plage, de petites maisons faisaient des pointillés avec la mer, chacune d'elle étant raisonnablement espacée de sa voisine. On croisait des gens souriants habillés en tenue légère et autres paréos et parfois des chiens errants qui ne semblaient d'aucune agressivité. Il y avait aussi des poules en liberté et des obèses une bière à la main, le lagon d'un côté et la montagne de l'autre.

Tout ce petit monde semblait aussi pacifique que l'océan et même les moustiques qui se nourrissaient de touristes frais ne semblaient pouvoir gâcher la bonne humeur ambiante.

Ma petite marche se poursuivit sans que je ne m'arrête lorsque quelque chose d'insolite retint mon attention. Je ne pourrais dire s'il s'agissait d'une maison ou d'une cabane. Le local était percé de fenêtres hexagonales et construit en bois teint en bleu et recouvert de petits dessins originaux.

Ces motifs peints en blanc par une main habile m'étaient familiers sans que je ne sache pourquoi. Mes yeux avaient forcément dû les voir sans que mon esprit ne prenne le temps de les observer. Beaucoup faisaient penser à la mer : en forme de vagues, d'ailerons de requin ou encore de coquillages. D'autres étaient plus abstraits et s'assemblaient entre eux pour former des carapaces de tortue ou des visages pittoresques. Je me rendis ensuite compte que ces symboles énigmatiques étaient présents partout autour de moi. Sculptés sur les tikis, peints sur les murs ou encore tatoués sur la peau des hommes, ces assemblages cryptés qui décoraient subtilement tous les éléments devaient finalement constituer un langage réservé à des initiés.

Hypnotisé par la fresque qui se tenait devant moi, mon esprit s'était perdu dans les interprétations quand une voix me fit sursauter :

« Ia orana ! »

Un homme étrange venait d'apparaître, juché sur sa cabane, debout dans une posture peu commune : un bras croisé sur sa poitrine et l'autre grimpant vers son visage, l'index posé sur son menton.

Ses pieds nus portaient un corps d'ascète et de longs cheveux noirs et soyeux pendaient jusqu'à ses hanches. Sa moustache aurait pu être celle d'un empereur chinois dont le manque de pilosité l'aurait obligé à attendre des années pour la faire pousser. L'expression de ses yeux noirs et son demi-sourire me fit immédiatement penser à l'esprit de ces hommes que l'on ne rencontre que rarement.

Avant que je ne me transforme en statue de pierre, il enchaîna avec d'autres mots :

« Ça veut dire "bonjour" en tahitien. Tu cherches quelque chose ? »

J'étais visiblement sur la propriété de ce type indochinois à la peau bronzée et ne voulais en aucun cas qu'il croie à une infraction ou à une curiosité malsaine. Alors je lui répondis ce que je pus :

« Bonjour, euh non, je ne cherche rien en particulier, je passais là par hasard…

– Il n'y a pas de hasard, tu sais ça ? » dit-il avec un sourire taquin.

Je n'aurais jamais pensé entendre en ces lieux ce genre de propos que je ne connaissais que trop.

Je compris donc instantanément à quel genre d'homme j'avais affaire et je sus alors qu'il fallait qu'on se parle et comment m'adresser à lui.

« Oui, je sais cela, je devais sans doute te rencontrer. »

Son visage prit alors une tout autre expression. Il pencha la tête sur le côté et me regarda avec d'autres yeux que ceux que son crâne abritait. Après un court instant pendant lequel il semblait me déshabiller psychiquement, il fit mine de se reprendre pour adopter un ton sympathique et descendit de son perchoir pour me tendre la main.

« Je m'appelle Taniera, et toi ? »

Sa voix qui chantait les mots et roulait les « r » le rendait à la fois pittoresque et inoffensif.

Après que je me sois présenté, il me posa cette question étrange :

« Tu t'intéresses aux tatoos ? »

Je faillis lui répondre rapidement mais en tournant la tête, je vis un écriteau planté dans un arbre :

« Taniera Tatoo »

Il y avait un numéro de téléphone au format local juste en dessous. Alors je compris en une fraction de seconde beaucoup de choses qui ne firent que rendre Taniera plus intéressant.

« Tu es un tatoueur ?
– Sans blague, tu as deviné ? »

Et il éclata de rire puis se reprit en me tapant sur l'épaule :

« Je plaisante, ne te fâche pas, j'aime bien rigoler. »

Taniera s'amusait d'un rien et parlait de tout. Il pouvait aussi bien faire des blagues ou des jeux de mots idiots et tomber d'une seconde à l'autre dans des considérations spirituelles profondes. Son discours souvent décousu et sa traduction du tahitien faisaient que j'avais parfois du mal à le suivre.

Car au lieu d'en rester simplement là et de nous dire « au revoir », le temps s'arrêta après qu'il m'a invité dans son antre. Assis sur un banc en train de me faire dévorer les chevilles par des moustiques, une longue conversation aussi passionnante qu'inattendue s'ensuivit dans les odeurs de l'encens qui brûlait en totale harmonie avec le personnage et son habitat.

Alors qu'il me montrait ses dessins et qu'il m'expliquait la signification de certains d'entre eux, l'idée du tatouage germait à toute vitesse. L'idée de l'éternel et de l'indélébile prenait du sens pour moi.

Toutefois, cette première rencontre ne suffit pas à me dire que je voulais imprimer sous ma peau un dessin qui ne partirait jamais.

Le lendemain pourtant, après une nuit marquée de rêves colorés, cette idée qui semblait loufoque, voire inenvisageable la veille m'apparut attirante.

Alors je repris le même chemin qui me ramena au même endroit. Et le même homme était là, en train de peindre à l'encre de Chine une de ces magnifiques compositions qui faisaient de lui un véritable artiste.

Sans lever le nez de sa feuille, il m'avait vu :

« Ia orana Daniel ! Tu es revenu alors.
– Oui, j'ai réfléchi et j'aimerais bien que tu me fasses un tatouage. »

Alors il redressa la tête et posa ses outils pour me regarder.

« Tu veux un tatoo ?
– Oui, insistai-je.

– Tu sais, il y a plein de touristes qui se font tatouer sur l'île. Il y a aussi plein de tatoueurs. C'est une véritable corporation. La semaine dernière, il y avait une réunion de maîtres tatoueurs dont je fais partie à Tahiti.

– Et alors ?

– Et alors si tu veux te faire tatouer un requin ou une raie comme plein de gens qui viennent en vacances ici, il y a des tatoueurs pour ça. Mais moi, je ne suis pas ce genre de tatoueur.

– Mais je n'ai pas envie de me faire tatouer un requin ou une raie. D'ailleurs je ne sais pas ce que je voudrais me faire tatouer. C'est juste…

– Juste quoi ? »

Cette fois, je sentais que Taniera était sérieux et qu'il me poussait dans mes retranchements.

« Juste que je voulais marquer quelque chose d'éternel sur mon corps. »

À mesure que les mots sortaient de ma bouche, un embryon du mystère commençait à se dévoiler…

Alors Taniera engagea cette conversation qui resta gravée dans ma mémoire à jamais.

Il se tint debout devant moi pour engager un échange qui fit de lui tout autre chose qu'un simple tatoueur.

« À quel endroit du corps veux-tu te faire tatouer ? »

Spontanément, l'index de ma main droite pointa mon épaule gauche.

« Chaque partie du corps correspond à un organe psychique. La partie gauche est la partie féminine et la partie droite la partie masculine. L'épaule gauche appartient à la mémoire d'un être féminin. »

Je fus frappé par ce qu'il venait de me dire sans connaître mon histoire car ses petits mots « mémoire d'un être féminin » résumaient à eux seuls toute mon existence.

Taniera vit très bien à quel point j'étais déstabilisé par sa dernière assertion, alors il m'invita de nouveau à m'asseoir dans sa cabane et pendant plusieurs heures, il me fit parler de ce qui s'était passé.

« Mais cela fait sept ans que c'est arrivé et je n'y pensais plus… »

Taniera me laissa simplement dérouler le fil de la pelote de laine…

« … jusqu'à ce que vienne ce rêve… »

Alors je racontai à cet homme que je ne connaissais que depuis vingt-quatre heures ce fameux rêve qui me hantait depuis quelque temps.

Il me regarda avec compassion et me donna une des clés de l'énigme :

« Parfois, il faut du temps pour que certaines choses remontent à la surface. Tu poses un squelette de tortue au fond de la mer, et il remontera quelques années plus tard… »

Puis, il conclut cet entretien :

« Je ne tatoue jamais quelqu'un sans avoir bien discuté avant, les gens d'ici disent que je suis une sorte de psy. Je pense que tu as trouvé des éléments de réflexion sur ton tatouage.

Sache une chose : le tatouage existe toujours sur la partie psychique avant que je ne le dessine physiquement sous ta peau.

– Que veux-tu dire ?

– Ton tatouage existait déjà avant que tu ne viennes me voir la première fois. Bref, ce n'est pas grave si tu ne comprends pas. Maintenant, repars à ton hôtel, profite de tes vacances, et la forme de ce que tu veux te faire tatouer viendra naturellement. Lorsque tu sauras, reviens me voir et on fera un dessin ensemble. »

Je repartis complètement secoué par cette séance édifiante qui me plongea dans un état semi-méditatif alors que je regagnais mon hôtel sans que mes yeux ne regardent le paysage extérieur.

Les jours qui suivirent finirent par accoucher de la révélation qui me donna les clés de la terrible énigme qui justifiait ma présence ici. En repensant à ce tatouage, en rejouant dans ma tête les entretiens avec Taniera qui évoquait « la mémoire d'un être féminin », je finis par avoir une vision.

En effet, une nuit, le rêve revint. Cette nuit-là, il sembla plus réel que jamais.

Le thème était le même que d'habitude : j'avais retrouvé Anna. Mais cette fois, elle était assise en position du lotus sur une banquette en velours au milieu d'une grande salle vide. Je la reconnus de loin et m'approchai d'elle afin d'établir le contact. Elle avait les yeux clos et semblait en état de méditation. Alors que j'avançais à pas feutrés pour ne pas la déranger, je commençais à distinguer une forme qui m'était familière sur son large front.

Sa peau semblait marquée d'un étrange graphisme qui prenait forme au fur et à mesure que je contemplai son visage sans expression. Je reconnus alors ce dessin que les chats tigrés portent sur leur crâne, juste au-dessus des yeux : le scarabée.

Alors que ma main se tendait vers le front de la déesse pour en apprécier la texture, je bondis d'effroi lorsque ses yeux s'ouvrirent en grand : ses paupières découvrirent deux pierres de jade percées par une pupille jaune, fine et verticale comme celles d'un chat en plein soleil. Ébloui par le rayon de ce regard terrifiant qui transperçait l'espace, je ne vis pas comment la femme se transforma en un chat noir angora qui s'avançait vers moi. Venait-il pour me mordre moi aussi ?

Il avait l'air si doux pourtant que je ne fis que m'agenouiller pour lui tendre ma main avant que celle-ci ne caresse son pelage alors qu'il s'enroulait autour de ma jambe en ronronnant.

Le rêve ne me réveilla pas en sursaut et il faisait déjà jour sur la Polynésie alors que j'ouvrais les yeux sur le soleil rouge qui embrassait timidement la terre.

Le rêve encore vivace dans mon esprit venait d'apporter sur un plateau la réponse à toutes mes questions.

Tout devint évident d'un seul coup. Le chat était le passeur vers la mort, celui qui avait infligé à Anna sa morsure mortelle pour l'emporter dans l'autre monde. Le dessin de la tête du chat et sa représentation du scarabée me faisaient penser au style abstrait de ces tatouages maoris.

Alors si le chat représentait la mort de ma mère, j'en ferais le symbole de sa résurrection.

En effet, certains cadavres de noyés mettent des années à remonter à la surface de la conscience. Mais cette fois, il fallait faire quelque chose pour que la tragédie d'Anna ne disparaisse plus, pour ne plus l'oublier.

Il faudrait que sa mort reste gravée sur ma peau et dans mon esprit à jamais, pour que je puisse la regarder chaque jour. Ainsi elle et moi serions mariés pour l'éternité.

Au lieu de la fuir ou de vouloir l'oublier, je m'en ferais une alliée, et j'adopterais ce chat, ce fauve mystique qui avait emporté la déesse.

Tout était donc clair : Anna vivrait à jamais en moi en tatouant le chat, symbole de sa mort, sur ma peau. Ainsi, elle serait auprès de moi, à la surface, au lieu d'errer quelque part dans les profondeurs de ma conscience, un endroit perdu depuis lequel elle m'appelait désespérément.

Taniera approuva grandement cette idée mais il fut légèrement désarçonné pour ne jamais avoir eu à tatouer un chat. Alors il fit des croquis sur une feuille de papier. Un chat dans le style maori ne ressemble pas vraiment à un chat à première vue. Tous ceux qui ont vu ce tatouage m'ont demandé ce que représentait ce dessin mystérieux sur mon épaule gauche.

Pourtant, une fois que j'eus validé le dessin inscrit au stylo sur mon épaule, la pertinence de cette création ne fit pour moi aucun doute.

Lorsque nous fûmes tous les deux enfin prêts pour le grand moment, Taniera enroula ses longs cheveux autour d'un crayon, enfila des gants d'hygiène et me montra l'aiguille qui sortait d'une boîte neuve. Ensuite, il m'allongea sur une table de massage et plaça les membres de mon corps en m'incitant à me détendre.

Dans les odeurs d'encens, l'artiste s'appliquait à piquer ma peau tandis que je regardais sans sourciller le mur de son petit cabinet. L'opération ne dura pas très longtemps et fut sans douleur. Je ressentis bien sûr le picotement de l'aiguille, mais rien de dérangeant. Au contraire, je voulus apprécier pleinement ce moment unique où l'éternel s'imprimait en moi.

Taniera, toujours silencieux, comme plongé dans un monde intérieur épongeait le sang qui sortait de ma peau.

Et lorsqu'il eut fini, il enduisit mon épaule d'une crème hydratante et s'adressa à moi avec sérieux :

« Le tatoo est terminé à présent. Il va encore saigner pendant vingt-quatre heures puis cicatriser durant sept jours. Lorsque ta peau se sera totalement refermée, la blessure qui te fait souffrir depuis sept ans sera guérie. »

Ses paroles, qui auraient pu être celles de n'importe quel guérisseur rebouteux, étaient simplement logiques et totalement cohérentes avec ma démarche spirituelle. Si le tatouage me permettait de garder un lien permanent avec Anna et d'accepter définitivement sa mort, sa vertu thérapeutique ne faisait aucun doute.

Taniera ajouta encore quelques mots avant que je ne parte, et ce qui aurait pu passer pour un bref enseignement culturel s'imprima avec une encre qui ne marque pas que la peau…

« Les tatouages des guerriers maoris racontent une histoire : celle de leur vie. À chaque événement important (bataille, naissance d'un enfant, mort d'un proche), le tatoueur de village va le tatouer sur la partie du corps qui correspond. Je te dis donc à bientôt mon ami ! »

Il ponctua la phrase avec son petit rire habituel, celui qui ne sort pas forcément pour des raisons humoristiques.

Après quelques échanges amicaux pour clôturer cette cérémonie, nous fîmes nos adieux car mon retour pour la métropole était proche. Avant de partir définitivement, je me retournai une dernière fois vers la cabane de Taniera. Il me regardait dans la même posture que la première fois et lorsque nous nous regardâmes, je sus que nous nous reverrions, dans cette vie ou une autre.

Le soir, au bar, je discutai avec Michel, mon instructeur de plongée qui sirotait un Mai Tai. Il vit bien sûr le tatouage en relief sur mon épaule encore tuméfiée. Bizarrement, il ne chercha pas à savoir ce que le dessin représentait.

« Qui t'a fait ce beau tatouage ?

– Un certain Taniera. »

Alors son visage changea de couleur, et il me questionna :

« Tan, tu veux dire ?

– Je ne sais pas, Taniera.

– Un homme grand et très mince avec des cheveux longs jusqu'à la taille et une tête d'Indochinois ?

– Oui, c'est ça !

– Je l'avais deviné en voyant le design du tatouage, mais je ne pensais pas que tu aurais pu te faire tatouer par cet homme.

– Pourquoi, qu'y a-t-il avec lui ?

Michel repris une gorgée de Mai Tai et il hésita avant de me répondre.

« Il te faut savoir que les tatoueurs en Polynésie forment une confrérie hiérarchisée dont les membres sont comme gradés. Au commencement de leur carrière, ils sont apprentis tatoueurs, et puis…

– Et puis ?

– Et puis, au sommet de cette pyramide, il y a quelques maîtres. Ce sont des sorciers tatoueurs, dont Taniera fait partie. »

Je le regardai en fronçant les sourcils, bien que nullement étonné par ce que je venais d'entendre.

« Tu sais, c'est ce que les gens disent ici, il est très connu pour cela sur l'île et tout l'archipel. On dit qu'il n'imprime pas seulement des dessins, mais des symboles magiques qui influent sur le cours de l'existence de ceux qui les portent. Il y a toute une tradition chez les Maoris, moi je suis Normand d'origine, alors je ne fais que répéter ces histoires que j'entends depuis dix ans que je suis ici. Ce ne sont sans doute que des légendes d'anciens indigènes. »

La légende ne faisait que confirmer ce que je pensais déjà.

Après un « bref… », il tourna son regard vers le ciel et la mer et me raconta une partie de son histoire, sans doute moins mystique mais qui avait du sens pour moi.

« J'ai cinquante ans et des enfants qui sont grands. Avant, j'étais commercial et passais ma vie sur la route. Je gagnais cinquante mille francs par mois mais je n'en profitais pas. Je n'ai pas vu mes enfants grandir et n'ai fait qu'amasser de l'argent. À part ma carrière, je m'intéressais aussi à la plongée. C'était ma passion et je la pratiquais dans un club de ma région. Un jour j'ai réalisé que je perdais ma vie à sillonner les routes avec ma grosse voiture et mon attaché-case, alors j'ai tout quitté pour venir ici.

Maintenant je suis heureux, je vois des requins tous les jours et je prends le temps d'admirer toutes ces merveilles. Je ne reviendrai jamais en Normandie. »

Il leva son verre et trinqua avec le soleil qui terminait sa journée.

Le rêve devait se terminer et la déprime m'aurait sans doute emporté avec le bus qui nous amenait à l'aéroport si je n'avais pas la conviction profonde que je reviendrais un jour. Mais il y avait surtout ce magnifique souvenir que j'emportais avec moi et qui ne me quitterait jamais.

Le retour à Paris fut totalement différent du voyage aller. Je me sentais à la fois apaisé et très fatigué, si bien que je dormis profondément sur les deux tronçons de ce vol de nuit qui me ramena dans l'autre monde sans que je ne m'en rende vraiment compte.

Le samedi soir, j'organise un repas pour fêter mon retour avec mes amis. J'ai décidé de faire cuire un saumon des dieux, un magnifique poisson que j'ai découvert en Polynésie. Alors que nous sommes tous attablés, on sonne à la porte. Je n'attends pourtant plus personne. Quel est donc ce mystérieux invité ? Ou alors c'était le voisin du dessous qui vient râler à cause du bruit…

Lorsque j'ouvre la porte, je vois Anna arborant un grand sourire. Elle se jette dans mes bras et la divine étreinte dure si longtemps que les convives sont tous partis lorsque je l'invite à son tour à déguster ce mets délicieux. Mais un autre convive s'est invité…

Sautant sur la table à quatre pattes, ce coquin de Doudou réclame sa part du festin lui aussi. Alors nous rions tous ensemble et levons nos verres à nos retrouvailles.

La déesse éclatante et joyeuse pétille des yeux et me lance des regards amoureux. Sa longue crinière tombe sur son pull angora et je plonge ma tête dans la douceur de ce paradis, m'enivrant des parfums mélangés qui s'échappent de la matrice divine. Doudou plisse les yeux, ronronne et bave de bonheur pour se mélanger à nos larmes de joie. Les percussions de nos cœurs s'accordent alors pour ne faire qu'un seul et même rythme, répétitif et hypnotique. Les sons corporels se transforment alors, laissant apparaître celui des tam-tams et des djembés, envoûtant mon esprit alors que mon corps s'engourdit peu à peu…

Je me retrouve allongé dans mon lit, entouré de bougies dont les fumées se mélangent à celles de centaines de bâtons d'encens qui brûlent dans l'immense brasier qui m'entoure.

Doudou est au pied de mon lit et me fixe de ses deux pierres de jade. Il se met alors à parler :

« Maintenant mon frère, tu vas réaliser un vieux rêve.

– Je ne sais que trop à quoi tu fais allusion, mais est-ce possible alors ?

– Regarde au-dessus de toi… »

Flottant juste au-dessus de moi, un être bleuté et transparent me tend la main. Ce corps, ce visage… c'est celui d'Anna ! Elle est dévêtue et je ne distingue plus que son corps fantomatique.

Elle me sourit et me rassure :

« C'est mon corps éthéré que tu vois mon fils, prends ma main et suis-moi, nous allons faire un voyage astral… »

Comment refuser une telle invitation ?

Je lui tends une main spectrale et elle la saisit pour me faire sortir de moi-même. Ça y est, je plane avec elle au-dessus de mon lit et nous contemplons une dernière fois la scène : mon corps endormi gît au milieu d'un immense brasier d'encens et sous le regard de mon magnifique félin qui lui aussi quitte son corps pour nous rejoindre et grimper sur mon dos.

Le regard du guide se tourne alors vers le ciel et en un éclair, nous traversons le plafond de ma chambre puis celui de l'immeuble. La vitesse est vertigineuse, et la sensation de décollage d'un avion n'est rien à côté de ce que je ressens alors que les paysages des villes endormies défilent sous mes yeux. Nous survolons l'écorce terrestre, les terres, puis la mer, jusqu'à ce qu'apparaissent des îles…

Ces montagnes volcaniques entourées de tâches bleu turquoise… mais c'est la Polynésie !

Nous ralentissons et le voyage touche à sa fin alors que nous atterrissons sur une plage où nous attend un homme aux cheveux longs.

« Taniera !

– Ia orana mon ami, je t'avais dit qu'on se reverrait… Allez, venez vous baigner dans le lagon ! »

Et nous nous précipitons tous pour plonger dans l'eau chaude et transparente et nager avec des dauphins joueurs.

La joie est à son comble alors que nous rions tous ensemble à la surface de l'eau.

Alors je regarde autour de moi et me rends compte que le lagon a une forme inhabituelle. Mais c'est vrai, je peux voler maintenant ! Pour comprendre, je m'élève dans les airs et regarde les autres avec une centaine de mètres de hauteur.

Ils se baignent en fait dans un bras de mer, comme une rivière de lagon. Il faut que je monte plus haut dans le ciel pour voir ce mystère bleuté dans son ensemble.

Au fur et à mesure de mon ascension, je découvre un réseau de rivières qui forment un dessin que je finis par discerner avec stupéfaction. Anna, Doudou et Taniera sont en train de se baigner dans mon tatouage !

Je redescends pour les prévenir mais le paysage garde sa taille alors que mes personnages fusionnent avec le chat sur mon épaule.

J'entends alors la voix de ma mère :

« Ne crains rien mon Daniel, je n'ai pas disparu cette fois, j'ai choisi de vivre dans ton tatouage. Ainsi, je serai avec toi pour l'éternité. Je t'aime et te protégerai. À chaque fois que tu en auras besoin, je te donnerai la force du guerrier. Tu ne connaîtras plus la peur et tu es invincible à présent. »

Lorsque je me réveillai de ce rêve, je ressentis un profond sentiment de félicité. Alors je passai ma main sur mon épaule gauche : le tatouage était sec et lisse. De la couleur du lagon de Moorea, il resplendissait sur ma peau encore bronzée à la lumière de ce nouveau matin.

C'est ainsi que le jeune homme fragile devint l'homme à la tête de chat, un guerrier qui tient sa force de l'union entre la vie et la mort.

Il se moque de ce squelette habillé d'une cape et armé d'une faux. La mort n'est pas cet épouvantail qui terrorise les foules depuis toujours.

Non, la mort est un chat qu'il ne faut pas craindre mais caresser pour qu'il accepte qu'on le porte sur son épaule.

Alors, la mort n'est plus l'ennemie que l'on craint mais la puissante alliée du guerrier. Elle vit en lui, et sitôt qu'il la regarde dans les yeux, il ne craint plus rien sur cette terre.

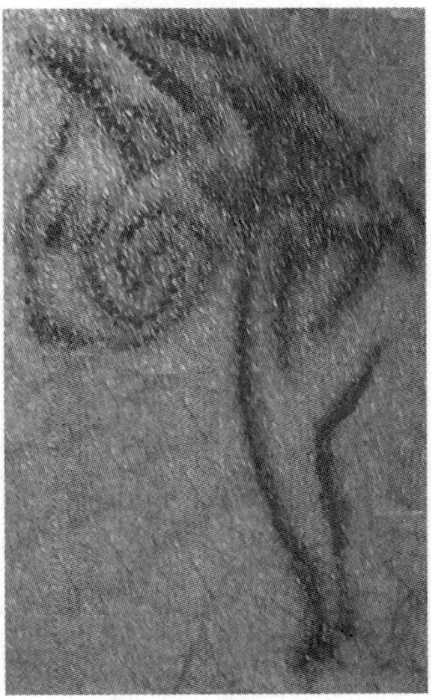

CHAPITRE 11

L'odeur de la mort

Sens-tu le bouquet divin ?
D'un matin assassin
Je me couche et t'étreins
Dans ce lit sans lendemain

Même si tu crains le pire
Ma lumière fauve t'attire
Je les ferai souffrir
Mais je te ferai jouir

Caresse-moi et mange-moi
Je suis la plus fidèle
Des douleurs immortelles
Et des beautés cruelles

Bois ma virginité
Prends ma vie sans offense
Je veux te voir goûter
L'immaculée souffrance

Attends-tu que je te prenne
Juste avant de t'enfuir
Est-ce la peur qui te freine ?
Il est temps de partir

La rencontre avec Taniera ne fut pas seulement un rite initiatique mais une expérience qui réveilla ma vie spirituelle. La douche du matin et le déshabillage du soir laissaient réapparaître la tête de chat et ce symbole hypnotique me parlait chaque jour pour me dire : « N'oublie pas… »

Non, je ne pourrai jamais oublier ce qui s'était passé : la déesse de l'amour, la morsure du chat et l'enseignement de ces magnifiques guerriers.

La tornade que Jacques, le dragon spirituel, m'avait promise avait fini par me mettre à genoux et la halte dans le gîte confortable du gentil commerçant de logiciels informatiques était une étape nécessaire. Tout d'abord, il fallait que je panse la multitude de plaies que le fouet du destin, cruel et formateur, m'avait infligée. Mais ce n'était pas tout, il fallait que je reprenne confiance en moi, que je fasse mentir tous ceux qui m'avaient promis un avenir de clochard.

C'était fait.

Pour autant, quitter la douillette auberge de Jacques Terrien pour repartir en guerre ne semblait pas d'actualité. Je continuais à me passionner pour le développement informatique et avais incité mon patron à commercialiser un produit logiciel dont j'étais à l'initiative.

Emporté par une fougueuse créativité, j'avais pris sur mon temps pour fabriquer une maquette de cette nouvelle idée. Mes soirées et mes week-ends passaient à toute vitesse dans mon petit laboratoire numérique. Enthousiasmé par mon projet et y voyant un axe de développement certain pour son entreprise, Jacques Terrien avait accepté de financer la création du logiciel et j'étais ainsi rémunéré durant la journée pour vivre cette fiévreuse passion qui me maintenait rivé à mon écran.

La commercialisation de ce produit innovant connut un rapide succès et pour m'encourager à poursuivre mes efforts, le patron m'octroya des royalties sur les ventes. La passion, le confort, le succès, tous les ingrédients étaient réunis pour que ma carrière d'informaticien chez JTA Conseil dure jusqu'à ma retraite.

Mais tandis que je m'évertuais à reculer devant le grand saut, l'arbre du destin continuait de pousser de façon inéluctable et tambourinait aux portes de ma conscience. Un jour, il finirait par faire craquer mes chairs et m'obliger à sortir de ma nouvelle chrysalide car il faudrait bien que j'aie le courage de reprendre le chemin de ma quête.

Mais le système est bien fait pour nous maintenir endormis et si le destin ne venait pas nous secouer violemment, il pourrait bien avoir raison de cet arbre intérieur, un géant magnifique qui ne demande qu'à monter jusqu'au ciel pour nous offrir les fruits de l'épanouissement.

Alors, lorsque celui-ci est frustré et que son énergie ne peut se libérer, il invoque les dieux pour faire tomber la foudre.

C'est ainsi qu'arrivent les tragédies et c'est ainsi qu'il faudrait les interpréter. Les derniers récits qui suivent racontent comment ce qui peut sembler choquant dans ces propos devint une évidence.

~

Le téléphone de mon appartement résonnait d'une façon particulière lorsqu'il était porteur d'un message important. Si je devais expliquer de façon rationnelle ce phénomène, je dirais qu'il y a des heures et des jours où il n'est pas censé sonner. Officieusement, je dirais qu'il fait vibrer les ondes d'une manière particulière pour m'atteindre de l'intérieur. Lorsque cela se produit, je sursaute tout d'abord et prends un temps avant de décrocher le combiné.

Ce jour-là encore, mon intuition était juste : c'était la sœur de ma mère, celle qui m'avait ramassé à la petite cuillère après ma déchéance chez Jibé.

« Allo mon Daniel, c'est ta tante Yvette, comment tu vas ?
– Très bien, et toi, ma tante ?
– Moi je vais bien, mais c'est ta tante Mathilde qui ne va pas bien du tout.
– Que se passe-t-il ? »

Alors elle me raconta ce qui n'était que la suite d'une triste biographie, celle d'une femme qui n'a jamais été heureuse et dont la vie ne voulait plus, à moins que ce ne soit elle qui n'ait plus voulu de la vie…

Deux ans auparavant, Mathilde qui avait une petite boule au sein avait subi des examens qui avaient clairement et sans appel diagnostiqué un cancer. Jusque-là, rien de très inhabituel. Mais ma tante, pour des raisons que même sa passion pour l'ésotérisme ne pourrait justifier, avait décidé de se faire soigner par un guérisseur.

Malgré les fermes recommandations de son proche entourage, qui bien évidemment l'exhortèrent à suivre un traitement adapté par la médecine classique, elle se ferma étrangement à cette idée raisonnable. Alors qu'à cette époque déjà, le cancer du sein était très bien pris en charge par de solides protocoles thérapeutiques, elle ne voulut pas en entendre parler et remit sa vie entre les mains d'un homme qui croyait sûrement bien faire mais qui n'eut pas l'humilité de l'orienter vers des spécialistes du cancer. Il aurait sans doute eu plus de poids que les autres pour la ramener à la raison. Mais non, il préféra sans doute se fier à ses pouvoirs surnaturels.

Et comme toujours, la vérité est en demi-teinte : la boule diminuait au fil des séances ! L'évolution était palpable et son compagnon, bien qu'ultracartésien, se laissa bluffer par la magie du traitement rural et naturel. Sans doute s'était-il dit qu'il était temps d'ouvrir son esprit et de s'incliner devant l'existence indéniable des forces de l'invisible.

De façon sournoise, la maladie de Mathilde finit par se faire si discrète qu'on eût pu croire qu'elle avait disparu. Par l'absence de symptômes visibles, elle se fit même oublier pendant des mois. Mais lorsqu'elle ressurgit par surprise, elle avait eu le temps de se développer en sous-marin pour frapper cette fois de façon impitoyable sa naïve victime.

À l'heure où Yvette venait me trouver, Mathilde était installée dans une maison de repos et de soins non loin de son domicile.

D'une beauté magnifique, cette grande lionne aux cheveux longs et blonds était devenue méconnaissable alors que la maladie la ravageait méticuleusement.

Par effet de bord, le cancer avait provoqué une hémiplégie qui rendait la plupart de ses propos incompréhensibles et qui affaissait la moitié de son visage.

Ses yeux décalés pleuraient à moitié et même si elle cherchait à jouer la comédie en se maquillant, une tristesse funèbre transpirait par les pores de sa peau.

J'ai encore en mémoire ces déjeuners dominicaux en famille, réunissant les sœurs et demi-sœurs, ces Noëls ou les rires pétillaient avec les coupes de champagne, la joie de vivre de ces femmes que rien ne semblait pouvoir séparer et qui m'embrassaient à tour de rôle.

C'est donc comme cela que tout devait finir ? Qu'était devenu l'ancien monde peuplé de ces personnages enjoués qui tombaient les uns après les autres ?

Nos vies glissent lentement vers un précipice dans lequel nous tomberons tous. Mais au bord de ce gouffre, Mathilde ne semblait pas trembler. Elle était heureuse de me voir, et de me savoir en bonne santé car sa grande sœur étant disparue, elle aurait voulu veiller sur moi.

Alors que ma tante restait silencieuse un moment, je sentis Anna vivre en moi. Elle semblait vibrer de toutes ses forces pour m'inciter à faire un geste envers sa petite sœur. Alors je pris ses deux mains et les joignis pour les recouvrir des miennes et réchauffer son petit cœur glacé.

Le monde extérieur semblait s'être tu pour nous laisser seuls dans ce moment de grâce qui accoucha de sourires inattendus sur ce tableau aux couleurs tragiques. Nos cœurs rayonnèrent alors de cet amour que nous partageâmes en cet instant, dans la lumière d'une déesse qui semblait tout autour de nous. Je ne ressentis alors plus aucune tristesse mais plutôt une sorte de félicité culpabilisante.

Mathilde brisa alors ce silence pour donner un ton rassurant à cette situation :

« Ne t'inquiète pas mon Daniel, je suis bien soignée ici, je devrais sortir dans pas longtemps. Rose va venir me chercher pour me prendre avec elle et veiller sur moi. »

Et après ? Qu'arriverait-il ?

Je n'étais pas à même d'évaluer la gravité de la situation. Était-ce moi qui ne m'en rendais pas compte ou bien était-ce elle qui essayait de se convaincre d'une possible guérison ?

C'est avec ces questionnements que je repris la route vers la région parisienne, me sentant un peu coupable de la laisser ainsi dans une mauvaise incertitude consentie.

En tout état de cause, je ne pouvais rien y faire, ma vie ne pouvait se tenir à son chevet. Il fallait que je reprenne le cours de mon chemin, dans mon univers éloigné du sien. Je prendrais de ses nouvelles auprès de Rose.

Ainsi, je m'immergeai de nouveau dans ma vie d'informaticien pour oublier ça, et le reste…

Lorsque je scrutais mon écran d'ordinateur, mes yeux regardaient parfois au-delà des lignes de code et mon esprit s'absentait en pensant à tous ces souvenirs qui régurgitaient la nostalgie et la tristesse de mon passé, engloutis par la boulimie d'un temps trop pressé.

Combien de temps resterais-je ainsi collé à mon fauteuil à ne rien faire, si ce n'est regarder le paysage de l'existence défiler à grande vitesse, emportant une à une toutes ces vies sans que je n'y puisse rien ?

L'auberge du voyageur dans laquelle je m'étais arrêté pour me reposer et me soigner était bien trop confortable, à tel point qu'elle m'avait englué pour me répandre dans une fainéantise de l'âme. J'étais prêt à reprendre ma quête depuis mon voyage en Polynésie et le chat vibrait sous ma peau, rageant de frustration, tandis que je continuais à m'immobiliser obstinément.

Dans la logique de mon environnement, j'avais même acheté un appartement que j'aurais fini de rembourser à l'âge de cinquante ans.

Ainsi, je me traînais tardivement le matin à mon travail, et de mon travail à mon petit deux-pièces à crédit pour m'abrutir dans un grand verre de rhum et dormir dans un bain chaud et ramollissant.

Alors un grand malaise s'installa progressivement tant j'atteignais mes limites. L'arbre du destin poussait les cloisons de ma conscience et le chat hurlait jusqu'à m'empêcher de dormir.

Je finis par perdre le sommeil et prendre des anxiolytiques pour les faire taire, mais leurs voix étaient plus fortes que la chimie. Elles me hantaient même le jour pour me faire avouer que je n'étais pas heureux.

Les doses malsaines d'alcool et de médicaments me conduisirent chez le médecin, puis chez un psychiatre.

L'homme que je fus amené à rencontrer de manière « fortuite » était sans que je ne le sache alors, un propulseur majeur qui manquait à ma fusée.

Le docteur Ferrano m'écouta attentivement lors de notre première séance et me donna simplement de quoi retrouver un sommeil normal et « ranger les livres de ma bibliothèque », image qu'il utilisa pour illustrer le cerveau et ses neurones en pagaille. Son accent du

Sud-Ouest faisait chanter des mots parfois compliqués lorsqu'il m'expliquait des concepts tout aussi abstraits que passionnants. Le calme d'un lac semblait habiter l'intérieur de cet homme dont le timbre de voix suffisait à m'apaiser.

J'aimais discuter avec lui. Ce grand intellectuel, ancien interne des hôpitaux de Paris s'était établi à la soixantaine dans un petit cabinet de ma banlieue bourgeoise et pratiquait la psychothérapie avec une approche qui me réconciliait avec mon passé scientifique.

Si le début de notre collaboration ne fut qu'une remise sur pied, les séances qui suivirent se transformèrent en un véritable enseignement dont je m'abreuvais et je me réjouissais par avance à l'approche des consultations.

Parmi les multitudes d'échanges passionnants, certains restèrent gravés dans ma mémoire, dont un, qui fut l'un des déclencheurs du grand saut.

Je lui fis un jour part de mon désespoir quant à ma situation :

« Voilà ce que j'ai fait de ma vie, voilà ce qu'est devenue la quête de l'accomplissement de soi, voilà ce que sont devenus mes rêves :

J'ai 32 ans et je suis salarié dans l'informatique. J'ai cinq semaines de vacances par an et je vais tous les jours de mon petit deux-pièces (qui appartient à la banque) à mon bureau pour écrire des lignes de code. »

Alors il me répondit avec un grand sourire chantant des Pyrénées-Atlantiques :

« Si ça se trouve, dans quelques années, vous serez le patron d'une multinationale, qu'est-ce que vous en savez ? »

Ses propos semblaient aussi fantasques que démesurés. Alors il prit un ton sérieux :

« Ce qu'il faut, c'est s'autonomiser du système, petit à petit. »

Comme à chaque séance, je ne compris pas tout de suite ce qu'il avait voulu me dire. Certains de ses mots ne tarderaient pas à faire écho dans un futur proche tandis que d'autres prendraient encore des années pour faire leur chemin.

Que fallait-il donc de plus pour me réveiller ? Le docteur Ferrano parlait d'autonomisation, le chat et tous les guerriers soufflaient le vent de la quête à mes oreilles, et l'arbre du destin allait finir par me faire exploser. Mais cela ne suffisait pas.

Alors la vie amena la pièce qui manquait, la seule qui aurait raison de mes peurs, la clé de voûte de ma philosophie et l'arme absolue du guerrier.

L'entrevue avec Mathilde m'avait ému, mais j'avais un peu vite refermé cette parenthèse sans me douter qu'elle n'était qu'une entrée en matière.

Car c'est lorsque l'on croit avoir faussé compagnie à cette vieille amie qu'elle vous tape gentiment sur l'épaule pour vous faire sentir son terrible parfum, celui qui vous emporte dans une bulle en dehors du temps, à la frontière du monde des vivants.

Alors qu'elle m'endort avec son mouchoir d'éther, sa voix suave caresse mon oreille : « Viens avec moi, viens marcher sur le fil de la limite, viens, je t'invite à sentir mon odeur. »

C'était la première fois que j'entendais mon père pleurer au téléphone alors que je venais de décrocher à contrecœur, pour entendre ce qu'avait à me dire ce maudit appareil, sonneur de mauvaises nouvelles qui sanglotait :

« C'est fini, Daniel.

– Qu'est-ce qui est fini ? Qu'est-ce que tu racontes ?
– Victor, on va le perdre, mon petit garçon…
– Explique-toi. »

Mon ton stoïque le calma. Il venait de me transporter dans cet état dans lequel mon cœur se fige et le temps s'arrête, lorsque mon impatience d'entendre le pire devient malsaine, lorsque je ne ressens plus rien.

Je ne me sentis pas déstabilisé ni même affecté par l'exposé de la situation qui suivit, mais plutôt contemplatif d'une lumière noire pure et éblouissante. Victor, mon jeune frère âgé de vingt ans venait d'être transféré à l'hôpital Saint-Louis à Paris, là où officient les plus grands spécialistes du cancer.

La veille, il s'était trouvé mal alors qu'il était chez le dentiste. Le malaise, qui n'avait rien à voir avec l'intervention du praticien, l'avait dans le doute conduit aux urgences pour des examens de précaution.

C'est alors que la tragédie éclata au visage de ceux qui examinèrent l'IRM : une tumeur de la taille d'une orange trônait là, au niveau du plexus solaire de Victor. À l'heure qu'il était, le diagnostic avait déjà dévasté la famille : il était atteint d'une leucémie aiguë lymphoblastique. Parmi les différentes variantes de ce cancer, Victor était frappé par l'une des plus virulentes. Cette maladie qui prend naissance dans les cellules souches du sang crée soudainement des cellules tueuses qui se développent en quelques jours ou quelques semaines. La situation était dramatique. L'était-elle à tel point que je ne ressentis aucune panique ni tristesse ?

Quel genre de monstre étais-je donc devenu pour ne pas m'effondrer devant un tel drame ?

Mon cœur était froid comme de la glace et mon discours calme et posé.

« Ne dis pas que c'est la fin. Tu n'en sais rien. Il ne va pas mourir. Calme-toi, je vais aller le voir. »

Mes propos étaient secs et choquants, mais j'avais l'habitude d'être le fou qui assume ses propos invraisemblables, avec l'immunité de celui qui a serré la main de la grande tueuse.

Tueuse de femmes, tueuse d'enfants, elle n'épargnerait donc personne. Deux femmes de cinquante ans, et maintenant mon frère de vingt ans. En combien de temps ? Une seconde ? Quarante-huit heures ?

Pas d'âge, pas de durée, elle n'obéit à aucune règle. Prompte et sèche comme un claquement de doigts, la bête plante ses crocs dans la chair et prend la vie de sa victime.

J'étais de nouveau en plein dedans, dans ce moment fascinant où tout bascule, lorsque plus rien n'a d'importance. Il fallait que je me rende auprès de Victor le plus rapidement possible, que je m'approche de la source de cette éruption de vérité brûlante.

En pleine journée de travail, j'avais juste prévenu mon patron, lâchant une grenade derrière moi et à présent je volais à tire-d'aile comme un papillon attiré par un phare aveuglant.

Je me retrouvai rapidement dans les murs de cet endroit qui me transporta dans mon passé : des portes en verre, des murs et des dalles luisantes. Cette fois, je ne perdrais pas un instant pour être auprès de celui qui gisait quelque part dans l'une des alvéoles de cette ruche mortuaire.

Au bout d'un dédale de couloirs et d'ascenseurs, j'arrivai en son centre, et un grand sas blanc me séparait à présent de la chambre sacrée. On me fit alors enfiler des surchaussures avant de m'autoriser à pénétrer ce lieu très particulier où le calme et la technologie invitaient au silence. Lorsque je rentrai enfin dans la chambre de Victor, il était adossé à la tête de lit et me sourit simplement, heureux de me voir. Il n'avait rien d'un mourant, et je n'avais rien d'un homme inquiet.

Je l'embrassai comme d'habitude et après une introduction rapide, nous en vînmes à parler d'autre chose que ce qui nous réunissait ici. Lorsque l'infirmière lui apporta son plateau-repas, il avait faim et en demanda un autre. Victor, ce grand athlète d'un mètre quatre-vingt-cinq ne devait pas avoir sa place parmi les patients à l'avenir très incertain. Car le protocole thérapeutique pouvait rapidement mener à une issue fatale si le corps ne réagissait pas correctement au traitement. Et au bout du scénario le plus défavorable, la greffe de moelle osseuse était l'essai de la dernière chance.

Comme lorsque l'on lance des dés, concentré sur les chiffres que l'on veut voir apparaître, je tournais toute mon énergie positive vers Victor pour que chaque coup soit gagnant.

J'avais décidé d'être là, avec lui et de l'accompagner. Il y avait deux heures d'embouteillages le soir en sortant du bureau pour me rendre dans sa chambre d'hôpital et partager cette aventure avec mon frère. Mais contrairement à ce qu'on pourrait imaginer, ce n'était en rien une corvée ou une sorte de bonne action. La vérité, si choquante soit-elle est que j'y prenais du plaisir. Mais « plaisir » n'est pas le mot qui convient. Je me sentais étrangement bien dès que je pénétrais les murs de l'hôpital comme on pousse les portes d'une église pour s'enfoncer dans le silence. C'était comme si tous mes soucis restaient à la porte de ce havre de paix, comme si en son cœur j'étais soulagé de tous les tracas de la vie quotidienne.

Je m'y rendais donc autant que possible, assoiffé de cette sensation d'apaisement dont je m'abreuvais de façon indécente.

Et à chaque fois, ce qui n'avait rien de drôle laissait la place à la joie de se voir et de se détendre avec celui dont rien ne semblait altérer la joie de vivre. Car Victor avait décidé de faire un pied de nez à la maladie. Il engloutissait deux plateaux à chaque repas et recevait sa petite amie le cathéter au bras et le sourire aux lèvres.

Victor franchit toutes les étapes du protocole thérapeutique européen avec brio. La tumeur diminua de quatre-vingt-dix pour cent après un traitement aux corticoïdes. Ensuite, s'enchaînèrent des blocs de chimiothérapie lourde, qui firent tomber ses cheveux et le plongèrent parfois dans des états hallucinatoires alors qu'il vomissait tout ce qu'il pouvait. Mais le solide guerrier qu'il était fit face.

Il racontait parfois ses mauvais délires comme des expériences ésotériques et ce qui n'avait rien d'amusant pouvait l'être dans sa bouche.

Quelle curieuse façon de nous rapprocher, lui et moi qui n'avions pas eu l'occasion de nous connaître vraiment à cause de ces malheureuses circonstances familiales. À aucun moment il ne me donna l'impression de subir cette situation que je ne souhaite jamais vivre. Six mois enfermé dans une prison aseptisée, le plus souvent couché dans un lit, des poches de liquides fluorescents coulant dans ses veines, il traversa cet enfer de façon exemplaire.

Au fil du temps, il dut dire adieu aux quelques connaissances qu'il avait pu se faire parmi les autres patients du service qui ne survécurent pas.

Quant à moi, je reçus la leçon dont j'avais besoin…

Au cours de nos échanges, je sentis mon frère, le jeune homme qui ne savait pas trop quoi faire de sa vie, devenir ce genre d'homme que j'avais déjà croisé sur mon chemin lorsqu'il se mit à parler de son avenir et des rêves qu'il voulait réaliser.

Ne sachant pas quoi faire après le bac, il avait échoué dans les amphithéâtres de la faculté où on parlait d'économie et d'autres sujets qui ne présentaient aucun intérêt pour lui. Il avait ensuite bifurqué sur un BTS orienté sur l'immobilier pour se rapprocher de la vie active.

Mais Victor n'était pas un agent immobilier. Depuis tout jeune, il aimait la danse, le hip-hop, le patin et les rampes de freestyle.

Mais voilà, tout cela n'est pas sérieux et on ne fait pas sa vie avec ces trucs de jeunes.

Entre les quatre murs de sa chambre, il regardait le futur à travers une vitre et jura que s'il arrivait à s'en sortir, il irait cette fois vers ces horizons que les montagnes de raison lui avaient interdits. Je ne pus évidemment que l'encourager dans sa démarche. Et qui à présent oserait se mettre en travers de son chemin ?

Ceux qui auraient voulu autrefois le dissuader des ambitions « irréalistes » ne s'opposeraient plus à lui.

Car rien n'arrête un guerrier revenu de l'enfer. « Bienvenu parmi nous petit frère », pensai-je lorsque je vis dans le fond de ses yeux la flamme de l'invincibilité, cette lumière rayonnante qui me rappelait le sens de mon existence.

J'ai appris que chaque expérience, aussi cruelle soit-elle, est porteuse d'un message. Les entretiens très privilégiés que nous eûmes Victor et moi à l'hôpital permirent de mettre des mots dessus, et si Victor venait de s'initier à ce que j'appelle l'ultime vérité, ce fut pour moi une bonne piqûre de rappel dont j'avais besoin.

Arrivé à ce point, la phase suivante du dangereux parcours ne se fit plus attendre : Victor put enfin rentrer chez lui pour un traitement plus léger à domicile. Je savais intuitivement qu'il était tiré d'affaire, mais j'étais bien loin de m'imaginer ce dont il était capable.

La rémission totale de sa maladie fut déclarée lorsqu'au bout des quatre ans prévus dans le protocole thérapeutique, les derniers tests ne détectèrent plus aucune trace du cancer. Mais sans attendre jusque-là, Victor, qui avait bien compris qu'il n'y a pas une seconde à perdre pour aller vers son bonheur, déclencha une destinée que nul n'aurait pu prévoir.

Il fut recruté par une de ses connaissances pour faire partie de la troupe d'un patineur sur glace internationalement connu. Cette expérience, formatrice, dura plus d'un an, après quoi Victor signa facilement d'autres contrats de danseur et acrobate et enchaîna ainsi des années de tournées internationales, ce qui fit de lui un professionnel reconnu dans son métier.

Voici comment furent récompensés l'audace et le courage de celui que l'on croyait perdu. Cela m'aurait bien aidé à l'époque de voir le futur de Victor et son extraordinaire destin, mais au sortir de l'hôpital, je dus me contenter du courage que ce dernier m'avait insufflé et de la foi que j'avais lue dans ses yeux.

Alors je repris le cours normal de ma vie en cessant de passer mes soirées à l'hôpital, de nouveau face à mon destin. Mais l'expérience que je venais de vivre au contact de mon frère serait décisive cette fois. J'avais la chance d'être vivant et n'avais plus le droit de dormir ainsi. Je m'étais assez reposé, il fallait que je reprenne les armes pour poursuivre ma quête.

S'il restait une petite chance que le vaisseau-entreprise de JTA Conseil me retienne encore un peu en dépit de l'ouverture béante du sas de sortie et de l'appel du vide cosmique qui m'attirerait de façon inéluctable vers ma destinée, elle fut anéantie par son dirigeant, Jacques Terrien.

En effet, le logiciel que j'avais développé pour lui connaissait un succès sans précédent depuis qu'il avait recruté un commercial ambitieux dont la motivation et la pugnacité avaient donné une ampleur inattendue au phénomène que j'avais initié. Le produit, qui avait tout d'abord plu à quelques clients de taille modeste était maintenant installé dans les plus grands comptes du CAC 40 et commençait à s'exporter. Les chiffres avaient transformé l'entreprise de Jacques Terrien dont les pieds ne touchaient plus terre. Son commercial, véritable machine de guerre, était devenu son meilleur allié et la reconnaissance pour la créativité de mon travail n'était plus qu'un sentiment obsolète.

Selon Jacques Terrien, le succès du projet était simplement dû à ses investissements financiers et à l'efficacité de ses forces commerciales.

Si l'on ajoute à cela les soirées que j'avais passées à l'hôpital ces derniers temps au lieu de les investir comme d'habitude dans la production de son nouveau joujou, il ne restait plus qu'à pointer du doigt mon manque d'implication pour me mettre sur le banc de touche.

À présent, Jacques et son commercial me regardaient avec un air gêné tandis qu'un de ses copains de promotion avait été placé dans le bureau à côté du mien pour faire le maton en jetant de réguliers coups d'œil à travers une vitre pour me surveiller.

C'est ainsi qu'un beau matin, je fus convoqué dans le bureau du patron qui usa de toute sa diplomatie de politicien pour m'expliquer que désormais les royalties que je percevais sur les ventes du logiciel seraient remplacées par une prime de fin d'année conditionnée à la qualité de mes prestations.

Quand il est question d'argent, l'homme redevient vite le prédateur du jurassique qu'il était avant d'être un mammifère…

Jacques Terrien m'avait recueilli et donné la chance de me réparer puis de me former à un métier et il reprendrait donc ce qui lui appartenait. J'aurais au moins la satisfaction d'être quitte, mais aussi et surtout, la preuve que ma créativité pouvait être transformée en réussite, un élément clé pour mon devenir.

Pour autant, son comportement que je ne pouvais considérer que comme une violente trahison déclencha ma colère et la décision irrémédiable de partir.

À mon tour donc, je sollicitai un entretien pour asséner à celui qui me manquait de respect une gifle à laquelle il ne s'attendait visiblement pas. En effet, le visage de Jacques Terrien changea de couleur lorsque je lui annonçai mes nouvelles dispositions :

« J'ai bien réfléchi à notre dernière discussion et à ta proposition de prime de fin d'année en remplacement des royalties que tu m'avais promises au début du projet.

– Eh bien ?

– Eh bien je te propose de ne pas me verser cette prime.

– Tu plaisantes, je suppose ?

– Pas du tout, et d'ailleurs, je te propose même encore mieux, c'est de ne plus me payer du tout. »

La violence du coup le sonna et ma réaction était tellement inattendue qu'il sembla ne pas saisir les propos que je lui crachais au visage avec toute l'acidité que j'avais dans l'estomac.

« Que veux-tu dire exactement ?
– Que je pars d'ici, que je te laisse ce logiciel qui t'appartient comme tu me l'as si bien fait comprendre. Continue à exploiter ma création avec ton petit copain aux dents longues, moi j'ai terminé mon œuvre.
Voici ma lettre de démission. »

Il eut alors la seule réaction qu'il fallait pour réveiller en moi une force qu'il ne pouvait appréhender.

Il se balança en arrière dans son fauteuil de président et croisa les bras avec un mauvais rictus avant de m'envoyer ce qu'il prit pour une arme de destruction massive :

« Mais que vas-tu faire en dehors d'ici ? Tu n'as aucun diplôme et tes compétences se limitent au langage de programmation que tu pratiques dans mon entreprise. »

Je ne m'attendais pas à ce que Jacques Terrien se transforme en Jacques Léman et que les techniques de manipulation du gourou arrivent jusqu'ici.
Je ne pus que sourire en réaction à sa pitoyable tentative de m'intimider et ma réponse fut lancée par mon regard et mes pensées :

« Jacques Terrien, tu n'es qu'un pitre. Le guerrier qui a traversé les montagnes de raison et décapité le dragon spirituel ne craint pas un adversaire tel que toi. Celui qui tutoie la mort ne se laisse pas impressionner par ce genre de menaces et n'a pas peur de sauter dans le vide. »

Plutôt que de me rendre agressif, je lui dis simplement ce dont je m'étais fait une maxime depuis longtemps :

« Je sais que j'ai fait le bon choix lorsque je préfère assumer le pire des scénarios qu'il peut entraîner plutôt que de ne pas le faire. »

La suite de nos rapports ne fut pas conflictuelle car suite à cette entrevue, il sentit sans comprendre comment ni pourquoi la force de ma détermination et ne fit aucune tentative pour me retenir.

De mon côté je retrouvai cette sensation grisante que l'on éprouve juste après avoir sauté de la falaise, ce geste irréversible qui nous place devant l'infini. Le papillon brise sa chrysalide et s'éveille à sa nouvelle vie, contemplatif d'un avenir fait de possibles. Adieu Jacques, adieu et merci. Le guerrier vole désormais vers l'inconnu sans se retourner.

Je ne savais pas ce qui m'attendait dans ma nouvelle vie. Je savais en revanche ce dont je ne voulais plus, et c'était déjà un bon point de départ. Les mots du docteur Ferrano finissaient par prendre tout leur sens : « s'autonomiser du système ». Je devrais me passer des fiches de payes de Jacques Terrien, de ces béquilles qui m'avaient permis de marcher durant sept années. Mais si j'avais fait le choix courageux de partir, ce n'était certainement pas pour devenir le salarié d'un autre patron. Plus question de me rendre au bureau tous les jours, de demander la permission de prendre des vacances.

Tout cela, c'est si facile à dire, et tout le monde aspire à cette liberté qui ressemble plus à un rêve qu'autre chose. Certains jouent au loto tous les jours en espérant qu'un miracle va les libérer. S'il existe un moyen d'y parvenir, ce n'est pas à mon sens en espérant que la rédemption viendra grâce à la chance en laquelle je ne crois pas.

L'homme a besoin de rêver pour être heureux. Rêver sa vie est une chose, mais vivre ses rêves n'est à la portée que de celui qui peut se libérer de ses peurs et abandonner sa sécurité pour affronter le grand inconnu.

Un guerrier existe en chacun de nous et ne demande qu'à se réveiller. Je pense que si j'en suis devenu un, c'est simplement parce que je ne peux vivre autrement, parce qu'enfermé dans un système, je me consume de l'intérieur et me sens mourir. Mais ce n'est pas tout. Le guerrier a besoin de force et de courage à chaque fois qu'il rencontre une montagne de raison, à chaque fois qu'il doit sauter d'une falaise. Et pour cela, une arme absolue, une seule vérité, celle contenue dans le chat, celle que l'on peut lire dans le regard de Victor et de ces hommes qui ont senti l'odeur de la mort.

On l'a tous croisée au moins une fois, cette réalité incontournable, celle qui nous rappelle que notre histoire se termine de cette façon, qu'on le veuille ou non. Celle que l'on ne contrôle pas, qui viendra nous chercher quand elle le voudra. Un cancer du poumon, une voiture qui heurte un platane, une rupture d'anévrisme, un attentat, le naufrage d'un *Titanic*, un tsunami, tous les moyens sont à sa portée, même la morsure d'un chat…

Alors plutôt que de lutter ou de l'ignorer, ou de croire naïvement que l'on peut la contrôler, nous, pauvres fourmis perdues dans un des mondes des mondes de l'univers, pourquoi ne pas s'en faire une amie, et même plus : une puissante alliée ? Car l'accepter et caresser le chat, c'est vivre dans l'ultime vérité, une dimension dans laquelle le guerrier est invincible.

~

Ainsi, le guerrier reprit la route sans se retourner, laissant derrière lui un passé semblable à un champ de braises encore chaudes et fumantes des âmes des disparus. Guidé par l'étoile de son destin, rien n'arrêterait jamais plus cet homme qui porte en lui l'empreinte de la mort et l'esprit des grands guerriers.

Les voix de terreur d'autrefois s'étaient tues et les fantômes de la peur évanouis, renonçant à s'opposer à sa volonté. Mille fois vaincue au cours de ces batailles intérieures, l'hydre de la peur a fini elle aussi par s'incliner devant la force de l'ultime vérité.

Le guerrier, au cours de sa destinée, en rencontra d'autres. Il fit alliance avec les bons et dut livrer bataille contre certains, tandis que sa force ne faisait que s'accroître. L'enseignement fondamental du guerrier lui était acquis et le reste vint rapidement avec la pratique et l'expérience.

Comme le veut la tradition maorie, il retourna voir Taniera, son tatoueur, afin d'inscrire sous sa peau la suite de l'histoire de sa vie. Sept ans après le tatouage originel, le chat se transforma en un fauve dangereux précédé d'une vague tueuse qui lui sert de bélier. Et après cette deuxième partie du tatouage, il y en eut d'autres…

Chinh resta un frère pour la vie, même si de longues périodes de silence séparèrent ces deux guerriers tandis qu'ils menaient leurs propres batailles. L'avenir démontra la légitimité de la dure quête de l'accomplissement de soi : Chinh devint un des maîtres de wing chun les plus hauts gradés et fonda sa propre école d'arts martiaux. Il forma ainsi bon nombre d'élèves et même celui qui devait devenir son digne successeur : son fils, Paul.

Le guerrier sut se montrer tendre et distribuer toute la générosité qu'il avait reçue de la déesse qui l'avait engendré et chéri durant son enfance.

En revanche, il se montra impitoyable avec ceux qui tentèrent d'une quelconque manière de lui porter préjudice. Gare aux Raptors et petits prédateurs en tous genres car ils devraient payer pour tous les autres. Rompu à l'art de la guerre et n'éprouvant aucune peur, le mot « courage » perdit peu à peu son sens.

Il sembla donc qu'aucune chose en ce monde ne puisse déstabiliser le guerrier.

Toutefois, le danger est insoupçonnable tant il se loge là où on ne l'attend pas. Et le guerrier, même invincible, ne connaît pas son pire ennemi…

CHAPITRE 12

L'ultime vérité

Mille pèlerins en chemin
À la recherche du divin
Mille destins sacrifiés
Pour une seule vérité

Une étoile t'a choisie
Son souffle meurtrier
Traverse l'infini
Supernova sans pitié

Cendres et terres brûlées
Colosses terrassés
Dragons calcinés
Qui peut la défier ?

Battement de cil ou d'aile
Le vol d'une hirondelle
Un bruissement d'étincelle
Le temps s'arrête et gèle

Tu marches sur un fil
Que le destin peut couper
Tigre sabre ou singe agile
Tu ne peux en réchapper

L'ultime vérité est à la fois invisible et présente tout autour de nous, comme un joyau inaccessible. En effet, sa lumière est recouverte par l'écrin d'un énorme paradoxe. L'évidence et l'apparente simplicité de ce qui suit cachent un trésor qui exige donc l'humilité de celui ou celle qui veut y accéder.

Il n'existe en ce monde qu'une seule certitude que l'on puisse avoir, qu'une seule vérité irréfutable et incontournable : on va tous mourir, et cela peut arriver d'une seconde à l'autre. Je tiens à insister sur ce point crucial : « d'une seconde à l'autre ». Ces mots sont la clé de tout.

Aussi imprévisible qu'un coup de vent qui arrache le chapeau de la tête du marcheur, elle passe sans prévenir pour reprendre ce qui lui appartient de droit. Car tout comme la naissance, la mort appartient au divin et nous n'avons aucun contrôle sur elle, qu'on le veuille ou non.

Je l'ai vu de mes propres yeux : on peut survivre au pire des cancers et mourir de la morsure d'un chat.

Alors pourquoi répéter ce qui semble si évident ?

Faut-il que la tragédie nous frappe pour nous faire accepter l'idée que nous allons mourir et que cela peut arriver d'un moment à l'autre ?

L'être humain a-t-il besoin de passer par ces souffrances pour saisir ce qui n'est qu'un message crypté, un don que nous fait la vie pour nous permettre d'être heureux ?

J'ai souvent essayé de transmettre ce message à mes proches, mais devant l'incompréhension et la résistance, je n'en ai récolté en retour qu'une terrible frustration. Je n'ai pas réussi en leur parlant à les délivrer de leurs peurs, de leurs angoisses et tout ce qui les empêche de se libérer.

Alors ces lignes ont été écrites pour que ce message soit inscrit quelque part et dans l'espoir qu'il pourra aider ceux qui le liront à vivre leurs rêves et atteindre ce bonheur auquel tout le monde aspire.

Voici donc une tentative de plus, un héritage que je lègue à mes suivants.

L'ultime vérité est un message qui m'a été apporté par la mort. Je lui ai ouvert ma porte et elle s'est assise à côté de moi au coin du feu, dans un fauteuil confortable que je lui ai réservé. Ainsi, nous conversons chaque jour comme deux vieux amis et je m'instruis à son contact. Contrairement aux sentiments de chagrin et d'injustice qu'elle inspire lorsqu'elle emporte un être cher, elle est source de libération et d'apaisement si on veut bien l'accepter et lui donner sa place. Nos souffrances quotidiennes sont liées à des peurs futiles qui n'ont de prise que si l'on n'a pas conscience que tout ce que l'on vit n'est qu'une petite pièce de théâtre dont la fin est déjà programmée.

Pleurez la mort de l'être aimé et rendez-lui hommage, mais n'oubliez pas que la tragédie porte en elle un message universel qui est là pour nous libérer : « *De toute façon, tout va finir comme cela, et peut-être demain, alors pourquoi continuer à avoir peur et s'empêcher de vivre ses rêves ?* »

Une fois le deuil consommé, il est temps de passer maintenant à un autre état, de vivre une autre existence, celle dans laquelle tous les rêves sont possibles.

C'est là la force du guerrier : il sait qu'il peut mourir d'une seconde à l'autre et a définitivement accepté de tout perdre. Aucune peur ne peut faire trembler le cœur d'un homme qui a conscience en chaque instant qu'il peut mourir du jour au lendemain. Et pour cet homme, tous les rêves sont permis, et il n'y a aucune limite au champ des possibles.

Fin

Table des matières

Ce livre a été fabriqué en France, en privilégiant les circuits courts
afin de limiter son empreinte écologique.

Toutes les encres et les vernis utilisés sont d'origine végétale. Les eaux de mouillage des machines,
les plaques, les produits de développement et les chutes de papier sont recyclés.
Imprimerie certifiée IMPRIM'VERT.

Achevé d'imprimer en mars 2018
sur les presses du Groupe Horizon - 200, avenue de Coulin, 13420 Gémenos - F
N° d'impression : 1803-045

pour Terre En Ciel Éditions
5, rue des Allumettes, 13090 Aix-en-Provence
www.terre-en-ciel.com

ISBN : 978-2-9563380-0-0
Dépôt légal : avril 2018